2nd edition

Theory of Host Communication

# 主持传播学概论（第二版）

高贵武 著

图书在版编目(CIP)数据

主持传播学概论/高贵武著. —2 版. —北京:北京大学出版社,2019.1
(21 世纪新闻与传播学规划教材·广播电视学系列)
ISBN 978-7-301-28451-3

Ⅰ.①主…　Ⅱ.①高…　Ⅲ.①主持人—高等学校—教材　Ⅳ.①G222.2

中国版本图书馆 CIP 数据核字(2017)第 144142 号

| | |
|---|---|
| 书　　名 | 主持传播学概论(第二版) |
| | ZHUCHI CHUANBO XUE GAILUN |
| 著作责任者 | 高贵武　著 |
| 责任编辑 | 胡利国 |
| 标准书号 | ISBN 978-7-301-28451-3 |
| 出版发行 | 北京大学出版社 |
| 地　　址 | 北京市海淀区成府路 205 号　100871 |
| 网　　址 | http://www.pup.cn |
| 新浪微博 | @北京大学出版社　@未名社科-北大图书 |
| 微信公众号 | 北京大学出版社　北大出版社社科图书 |
| 电子邮箱 | 编辑部 ss@pup.cn　总编室 zpup@pup.cn |
| 电　　话 | 邮购部 010-62752015　发行部 010-62750672　编辑部 010-62753121 |
| 印　刷　者 | 北京虎彩文化传播有限公司 |
| 经　销　者 | 新华书店 |
| | 730 毫米×980 毫米　16 开本　17 印张　305 千字 |
| | 2019 年 1 月第 2 版　2024 年 8 月第 2 次印刷 |
| 定　　价 | 49.00 元 |

未经许可,不得以任何方式复制或抄袭本书之部分或全部内容。
**版权所有,侵权必究**
举报电话:010-62752024　电子邮箱:fd@pup.cn
图书如有印装质量问题,请与出版部联系,电话:010-62756370

# 目 录

绪论 ……………………………………………………………………… (1)
 第一节　何谓主持传播 ………………………………………………… (1)
 第二节　主持传播学的研究对象 ……………………………………… (5)

第一章　主持传播的特点 ……………………………………………… (15)
 第一节　主持传播的形态 ……………………………………………… (15)
 第二节　主持传播的特点 ……………………………………………… (18)
 第三节　主持传播的优势 ……………………………………………… (24)
 第四节　主持传播的劣势 ……………………………………………… (28)

第二章　主持传播的动因 ……………………………………………… (34)
 第一节　主持传播的外在动因 ………………………………………… (34)
 第二节　主持传播的内在动因 ………………………………………… (39)

第三章　主持传播的历史 ……………………………………………… (46)
 第一节　国际主持传播概况 …………………………………………… (46)
 第二节　国内主持传播发展历程 ……………………………………… (56)

第四章　主持传播的主体(上) ………………………………………… (70)
 第一节　主持人的界定 ………………………………………………… (70)
 第二节　主持人的类别 ………………………………………………… (74)
 第三节　主持人的职能 ………………………………………………… (82)

第五章　主持传播的主体(下) ………………………………………… (94)
 第一节　主持人的角色及功能 ………………………………………… (94)
 第二节　主持人的素质及能力 ………………………………………… (106)
 第三节　主持人的形象及管理 ………………………………………… (120)

第六章　主持传播的对象 ……………………………………………… (137)
 第一节　受众的类别 …………………………………………………… (137)
 第二节　受众的价值 …………………………………………………… (142)
 第三节　受众的期待 …………………………………………………… (146)

· 1 ·

## 第七章　主持传播的环境 (166)
### 第一节　主持传播的宏观环境——社会 (167)
### 第二节　主持传播的中观环境——媒体 (170)
### 第三节　主持传播的微观环境——栏目 (172)
### 第四节　主持传播的合作对象——嘉宾 (183)

## 第八章　主持传播的符号 (189)
### 第一节　语言符号 (189)
### 第二节　非语言符号 (198)
### 第三节　其他传播符号 (203)

## 第九章　主持传播的策略(上) (211)
### 第一节　主持传播的话语策略 (211)
### 第二节　主持传播的符号策略 (219)
### 第三节　主持传播的情感策略 (224)

## 第十章　主持传播的策略(下) (229)
### 第一节　主持传播的文化策略 (229)
### 第二节　主持传播的信誉策略 (235)
### 第三节　主持传播策略的不良倾向 (240)

## 第十一章　主持传播的发展 (246)
### 第一节　主持传播的专业化发展 (246)
### 第二节　主持传播的人文化发展 (250)
### 第三节　主持传播的个性化发展 (252)
### 第四节　主持传播的创新化发展 (254)

## 后记 (259)

## 第二版后记 (261)

## 参考文献 (263)

# 绪论

在人类传播发展的历史长河中,由主持人作为传播主体而组织实施的传播无论如何都只能算是一种年轻的传播方式。如果从20世纪20年代荷兰广播电台的节目《快乐的电台》及其主办者艾迪·勒达兹算起,主持人成为一种职业已近百年,当然那时还不曾出现"主持人"这样的名词;如果从1952年美国哥伦比亚广播公司(CBS)正式推出世界上第一位主持人沃尔特·克朗凯特算起,由主持人所进行的传播即主持传播已然走过了半个多世纪;如果从20世纪80年代中央电视台①的电视屏幕上正式出现主持人三个字算起,主持传播在我国的发展也不过三十几载。但由于传播方式独特、传播效果明显,主持传播从一开始就受到了业界和受众的关注和欢迎。几十年来,中国广播电视媒介中主持传播者的数量不断增多,而且其中不乏具有广泛社会影响的舆论领袖,主持人也已成为一种备受关注的职业,成了越来越多的年轻人的美好梦想。现在,在任何时候打开任何一家广播频率或电视频道,受众总能接触到形形色色的主持人节目,亦能感受到主持传播扑面而来的人格化气息。至此,一种广受关注和欢迎的传播方式已蔚然成风。

## 第一节 何谓主持传播

### 一、何谓主持传播

主持传播,或曰"主持人传播",顾名思义,即以主持人作为传播主体而组织实施的传播,或由主持人从事的传播活动的总称。从这个意义上来说,只有传播者的角色及其在传播中所起的作用满足主持人的条件,其所进行的传播活动才可称为主持传播。由于主持人一般被定义为"在广播电视节目中,以个体行为出现,代表群体观念,以有声语言为主干或主线驾驭节目进程,直接面对受众,平等

---

① 2018年3月,原中央电视台、中央人民广播电台、中国国际广播电台合并成立中央广播电视总台,对内保留原呼号,对外统一呼号为"中国之声"。为方便论述,本书仍采用其对内呼号。

地进行传播的人"①,因而只有当广播电视媒介中的传播主体实际上是以个体身份出现进行平等传播且在传播中真正起到组织和驾驭传播的作用,符合主持人的标准,体现主持人特征,反映主持人实质时,这样的传播才称得上是主持人传播,或简称为主持传播。当然,这里的"主持传播"是一个偏正式的名词性词组,即"主持式的传播",而非动宾式的动词性词组,即"对某种传播活动的主持"。为了便于理解和加深印象,在见到"主持传播"时不妨联想"主持人"三个字,只要想到"主持人"是"从事主持活动的人"而非"对人进行主持",就不会把"主持传播"理解为"对传播活动的主持"。

这样,也就比较容易分辨出主持传播与其他由播音员、记者或编辑等出面直接对受众实施的传播之间的区别与联系,也可省去某些所谓的主播是否是主持人的争议。播音员或记者、编辑面对镜头实施传播的时候,虽然其传播活动也是以"个体行为出现,代表群体观念,以语言为主干或主线",但他们有时与受众的地位并不平等,更无法真正实现对传播进程的驾驭(如播音员),因而他们所从事的传播只是具备了主持传播的某些特点,或在某种程度上类似主持传播的效果,还没能达到真正的主持传播状态,只能是一种准主持传播。反过来,如果播音员、记者、编辑在面对受众实施传播时,实际上已经实现了深度参与节目、以个体身份平等传播和驾驭整个传播进程,那么,即使称呼上没有出现主持人三个字,仍可将其传播活动视为主持传播(实际上现在仍有很多节目是由记者、编辑出面主持的,如中央电视台的《新闻调查》等),或者可以说,主持传播其实就是一种实现了传播主体的人格化,并在传播过程中处处体现人际性特点的大众传播方式,其中的人格化、人际性及大众传播正是构成主持传播的关键,亦是主持传播的特点和优势所在。从这个意义上来说,主持传播乃是一种独特的大众传播方式。

## 二、主持传播是一种独特的大众传播方式

主持传播对于大众传播,尤其是广播电视传播具有重要的意义和价值,归根结底是由其独特的传播方式决定的。具体而言,就在于主持传播改变了以往大众传播符号化传播的格局,在大众传播中注入了更多人际传播的色彩,使大众传播既在某种程度上实现了人类传播"人际性的回归",又实现了大众传播和人际传播的优势互补。这一点对于大众传播无疑是至关重要的。塞弗林等人在《传播学的起源、研究与应用》中曾明确提出:"有效的传播节目往往是大众传播与人

---

① 赵玉明、王福顺:《广播电视辞典》,北京广播学院出版社1999年版,第212页。

际传通的结合。"①著名传播学学者施拉姆不止一次地说过:"大多数以说服、教育为目标的运动都力图把大众媒介与个人的渠道结合起来,以期互相加强,互相补充"②,"在其他条件相等的情况之下,通过面对面的交流比通过媒介渠道更易于引起并集中注意力"③。为了清楚地认识主持传播这一独特的传播方式所体现的大众传播与人际传播的有效结合,我们可以将大众传播、人际传播做个大致的描画,并通过将这两者与主持传播比较来分析和理解主持传播的特性(见表0-1)。

表0-1 大众传播、人际传播与主持传播的比较

|  | 大众传播 | 主持传播 | 人际传播 |
| --- | --- | --- | --- |
| 传播主体 | 媒介机构 | 个人* | 个人 |
| 主要传播符号 | 语言、声画 | 语言、姿势、表情 | 语言、姿势、表情 |
| 传播语境 | 低语境 | 高语境 | 高语境* |
| 传播类型 | 制度化传播 | 个人化传播 | 个人化传播 |
| 传播对象 | 大众 | 大众 | 个人 |
| 主要传播功能 | 传播信息 | 传播信息 | 交际* |
| 传播目的性 | 较强 | 较强 | 较弱* |
| 传播规模 | 大 | 大 | 小 |
| 传受关系 | 非对称 | 非对称* | 对称 |
| 传播反馈 | 单向、延后 | 单向、延后* | 双向、即时 |
| 传播情境 | 随意性较弱 | 随意性较弱 | 随意性较强 |

(注:*项表示主要特征,在绝对意义上不排除其他特征)

大众传播,"就是专业化的媒体组织运用先进的传播技术和专业化的手段,以社会上一般大众为对象而进行的大规模的信息生产和传播活动"④。在这种传播活动当中,传播的主体是从事信息生产和传播的专业化媒介组织,包括报社、出版社、广播电台、电视台以及大量以发行为目的的各种音乐、音像制作公司及其成员。大众传播媒介通常运用先进的传播技术和专业化手段大量生产、复制和传播信息,其信息传播的对象是社会上的一般大众,即社会成员中不确定的

---

① 〔美〕塞弗林、坦卡德:《传播学的起源、研究与应用》,陈韵昭译,福建人民出版社1985年版,第142页。
② 〔美〕威尔伯·施拉姆、威廉·波特:《传播学概论》,陈亮、周立方、李启译,新华出版社1984年版,第129页。
③ 郭庆光:《传播学教程》,中国人民大学出版社1999年版,第128页。
④ 同上书,第111页。

大多数。大众传播属于单向性很强的传播活动,传播活动的主客体之间一般很难实现信息共享和对称,其传播过程中亦往往缺乏灵活有效的反馈途径。大众传播的覆盖面广,为减少信息的损耗,大众传播一般采取意义相对明确的符号传递信息,因而属于相对的低语境传播。大众传播的功能尽管多种多样,但最终都是为了传递信息、影响舆论或追求经济效益和社会效益,具有很明确的目的性,是一种制度化的传播。

人际传播则是"个人与个人之间的信息传播活动,也是由两个个体系统相互连接组成的新的信息传播系统"[①],是人类传播最初、最基本也是最重要的形式,是人们在共同生活中彼此交流各种观点、思想和情感的过程。人际传播是社会生活中最直观、最常见、最丰富的传播现象。虽然内容丰富,形式多样,但人际传播大致可以分为两种,一种是面对面的传播,另一种是借助某种媒介(如信件、电话、电报、网络等)的传播。与大众传播比较起来,人际传播的最大特点首先是传递信息的渠道多、方法灵活,传播者不仅可以使用语言,而且能够运用表情、眼神、动作等多种渠道或手段来传达和接收信息,因而属于一种高语境的传播。其次,人际传播的双向性强、反馈及时、互动频度高,传受双方地位相对平等,信息较为对称,是一种高质量的传播活动。最后,人际传播中的传播关系大多数是在自发、自主和非强制性的基础上建立起来的,传播的目的大多只是为了交际,传播的随意性相对较强,是一种非制度化的人性化传播。通过对一般大众传播与人际传播的分析可以发现,在主持传播这种独特的传播方式上,既有非常明显的大众传播的特点,亦不乏人际传播的特点与优势,其所实现的正是大众传播的人际化和人际传播的大众化二者的结合。

主持传播,由于其作为大众传播组织机构所采用的一种面向社会大众传递信息的传播手段,其性质和地位并未发生变化,仍属于大众传播,因而不可避免地具有大众传播的特点:如传受关系的非对称、传播对象的大众化、具有明确的传播目的、传播反馈的滞后延时等。但与此同时,作为一种人性化的传播方式,主持传播又不可避免地具有许多人际传播的特点,如这种传播虽然隶属某个传播机构,但直接实施传播行为的已不再是传播机构,而是以个人身份出现的主持人个体。由于传播主体是主持人,主持传播的方法和手段较之一般大众传播也就更加丰富和人性化,这使传播的语境出现了某些高语境化特点。同样,由于实现了传播主体的人格化转变,虽然传受双方有时还无法实现信息的对称,无法实现严格意义上的地位平等,但主持人所采取的人性化传播方式和平民化的传播

---

① 郭庆光:《传播学教程》,中国人民大学出版社1999年版,第81页。

视角,拆除了横亘于传播者与受传者之间无形的厚墙,足以让受众感受到传播双方在传播处境上的平等性和亲密性。

通过以上比较,不难得出结论:主持传播实际上是大众传播人际化或者人际传播大众化的产物,是一种人际传播与大众传播之间的结合状态。作为大众传播人际化的产物,主持传播最主要的贡献就是将人际传播的某些优势(如信息量大、手段多样、地位平等等)嫁接到了大众传播之上,克服了大众传播在这些方面的相对劣势,使之与大众传播的某些优势(如覆盖面广、受众量大)紧密结合,借助大众传播媒介实现了人际传播的大众化效应,真正实现了"人的延伸",同时通过借助人际传播的优势,使大众传播找回了某些因技术发展和制度的原因而失去的人际性,并进而提升了大众传播的传播效果。在这种传播方式里,大众传播者"在提供信息满足受众信息的要求的同时,给予受众一种人情味和亲近感,创造一个人与人相交往、相交流的虚幻的传播环境",并以此"弥补了大众媒介传播所造成的受众的情感断流,从而使大众传播更加充满了生机和活力"。[1]

所以,主持传播出现在大众传播媒介,尤其是广播电视媒介,乃是大众传播媒介进一步走向成熟的标志,是"电视节目从初级产品向高级产品过渡的重要特征之一"[2],有了主持传播,我们才能自豪地宣布:"广播电视开始走自己的路了。"[3]虽然这些说法从不同侧面道出了主持传播之于大众传播的意义,但仍有流于表面之嫌,主持传播对于广播电视等大众传播更深层、更具革命性的意义其实是它在大众传播活动中革命性地注入了人际传播的因素,创造了一种独特的大众传播形态,成功实现了大众传播与人际传播的有效结合,实现了大众传播的人际化和人际传播的大众化,从而使大众传播的特性和功能皆发生了革命性的变化。

## 第二节　主持传播学的研究对象

主持传播学,顾名思义,就是研究主持传播的一般规律的科学。尽管"主持传播学"作为一个专有名词出现在社会上的时间并不长,但主持传播作为一种传播现象和传播方式在主持人诞生的那一天起就已经存在,在主持传播诞生不久后,不少专家学者就对其传播主体的许多具体方面,如主持人的语言、形象塑造

---

[1]　东亚:《主持人:在文化超越的背后》,《现代传播》1996年第2期。
[2]　杨伟光:《话说节目主持人》,文化艺术出版社1989年版,第2页。
[3]　白谦诚:《节目主持人:历史的昭示·现状的扫描·未来的走向》,《中国广播电视学刊》1994年第5期。

等方面的规律进行过深入研究。从目前来看,主持传播学的研究对象虽然还是主要围绕主持人,即主持传播的传播主体展开,但实际上,主持传播的研究已不再局限于传播主体,而是涉及主持传播的方方面面。概括起来讲,主持传播的研究对象至少可以归纳为以下几个方面。

## 一、主持人的定义与分类

由于主持人职业自身的复杂性和主持传播发展的日新月异,至今在学术界和实务界似乎仍未找到一个能得到普遍认可且称得上科学而准确的定义,以至于不同的研究者对主持人在节目(或栏目)中所起的作用和功能仍存在着不同的认识。由于主持人定义的含混不清,人们在理论上很难将主持人和在形态上与其非常相似的播音员及某些主播等区分开来,为此,甚至有人不无讽刺地说道,似乎只要播音员在节目中多说些"啊""吧""吗""呢"等口语化的词便成了主持人。

没有统一的标准定义虽然在一定程度上影响了主持传播的研究,但并不会使主持传播研究的脚步停滞不前。主持人的本质,实际上就在于主持传播是大众传播与人际传播的有机结合,在于主持传播赋予了大众传播生动而鲜明的人际特色。根据主持人的这一本质,有理由认为,播音员、主播等其实都是主持人的一种初级形式,他们的区别就在于人际化的程度不同,但都是大众传播与人际传播结合的进化过程中出现的阶段性产物。当然这并不意味着主持人必然取代播音员,因为从传播方式及传播媒介的历史发展演变来看,每一种传播方式都有存在的空间,并不能实现完全的替代,就像广播的出现没有取代报纸、电视的出现也没有让广播消亡一样。至于播音员在节目中多说一些"啊""吧""吗""呢"等无谓的语气词,实际上并没有改变播音员的地位,这些词说多了还会令人生厌。不可否认的是,这在某些方面确实也说明播音员向着主持人,或大众传播与人际传播结合的道路上前进了一步。

马克思指出,"无数杂乱的认识资料得到清理,它们有了头绪,有了分类,彼此间有了因果联系,知识变成了科学……"[①]的确,对某一事物进行分类,既是出于从不同角度认识事物的需要,也是一种比较科学的研究方法。除此之外,对主持人进行分类的重要意义还在于能为对不同类型的主持人的衡量和评价提供某种标准。由于各人所处的立场和所持的标准不尽相同,可以说有多少研究者就可能有多少种对主持人进行分类的方法,如本书中所提及的傅成励的四分法、陆

---

① 《马克思恩格斯全集》第1卷,人民出版社1956年版,第657页。

锡初的五分法以及《中国应用电视学》一书的八分法等都可以算是其中的代表。当然,我们也能看到这些分类法在分类依据上的含混不清以及其类别之间的相互交叉。基于此,对于主持人进行分类研究也是今后主持传播研究的重要方面。只有能够反映出主持人的特点、能够为对主持人的衡量与评价提供相对科学的参考价值的分类才是真正有意义的。

## 二、主持人的历史与发展

我国著名历史学家庞朴有句话——"我们想知道一个东西的性质和未来,有一个很重要的手段就是要知道它的过去。知道它从哪儿来,我们就会知道它往哪儿去"[①]——非常精辟地道出了历史研究的价值。也许正因如此,对于一个事物的历史与发展的研究也就成了针对该事物进行的所有研究中不可缺少的一部分。主持传播与主持人的研究也不例外。关于主持人的历史发展研究也在目前主持传播研究中占有很大的比例和很重要的位置,出了不少成果。按照前面在论述主持人的本质时所说的那样,如果将主持人或主持传播视为大众传播与人际传播相结合的产物,是大众传播人际化的一种体现,那么关于主持人的历史其实可以追溯到很远很远。仅以中国的广播媒体为例,就可以追溯到20世纪上半叶广播在中国诞生时所产生的第一批播音员或广播演讲者,如有人就曾撰文说中国最早的主持人当属20世纪20年代初广播诞生不久即在话筒前工作的人,但同时有人提出就算在美国也只有到了20世纪80年代以后才出现了真正的主播或主持人。从理论上来讲,这种思路似乎并无过错,但这种论点显然不能被现在的学术界和实务界所接受,因而此论点一经提出就遭到了众多研究者的反对。反对者所持的理由非常简单,即在尚未出现"主持人"三个字时便说主持人已诞生岂不成了无稽之谈?因此,目前人们普遍接受的说法是,中国的主持人历史应从20世纪80年代大众传播媒体,确切地说是广播电视媒体上正式出现"主持人"三个字算起。出于研究方便的考虑,本书中采用的也是这种约定俗成的说法。虽说关于主持人历史的争议暂时算是有了结论,但可以预见的是,关于主持人或主持传播的历史研究仍将是该领域研究的重要组成部分。

正如庞朴所说,所有历史研究的目的无非是为了能对事物的未来发展做出相对预测,为该事物的发展寻求正确的道路。因而,关于主持人的未来发展也是目前主持人研究的一个视角或领域。主持人在中国大地上的迅速崛起和遍地开花、主持传播给予大众传播的革命性意义,以及社会对主持传播现状的普遍不满

---

① 参见夏榆:《庞朴:我们为什么要考古》,《南方周末》2009年6月3日。

都是促使研究者和从业者不得不对主持传播的未来发展进行认真思考和研究的原因。从现实的情况看,研究者对主持人未来发展的研究大都是将主持传播置于大众传播的大环境、大系统中加以研究,如已有不少研究者根据媒介的市场化、频道专业化、大众传播的分众化、新媒体传播环境等特点对主持传播的未来发展做出了展望。关于主持传播的发展研究固然离不开大众传媒的背景和环境,但也应看到主持传播所独具的人际传播的优势和魅力。因而对主持传播的发展研究还应该从人际传播的角度入手,借鉴人际传播,尤其是人际交往理论来丰富主持传播的内容,逐步拓宽研究的视野,真正体现主持传播作为一种独特的大众传播方式的优势,为主持传播的未来发展摸索出一条可持续发展道路。

### 三、主持人的角色与定位

在目前关于主持传播或主持人的研究中,虽然从社会学角色理论出发对主持人的角色与定位进行研究的成果并不多见,但诸如主持人的"角色""定位"这样的词却一直出现在主持传播的研究当中,这大概与主持人和教师、演员等角色有某些相似之处,以及关于主持人到底要不要表演、能不能表演的争论有关。在早期的主持人研究中,还曾出现过专门就主持人与播音员角色异同进行比较研究的文章,如《节目主持人与播音员之比较》《播音主持异同辨》等。关于这个问题,本书在结合主持人工作属性和工作特点的基础上,借用了社会学的角色理论。除了就主持人的单独角色进行分析外,还引入"角色丛"的概念,着重分析了主持人角色的特殊性和复杂性,进而探讨了受众对于主持人特殊而复杂的心理期待,为主持人的角色认识和角色定位提供了必要的参考。社会学角色理论的引入其实也是对主持人研究中关于角色争论的总结和回应。借用角色理论的分析,不难发现,主持人角色其实远不是教师、演员或是记者、朋友这样纯粹和简单,而是这些角色的复合。至于主持人要不要表演、能不能表演如果争论起来其实是既无尽头也无意义的话题,主持人要不要表演、能不能表演并不是单纯由主持人角色决定的,主持人能否表演最终由主持人复合角色中比较突出的部分决定。因此,在对主持人的角色进行研究时不能孤立地看问题,而是应将对主持人角色的理解和定位置于具体的传播活动和传播情境中,结合不同类型的栏目或节目的特性以及其对主持人的要求来加以具体分析,任何离开了具体传播情境的主持人角色定位争议都是荒谬且毫无意义的。

### 四、主持人的作用与功能

在关于主持人的角色与定位的研究中,一直以来还存在一种争议——主持人到底是"anchor",还是"host""presenter",抑或是"moderator"。这种争论除了反映出人们在对主持人角色与定位的认识上存在模糊之处外,更多反映的则是研究者在主持人的作用和功能认识上存在的分歧。由于主持人是大众传播与人际传播相结合的产物,也由于大众传播在向着人际传播方向进化的程度不同,主持人不论在形态上还是在功能上必然都会出现不同的类型,当然不应该只以某一种标准和条件来要求和衡量所有的主持人。"anchor"作为接力赛跑中的最后一棒,其作用更多地体现在对前几棒工作的统筹和协调之上,因而主持人在很大程度上是信息整合者。这种类型的主持人大多出现在新闻报道或大型直播活动的传播情境中,他们所掌握的信息以及他们发表观点的机会相对都会更多一些。而"host"作为"主人"的角色,通常都是出现在有嘉宾或受众共同参与的传播情境中,尤其是广播电视媒介的谈话类节目。这种传播情境中的主持人所起的作用当然不再完全是信息整合,而是类似于客厅主人,需要充分调动嘉宾和受众的积极性,为其创造轻松自在的环境和气氛,使其魅力毫无保留地得以释放和发挥。"presenter"的原意是展示者、表演者等,由于这层含义,这类主持人多指综艺或表演性节目中的司仪,其在节目中所起的作用大多集中在展示、表演或对整个传播活动的协调上。"moderator"的原意为缓解、调节的人、仲裁人或协调人,最初是对游戏、竞赛节目主持人的称谓,随着一些轻松的讨论节目和辩论节目的出现,"moderator"也应用到这类节目中。由此,不难看出,这类主持人与前几类主持人又有所不同,主要出现在一些对抗性游戏节目或益智类节目中,其作用与功能更多地体现在平衡和控制场面方面,乃至充当"第三方"的角色。

在浙江卫视的《中国好声音》节目火了之后,不少人因为其中主持人"沦为念广告的"而提出主持人已被边缘化,或主持人是否面临下岗的讨论,这实际上都是对主持人的类型与作用未加区分的结果。

因此,任何轻易地给主持人的作用下结论,或武断地、不加区分地将主持人称为栏目的门面或灵魂,或编导手中的一颗棋子的说法,其实都是不切实际且不科学的,科学的方法应该是先认清主持人在具体传播情境中到底充当和扮演了怎样的角色,然后再根据这种角色来认识和判断其作用与功能。同样,有了主持人的类型及其主持节目的内容与形态,主持人在主持传播中的作用也各有侧重,亦不能因为主持人未能完全体现主持人的功能和作用而否认其主持人角色的存在。当然,除了区别,作为一个既存在固定社会角色又在大众传播媒介中具有明确分工的一员,主持人的角色中还蕴含着各种体现共性的作用和功能,如主持人的人际互动功能、情感功能等,对于这些功能本书也有论述。随着主持传播研究的成熟与发展,这方面的研究会逐渐多起来。

### 五、主持人的形象与维护

大众传播学的理论以及主持传播的实践皆已证明,传播者的形象和声誉是影响传播效果的重要因素之一。由于主持人工作的特殊性以及主持人角色的某种公众性,形象对于主持传播的意义尤为重要。在已有的研究成果中,研究者关注更多的是主持人的外在形象,例如声音、相貌、化妆、穿着等,而对主持人的内在形象,包括从主持人的内涵、品格、道德等方面来探讨主持人形象的研究相对较少,即使有所涉及,大多也是从单一角度,如主持人的修养、素质等宏观角度切入,很少将其提升到主持人内在形象和声誉管理的高度。对于主持人形象的维护,即主持人如何塑造并维护良好的形象,所能引起研究者关注的情况就更少了。在本书的理论中,笔者从社会学的互动理论中引入了戈夫曼的印象管理理论,并通过对其理论的解释和套用,论述了主持人形象的构成(包括其内在形象、外在形象,亦包括其职业角色形象、社会公众人物形象等)、主持人形象维护的可行性及其内外空间。当然,在有关主持人印象管理的论述中,本书还就目前我国主持传播的实践经验和成功做法,提出了相应的印象管理的策略。

令人欣喜的是,随着主持传播在中国境内的发展与成熟,公关、礼仪等交叉学科的影响越来越深入,关于主持人的形象问题,尤其是内在形象及其维护越来越得到主持人乃至大众传播媒介的重视,更多的主持人已经开始了这方面的实践,如中央电视台就启动了专门的中央电视台屏幕形象设计工作室。[①] 因此,有理由相信,在今后关于主持人及主持传播的研究中,主持人的形象与维护也将得到研究者的更多关注。

### 六、主持人的技巧与策略

如果将主持人的定义与分类、角色与定位等看作是主持传播研究中的宏观研究的话,那么主持人的传播技巧与策略研究则应该算作主持传播研究中的微观研究。由于微观研究往往具体而便于切入,在已有的主持传播研究中,主持人传播技巧的研究成果最多,其中尤以主持人的语言技巧,特别是有声语言技巧的研究成果为最多,如吴郁的《主持人的语言艺术》《提问:主持人必备之功》《主持人思维与语言能力训练路径》、应天常的《节目主持艺术论》等都是其中较有影响的力作。在这些研究中,研究者大多从主持人的有声语言层面入手,详细探讨了主持人有声语言的语用、语境等传播策略。这其实也很容易理解,毕竟,语言(尤

---

① 杨晓民:《构建央视人力资源管理新体系》,《电视研究》2005 年第 10 期。

其是有声语言)是主持传播的最主要的传播手段,同时是主持传播中最具体且与受众关系最密切的元素。此外,由于我国的主持人最初大部分是由播音员转变身份而来,而我国在研究和培养播音员方面又有许多现成的理论和方法,因此在研究主持人的时候,研究者们会很自然地将研究播音工作的成果和方法借鉴过来。像研究播音员一样,主持人研究的重点放在微观层面,如主持人的语言,尤其是有声语言的发声、吐字、朗读技巧等方面。中国传媒大学(原北京广播学院)播音与主持专业在对主持人的培养上大多也是从语言以及思维的角度切入。

从主持传播的实践发展来看,对于主持人,或者说对主持传播的研究,单从微观角度来研究实用技巧显然是不够的。对于主持人这样一个复杂的社会角色,主持传播这样一个特殊的传播现象,任何的传播技巧都不能保证主持传播的成功,也不能保证主持人必然受欢迎,因为主持传播最后拼的并不是技巧。这里并不是有意贬低主持人技巧的微观研究,而是说更应该从增强传播效果的角度出发来研究主持传播的传播策略。毕竟,科学和正确的传播策略才是主持传播成功的关键。鉴于此,本书对主持传播策略的研究,除了立足于主持人的微观技巧,还从战略层面重点探讨了主持传播语言、符号、情感、信誉、文化等方面的宏观策略,并借用说服学、传播学以及我国古代纵横术等方面的有益经验,对语言策略在传播效果方面产生作用的某些规律作了初步探讨。

### 七、主持人的个性与魅力

主持人的个性与魅力也是颇受青睐和研究较多的话题。从理论上来讲,主持人的个性与魅力本应属于宏观研究领域的课题,而在现实中却与主持人的技巧一样成了相对微观的研究项目。之所以会出现这种情况,既有时代发展的原因,也有当时研究理论体系尚未形成的原因。由于无法从宏观上把握,早期的研究往往采取管中窥豹的方法,截取主持人个性与魅力中的某一部分进行研究,如主持人的个性,其全是具体的声音、外形以及主持人的性格、修养等。

由于缺乏对魅力的宏观理解,早期的研究在大多数时候缺乏理论特色和支持,具有明显的经验主义色彩。为避免这种情况,本书在论述主持人的个性与魅力时,试着从个性心理学中引入了经分解后的个性的完整概念,并结合主持人角色及主持传播对个性的特殊要求分析了主持人的个性与魅力的构成元素及其表现形式,从宏观上对主持人的个性与魅力做了整体的勾画和把握,解答了令众多研究者和受众倍感兴趣的问题。在尝试着从心理学角度引入个性概念的同时,本书也尝试运用这一概念及其内容对成功主持人的个性与魅力中最吸引人和最招人喜欢的各项品质进行分析,为主持人发挥个性与魅力提供了一个大概的参考体系。

在研究主持人的个性与魅力的同时,主持人的素质与能力也是不容回避的问题。由于主持人在大众传播中的特殊地位、"出声露面"的特殊工作方式,主持人在能力与素质方面较其他新闻工作者而言有许多显著的不同。主持人所需具备的能力和素质究竟有哪些,其要素之间的关系构成又如何?本书既从一般意义上回答了主持人能力与素质的静态构成,如政治思想素质、文化素质等,也结合广播电视主持人工作的特殊性,深入剖析了主持人能力与素质的动态变化,更深入探讨了主持人能力与素质构成要素间的关系。当然,主持人的素质和能力是一个动态发展的过程,对于其素质和能力的研究也是一个不断发展,并始终是主持传播研究的重要组成部分。

## 八、主持人的权利与约束

主持人的个人魅力在很大程度上是由鲜明的个性所致。个性,即主持人用以区别于他人的个别性,一方面是由主持人稳定的心理特征所决定,具有某些天赋的意味,另一方面,主持人形成鲜明的个性还有赖于外部可供张扬个性的空间,如果缺少这个空间,主持人的个性特征就会无法显露。从某种意义上来说,给主持人一定张扬个性的空间,就是赋予主持人一定的权利,至少是要保障主持人的一部分权利。因此,媒介和栏目(即使是实行制片人中心制的栏目)一般都会赋予主持人尤其是那些名主持人一定的权利。然而,任何权利都是一把双刃剑,赋予主持人权利同样可能会使主持人产生某些自我膨胀的心理,既不利于主持人自身的形象和传播,也不利于栏目或媒介对主持人的使用和管理。这就又为主持人及主持传播的研究提出了新的课题,即要研究主持人的权利与约束问题。

本书没有就主持人的权利与约束展开专门的论述,而是在论及主持人的个性张扬空间时对主持人的权利有所涉及,在主持传播的环境一节论述主持人与媒介、主持人与栏目以及主持人与栏目内合作者的关系时,隐含论及了对主持人权利的约束。

## 九、主持人的培养与选拔

尽管没有人会承认,一个成功而优秀的主持人是直接选拔出来的,或是由学校直接培养出来的,但人们还是不能不重新认真审视主持人的培养与选拔问题。毕竟,主持人对于主持传播的成败来说意义太大了。但因为这个问题相对较新且与主持传播系统本身之间的联系较少,所以目前相关研究还比较少,也一直未取得相对成熟的理论成果。

从目前的情况来看,广播电视媒体主持人的来源主要有两个渠道:一是由专门的教育机构,如中国传媒大学的播音与主持艺术学院等专门机构,培养和输送,这一类主持人因为学过一定的专业知识,而被称为科班出身。二是由媒介机构公开向社会选拔,国内现有的主持人大部分都是这类。这种选拔又可以分为两个渠道,一是栏目自行组织人员选拔,二是直接从一些专门的主持人大赛或主持人竞赛栏目中选拔。通过这种方式选拔出来的主持人大多并没有受过正规的训练,缺乏相关的专业知识,被称为半路出家。目前的情况是,通过这种方式成为主持人的人数正在呈现上升趋势。从实际效果来看,主持人的这两种来源都存在着明显的优点和缺点。科班出身的主持人具有专业知识,但往往缺少实战经验和生活阅历,且缺少相关栏目所需的专业知识;他们能很快就能进入传播状态,但时间一长就显得有些力不从心。而半路出家的主持人尽管有栏目所需的知识修养,更符合栏目的需要,但不具备主持专业和大众传播方面的相关知识,很难迅速进入传播状态,需要一个熟悉和培训的过程。而急需用人的媒介机构由于要考虑任务和成本的问题,一般又不可能花费专门的时间和精力来对他们进行培训,即使有这种培训,也大多因不成体系和务虚等原因而无济于事,意义不大。

实践中的这些问题很自然地将主持人的培养与选拔问题摆在了研究者的面前,这其实也是所有专门人才培养单位所共同面临的问题,而要解决这个问题,就少不了对其进行深入和细致的研究。

**十、主持人的使用与管理**

随着广播电视媒体栏目化趋势进一步加强而出现的主持人数量的不断增多,随着广播电视栏目制作社会化与市场化的大势所趋,主持人的使用与管理也越来越受到业界的重视,相关研究也进入了研究者的视野。研究者关注的问题有两个方面:一是主持人使用的机制问题,二是主持人使用的方法问题。

所谓主持人使用的机制问题,即本书中所提及的栏目运行中的主持人中心制与制片人中心制。在对这两种不同机制的对比中很容易发现,主持人中心制在某些方面显然更有利于主持人个性的张扬与发挥,而制片人中心制在某种程度上显然更有利于对栏目的把握和对主持人的管理。在论述这两种机制的时候,我们也曾提及,在主持人的各项素质尚未使其成为中心时,制片人中心制往往是主持人使用机制的首要选择。即使是在《实话实说》《时空连线》这样尝试主持人中心制的栏目组里,主持人中心制也很难真正做到,因为对主持人的待遇、包装、商业与公益活动缺乏相应的规定。

为了促进主持人的发展,一些学者已经开始求证中国能否实行主持人明星制,甚至还有人设想是否可以在主持人使用上采取类似于体育比赛中俱乐部会员制的办法,允许明星主持人在不同媒体和栏目之间自由转会,媒体则可通过出高价来"买"明星主持人为其效力。虽然设想大胆了一些,但也说明我国目前主持人的使用和管理中确实存在着问题。

目前,我国主持人在使用与管理上还有一个值得注意的现象,即由一个主持人同时主持好几个栏目。一方面,由于"名片效应"的存在,由一些名主持人开辟新的栏目可能会带动这些栏目的发展,即所谓的"名牌战略"效果。另一方面,当一个主持人同时主持多个栏目,尤其是主持了一档与自己个性不甚吻合的栏目时,如让新闻节目主持人主持综艺晚会,名主持人不仅不能发挥"名片效应",甚至会使既有的形象受到损害。这些都是研究主持人使用与管理时无法回避的问题。从这个角度来说,主持传播越向前发展,对于主持人的使用与管理的研究会越多、越深入。

## 思考题

1. 何谓主持传播?主持传播的本质是什么?
2. 主持传播学是一门怎样的学科,其研究对象主要包括哪些方面?

# 第一章
# 主持传播的特点

## 第一节 主持传播的形态

随着大众传播媒介人际化特色日益明显以及广播电视栏目化的趋势加剧,在当今广播电视媒介中,影视剧等文艺作品大量存在,主持传播在播出总时长上不占绝对优势,但不可否认的是,在新闻、信息、娱乐等频道或频率中主持传播的构成比重实际上已经居于绝对优势。从现实情况来看,主持传播的形态大致包括以下几种。

### 一、新闻资讯主播

主播,实际上对应的是主持人的英文语源,即"anchor",通常是指在新闻资讯节目中对所有信息进行个人化处理和发布的人,因而此类主持传播主要出现在新闻和资讯频道或频率的传播活动当中。其中主持人的作用主要是向受众提供新闻信息,满足受众对新闻信息知晓的需要。在很多情况下,这类主持传播的主体由播音员担任。有意思的是,虽然这类主持人对应的是西方"主持人"的语源,但在国内人们一度并不把此类传播归入主持传播的行列,也不大接受主播是主持人的说法。实际上,主播之所以不同于传统意义上的播音员而被划入主持人范畴,主要原因就在于其对新闻信息的播报和处理方式与播音员存在显著不同,播音员大多限于对原稿进行有声语言的二次创作,虽然可以对文字略加改动使稿件更符合个人播报风格,但并不需要在其中加入太多个人化的处理,尤其是在对播出内容的选择和排序、分析评论等方面缺少权限,无法充分体现对信息的整合。

主播(主持人)则不同,既要在忠实原稿、满足受众信息获知的基础上加入许多个人化的东西,如像播音员一样在稿件中加入个人的语言习惯和特色,又要对信息进行个人化的解读与评论,满足受众信息之外的其他需求,即"自己说话"和"说自己的话",以真切的个人身份参与到传播当中去。如日本朝日现代用语《智慧藏》中就明确指出:"播音员的职责是正确读出记者的新闻原稿,而主持人不是把语言技巧作为第一要素来要求,相比之下,主持人的新闻素质要求更高。新闻主持人对新闻要有自己的见解,并能通过个性的语言表现出来。"① 中国传媒大学播音与主持艺术学院教授吴郁也曾撰文指出:"不能简单地以'主播'替换或取代'新闻播音员'称谓。主播不是随心所欲的称谓变化,它实际上反映了新闻播报人职责、职能上的发展和变化。"做一个主播,需要"上乘的新闻播报水准(包括多样化风格);对经过记者编辑之手的新闻成品(文字的、图像的)有敏锐、透彻的理解,对信息的新闻价值有更准确、更深入的把握;谙熟观众接受心理,有方便和吸引观众收视的信息'导航能力',即为了传播的有效性做背景补充、勾连消息的编辑能力;演播室访谈及议论能力;新闻现场的采访报道能力;直播过程中果断成熟地应对各种突发事件或突发情况的现场处置能力;再加上端庄大方、成熟可信的形象气质,及质朴自然、专注投入的镜头前传播状态,这些共同构成了'主播'这个职业称谓的实质内涵"②。

当然,人们之所以坚持不把主播也划入主持人行列,实际上是因为有许多所谓的主播往往有名无实,在传播中并未体现主持的特质和作用,在主播的名义之下从事的还是传统播音员的工作,虽然在语言方面已开始"说自己的话",但一旦离开提示器还是"不知所云",与主播称谓的实质内涵还有不小差距。从目前来看,较有代表性的新闻资讯主播类的主持传播有美国三大广播网的《晚间新闻》、中央电视台新闻频道的《新闻直播间》、经济频道的《第一时间》、海外频道的《今日关注》以及凤凰卫视的《凤凰早班车》《有报天天读》等,其中尤以《晚间新闻》《有报天天读》等为典型。

### 二、杂志型节目主持

随着广播电视媒体的改革,尤其是20世纪80年代中期,广东珠江经济广播电台以"大时段、多主题、勤转换"为特点的"主持人直播大板块节目"的出现,广播电视媒体上出现了越来越多的杂志型栏目。所谓杂志型栏目,即由若干自成一体而特色鲜明的板块(也叫子栏目)构成,板块与板块之间的串联与衔接完全依靠主持人来实现的栏目类型。主持人在对节目进行串联时,可以表现较浓的个人化色彩,中央电视台的《东方时空》《新闻周刊》,中央人民广播电台的《直播中国》以及美国CBS的著名栏目《60分钟》等都是此类主持传播的代表。这种

---

① 刘岩:《我眼中的日本电视新闻主持人》,《新闻知识》1997年第3期。
② 吴郁:《谁来做主播——"主播"称谓使用现状》,《电视研究》2004年第9期。

节目形态具有内容丰富、形式多样、安排灵活、可为观众提供多方面服务的优势，打破了以往千篇一律的固定节目模式。如《东方时空》通常都是由一名主持人负责主持和串联，而美国《60分钟》则在不同的栏目单元由不同的记者来完成采访，并对节目进行串联，实际上也起到了杂志型节目主持人的作用。

### 三、话题性节目主持

话题性节目主持，是指整个主持传播活动都是围绕某一个或多个话题而展开的主持传播类型。在这类主持传播里，对话、讨论是最为重要的特色和内容，也是最重要的任务。主持人在此类主持传播活动中的主要任务就是组织和调动参与传播的各方因素围绕节目既定的话题进行深入探讨和交流。此类主持传播在当下的广播电视媒体中较为常见的形式有谈话类节目（俗称脱口秀节目），如中央电视台曾播出的《实话实说》、凤凰卫视的《锵锵三人行》以及美国著名的《温芙瑞脱口秀》等；论坛类节目，如中央电视台的《央视论坛》、中央人民广播电台的《今日论坛》、凤凰卫视的《时事辩论会》等；访谈类节目，如中央电视台的《新闻会客厅》《今日关注》、凤凰卫视的《名人面对面》等；热线类节目（包括连线），如中央电视台的《东方时空·时空连线》、凤凰卫视的《凤凰全球连线》以及电视台、广播电台中的情感热线类节目，如中央人民广播电台的《神州夜航》等。

### 四、专题性节目主持

专题性节目主持传播与话题性节目主持传播非常接近，所不同的只是传播的主体（主持人）不再是围绕某个话题通过言说的方式实现讨论或交流的目的，而是围绕某个事件、某种现象或某个人物展开专题性调查和访问。在此类主持传播活动中，主持人主要是通过采访、观察、倾听、评论等方式来调动传播场中的一切因素，以达到报道和揭示某一新闻主题的目的。此类主持传播在当前广播电视媒体中常见的具体节目形态主要有专题报道、专题访问以及新闻现场报道等，如中央电视台的《焦点访谈》《新闻调查》《面对面》，腾讯网的《和陌生人说话》，江西卫视的《传奇故事》等。当然，即使同属专题性节目主持，由于主持人对于新闻事件的涉入程度不同，主持传播所体现出的主持样态也会有所不同，如《新闻调查》《面对面》等栏目因对新闻事件和新闻人物的接近程度更深，其主持传播的特色就更为明显，而《焦点访谈》《传奇故事》等栏目的主持人因不涉及专题的采访或制作，只是栏目的标识，或只起某些衔接与点评的作用，其主持传播的实质性特色要逊色许多。

**五、活动(事件)性节目主持**

活动(事件)性节目主持,是指整个传播活动实际上是由某项或某类活动或某个新闻事件的进展构成,主持人在其中所起的作用主要是组织和推进整个活动朝着既定的目标和方向有序渐进。此类主持传播在当下广播电视媒体中较为常见的具体节目形态主要包括:晚会类活动主持,如中央电视台的春节联欢晚会、《心连心》晚会等;游戏类活动主持,如中央电视台曾播出的《幸运52》《开心辞典》等;选秀类活动主持,如中央电视台的《梦想中国》、上海东方卫视的《中国达人秀》、湖南卫视的《我是歌手》等,以及其他栏目化的真人秀活动主持,如中央电视台的《星光大道》、湖南卫视的《爸爸去哪儿》以及浙江卫视的《中国好声音》、北京电视台的《我是演说家》等,此外还有某些现场直播活动的主持,如中央电视台的1997年7月1日香港回归直播、2009年10月1日国庆60周年阅兵、2008年5月汶川地震直播等。

之所以对现有的主持传播类型进行如此划分,原因主要有两个:一是这种分类比较全面地反映了主持传播的现状,帮助人们更清晰地了解主持传播;二是清晰地反映不同类型的主持人的作用和要求。如新闻资讯主播类的主持人的主要任务在于提供信息,要具备信息整合能力,能够对新闻事件发表自己的见解;杂志型主持传播主持人的主要任务在于节目的衔接,要具备节目转承能力;话题性主持传播主持人的主要任务在于组织谈话,要具备倾听和组织谈话的能力;专题性主持传播主持人的主要任务是揭示性地报道事实,要具备采访和提问能力;活动性主持传播主持人的主要任务是掌握活动进程,要具备应变和调动气氛的能力。

## 第二节 主持传播的特点

主持传播作为一种独特的传播方式,在实现将大众传播与人际传播有效结合的过程中既吸取了两者的长处,也形成了自己鲜明的特点。概括起来,体现在如下几个方面。

**一、人格化**

美国社会学家查尔斯·库利在《社会组织》一书中指出:"所谓传播是人际关系借以成立的基础,又是它得以发展的机理。"[1]著名传播学学者施拉姆也在《传

---

[1] 转引自丁未:《回归人际性:大众传播的另一个视野》,《现代传播》1997年第6期。

播学概论》一书中指出:"传播是各种各样的技能中最富有人性的。"①两位学者不约而同地将传播紧紧地与人联系在了一起。遗憾的是,大众传播媒介长期以来一直作为政治集团或社会利益团体的宣传工具而存在,工具性色彩浓重。另外,大众传播媒介本身在组织模式上的职业化、机构化、制度化等特征,也使其在整个社会功能系统中更多地表现出物化的一面,掩盖了传播中的人性及人格方面的因素。主持传播的出现则一改这种状况,使传播媒介由一个工具客体转化为一个可供交流的对象主体,也使大众传播烙上了人格化的印记,《一丹话题》《小丫跑两会》《撒贝宁时间》等以主持人名字命名的主持传播从名称上就已经具有了人格化的色彩。

所谓传播的人格化,"就是以生活中具体的人同听众、观众说话的形式播节目"②。因而,主持传播的人格化特征首先表现为传播主体的人格化。在主持传播中,传播的主体不再直接表现为制度化或物化的媒介组织或机构,而是真正的人。虽然在主持传播中,受众面对的仍是一台台机器或接收设备(电视机、收音机或电脑、手机等),但受众感受到的不再是无生命的文字符号,也不是无表情的声像电流,而是一个个活生生的人,是人作为传播者在向受众传递信息,表达他(她)的意见和看法,是人在以他(她)的个人名义,以"我"和"你"的语气,以一种平等的姿态在与受众亲切地交流。正如有些学者所说:"新闻节目主持人通过人际交流的系统创造出人际交流的拟态环境,表现出人格化的特征,他既是传达、解释、评议新闻事实的传播者,又以真实可信的个人形象实现了信息共享的朋友般的印象管理。"③

综上所述,主持传播与其他样式的大众传播比较起来,最突出的特点就是在传播中凸现了人的因素。而人与物最大的区别就在于人是有生命的,是有感情的。受众所接触的便不再只是无生命的传播符号,也不再只是没有感情的传播机械。通过感受源自主持人的感情,通过体味主持人的喜、怒、哀、乐,受众不仅能够更加深切地理解主持传播所传递的信息,而且充分感受到了传播中人的存在。有时,由于受众对某些主持人的偏爱甚至崇拜等情感因素,以及主持人个人的信誉、魅力等因素,这种传播的效果会超出一般意义的大众传播,而这正是主持传播最有价值和最富生命力的地方。

---

① 〔美〕威尔伯·施拉姆、威廉·波特:《传播学概论》,陈亮、周立方、李启译,新华出版社1984年版,第20页。
② 邓文能:《人际传播与主持人节目》,《广电战线》1985年第11期。
③ 杨乘虎:《试论新闻节目主持人的可信度》,《现代传播》1999年第1期。

## 二、个性化

主持传播是由主持人直接参与和控制实施的传播行为。每一位主持人,由于他们的长相、气质、经验、志趣、专长、习惯等自然因素和社会因素的不同,其所实施的主持传播肯定会带上他们各自的个性特征,这决定了个性化是主持传播的特点和最显著的魅力所在。这种个性化魅力或特征不仅体现在传播主体的千人千面上,更体现在传播者个性化的传播方式(或风格)以及他们个性化的传播角度上。以中央电视台《东方时空》的主持人为例,白岩松、敬一丹和水均益就为受众留下了完全不同的个性化印象,"白岩松的言辞犀利、鞭辟入里,敬一丹的用语恳切、舒缓委婉,水均益的取喻丰富、机变睿智,可谓各具风采"[1],由于这些主持人的个性契合了栏目的个性,更因为契合了时代特点且更符合人的认知规律,因此具有不可比拟的传播优势。

有例为证。从1997年6月起,由日本人发明的电子宠物开始进入中国市场,一时迷倒了不少中小学生,有的孩子甚至因为迷恋电子宠物而影响了正常的生活和学习。中央电视台在1997年7月至9月针对这种情况播出了几期主持传播节目,白岩松和水均益两位主持人从不同的角度,以不同的主持风格对同一种问题发表了富有个性化的评论。白岩松有一段话是这样说的:"日本人真是能琢磨,寻找人性的弱点,一抓一个准。你们不是都在号称自己是新人类吗?你身边的绿色不是越来越少吗?你养动物、看动物的机会不是越来越少吗?你不是孤独、烦闷到了感情已经没有寄托了吗?那好。电子时代的最大好处便是可以寻找替代品让你找到一份安慰。于是电子宠物大行其道,迷倒了那么多人。"这段话表现了白岩松尖锐、犀利、爽直的个性。水均益则又换了一个角度,他议论道:"现在的孩子到底是不一样在哪儿了呢?那么有的人可能会说:他们追求时尚,什么新潮就追求什么,什么耐克鞋呀、太阳镜呀、滑轮呀,什么'三只眼'、电子宠物、阿加西方巾、迈克尔·乔丹等一大堆……有的大人们连听都没听过。当然也许我们并没有想过,就是除了这些之外,我们的孩子还在追求另外一些东西。他们和他们的前辈相比,有着更强的求知欲,而这些恰恰是他们能够超越我们、成为未来的主人翁所必备的东西。"水均益的这一段议论,在颇具时代气息的词语中既表现出对青少年的理解,又在两代人之间架起了一座相互理解的桥梁,体现出主持人年轻而不失成熟、轻松而不失儒雅的个人风格。[2] 上面这个例子,清

---

[1] 杨乘虎:《〈面对面〉:人际传播与大众传播结合的新支点》,《现代传播》1998年第4期。
[2] 参见涂光晋:《广播电视评论学》,新华出版社1998年版,第324—326页。

晰地体现出主持传播的个性化特征与魅力,也让我们从中毫不费力地觉察到主持人鲜明的个性。

### 三、对象化

对象,或传播对象是传播学中很重要的一个概念,它通常是指大众传播内容的指向者或接受者,也就是我们常说的受众。在大众传播当中,对象或曰"受众",往往是全体社会成员中"不确定的大多数"。由于人数的不确定,传统的大众传播活动一般都没有明确具体的对象观念,或者说大众传播者对受众往往采取的是一种模糊化的处理方式,即"一对多"而非"一对一"传播模式。随着主持传播的出现,以及主持人作为一个相对固定的"家庭成员"进入家庭,这种"一对多"的传播模式开始在拟态人际传播中有了新的变化,产生了施拉姆所说的"一种人与人之间个别谈话的亲切感"[1],从而逐步形成了"一对一"的对象化传播。这种大众传播有了相对较为明确的传播对象,也使大众传播媒介一下子"从工具客体转化成了一个可供交流的对象主体"[2]。

主持传播的对象化特点首先表现为传播过程中主持人对受众的直接呼告,其中最常见的情形就是主持人在传播中会不断说出"听众朋友(或观众朋友),您好""听众朋友(或观众朋友),您说呢""这位朋友的名字叫……""您对这个问题怎么看"等完全对象化的称谓或语气,让受众感到主持人就像是在和某个传播对象进行面对面的交流。有时,受众甚至可以从主持人的话语中确确实实地感觉到主持人正是在呼唤自己,在和自己说话,如有的主持人常常会说"这位名叫×××的朋友,您在来信中问道……""×××朋友,您的意见……"这样的话,将传播对象固定在了某个特定受众上。正因如此,才会出现当丹·拉瑟对着镜头说晚安的时候,很多观众会情不自禁地对着电视屏幕说"再见,丹"的情景。

主持传播对象化特征的另外一个较为明显的表现,就是主持人在传播时所做的对象化联想,即主持人无论处在什么场合从事传播活动,他的心目中总会有一个或几个假设的受众。这种情形用播音主持的专业语汇来说就是"目中无人,心中有人",虽然受众可能不在传播者的眼前,但传播者的心中一直装着受众。中央电视台著名节目主持人水均益在介绍他主持节目的经验时就曾专门指出,他经常在自己主持的节目中,想象他是在和自己的母亲说话,告诉她波黑又出了什么事。而有同样感受的还不只是水均益,几乎所有的主持人都有在面对话筒、

---

[1] 转引自阮小刚:《析电视新闻节目主持人》,《中国广播电视学刊》1999年第5期。
[2] 丁未:《回归人际性:大众传播的另一个视野》,《现代传播》1997年第6期。

摄影机时,把它们设想成某个确定的观众的经验。这种情况用著名主持人敬一丹的话说就是:"节目主持人的对象感运用强调具体化,她一般不做'一对多'的设想,而把交流设想成'一对一''一对几'。这种心理状态是'我'与观众谈话的必然要求,她以个人对个人的形式来适应观众的接受心理,有时是对一位真实存在的观众的直接呼唤,有时是把收听、收视对象设想成一位熟悉的朋友。"① 从这一点来说,对象化特征正是主持传播与其他传播的不同之处。主持人在从事主持传播时所做的任何努力都应该或明或暗地让那些在听广播或看电视的人觉得他们就是主持人正在与之说话的那个"你"。

### 四、全息化

传播学一般将传播分为人内传播、人际传播、群体传播、组织传播和大众传播五种形式,其中人际传播由于传递和接收信息的手段多、渠道广、方法灵活而被公认为是一种高质量的传播活动,是真正意义上的多媒体传播,即"人际传播是全息化的"②。这里的全息化仅就人际传播的信息传播渠道或传播方式而言。正如霍克斯所说:"任何言语行为都包含了通过手势、姿势、服饰、发式、香味、口音、社会背景这样的'语言'来完成信息传达,甚至利用语言的实际含义来达到多种目的。甚至当我们不在对别人说话时,或别人不在对我们说话时,来自其他'语言'的信息也争先恐后地涌向我们:号角齐鸣、灯光闪烁、法律限制、广告宣传、香味或臭气、可口或令人厌恶的滋味,甚至连客体的'感受'也有系统地把某种有意义的东西传达给我们。"③ 主持传播作为一种大众传播与人际传播的交叉物,一种类似于人际传播的传播方式,全息化同样是它与其他大众传播方式的标志性区别,也是其特性之所在。

主持传播中的全息化特点主要体现在其对类语言和非语言符号的运用上。非语言符号通常是指语言(包括文字)之外的信息传播符号,它既包括主持人的语气、语调、体态、表情,也包括主持人的服装服饰、情境状态等。从这个意义上来说,广播节目主持人同样具有全息化传播的特点。美国姿势传播学的研究者德伯惠斯特尔曾经估计,在有两个人传播的局面中,有百分之六十五的"社会含义"是通过非语言传送的。④ 非语言符号在大众传播中的应用不仅停留在传递

---

① 参见俞虹:《节目主持人通论》,杭州大学出版社1996年版,第277页。
② 郑兴东:《受众心理与传媒引导》,新华出版社1999年版,第210页。
③ 〔英〕特伦斯·霍克斯:《结构主义与符号学》,瞿铁鹏译,上海译文出版社1997年版,第128页。
④ 〔美〕威尔伯·施拉姆、威廉·波特:《传播学概论》,陈亮、周立方、李启译,新华出版社1984年版,第75页。

信息的层面上,在更多的时候,它是对主持人所传递信息的一种解释、补充、突出和强调,甚至传递着信息之外的超信息,对大众传播效果起着不容忽视的促进作用。

2000年4月,中央电视台《实话实说》栏目播出了一期名为《老师,对不起》的节目,讲述了一对师生之间34年前由于时代所造成的一段恩怨。当嘉宾痛哭流涕地讲述着她的悔恨之意时,坐在一旁的主持人崔永元泪流满面,甚至在主持节目时有好几次因为哽咽而语不成句。在这期节目中,受众除了从嘉宾和主持人的语言符号中获取信息外,还切身感受到了他们感情中蕴含的超信息,而这正是传统的大众传播所无法做到的,尽管文字、声音同样可以蕴含感情,但那种感情不如通过电视画面直接从主持人身上感受来得直接和真切,具有震撼力。很多人在看了节目之后,被崔永元的真情深深打动,这也应验了亚里士多德有关情感对传播效果具有巨大促进作用的论断。

主持传播的全息化特征在一定意义上是相对的,它毕竟还与真正的人际传播的全息化存在距离,更无法全部代替和涵盖真正的传播全息化。这是因为主持传播的全息化毕竟被限制在电视机(接收终端)有限的画框内,它虽然在一定程度上实现了全息化的传递,却因为缺少即时的反馈而无法进行全息化的交流,因此还不是完整意义上的全息化传播,这也从一个侧面说明主持传播不能实现完全的人际化,是一种类人际传播。

**五、人际性**

从总体上来看,主持传播还有一个显著的特点,那就是它的人际性或互动性。在以往的大众传播中,受众往往都被置于整个传播过程的末端,其与传播者的地位不仅不对等,而且和传播者位于"银河"两边。而在主持传播中,受众地位的这种状况发生了很大变化,原本处于传播末端的受众有时因为直接或间接参与了传播的过程而可能成了直接的传播者。有时,随着受众的直接参与,主持传播也不再仅是拟态人际传播,而是成为名副其实的人际传播,体现出了更强的互动性。这方面最显著的例子就是一些广播电视媒介的热线直播节目和脱口秀节目以及访谈、论坛节目,在这些节目中受众不仅可以通过书信、电话、手机短信、微信、微博甚至直接与主持人形成面对面的真正的人际传播关系,而且可能随时在传播过程中发表自己的意见,并将自己的意见通过大众传播媒介传播出去。如此一来,受众既是信息的接收者又成了信息的传播者,既满足了获取信息的需要,又使自己的传播欲望得到了满足。与此同时,真正的受众由于接触的是与自己身份、地位相似的传播者的意见,既消除了对职业传播者的抵触情绪,也增加了对大众传播的兴趣,使主持传播在传播效果上具有明显的优势,而这正是人际传播大众化的具体体现,是主持传播的又一魅力所在。毕竟,"受众参与传播过程,是当代传播的一个重要特征,也是营造良好传受关系的重要条件"[1]。

## 第三节　主持传播的优势

一个不容忽视的事实是:如今,只要打开电视机,将手中的遥控器随便一按,轻易地就会发现十几个甚至几十个笑容可掬的主持人,正端坐在镜头前对着我们说话。而对于广播,只要稍稍改变一下收音机上选台装置的位置,同样可以听到许多主持人用各种动听的声音在我们耳畔诉说。甚至在有些报纸、杂志的某个版面或栏目,同样可以轻易地找到"主持人"这三个字。即使在新兴媒体中主持人也无处不在,还可以见到像"安娜诺娃""言东方""小龙""小冰"这样完全以人的面目和声音出现的虚拟主持人以及主持人的微博、微信公众号等。尽管报纸、杂志等平面媒体中的主持人与广播电视媒介中的主持人在含义上差别巨大,这类"主持传播"也不在本书的研究和论述范围之内,但主持人传播受到大众传媒的青睐与其自身的优势不无关系。具体来说,主持传播的优势主要体现在以下方面。

### 一、"自己人"效应

研究说服理论的美国学者卡尔·霍夫兰通过传播实验证明:"假如传播对象喜欢传播者,就可能被说服。如果接受者认为信息的来源是一个与他自己或她自己相似的人,即罗杰斯所说的具有同一性,就更是如此。"[2]这段话的意思是说,如果传播者与受传者之间存在一定的相似性就可能增加和改善传播效果,即在其他条件相同的情况下,受传者更愿意接受与自己地位不相上下的人的影响,这被看作是传播说服中的"认同策略"。人际交往心理学的研究表明,人们之间相互吸引和亲切关系的建立总是发生在那些存在巨大相似的交际双方之间,并把这种现象称为"自己人效应"。

主持传播具有强烈的人格化特点,主持节目的是一个个真实可感、与受众在

---

[1] 郑兴东:《受众心理与传媒引导》,新华出版社1999年版,第231页。
[2] 〔美〕威尔伯·施拉姆、威廉·波特:《传播学概论》,陈亮、周立方、李启译,新华出版社1984年版,第227页。

很多方面,如身份、语调等存在相似之处的主持人,这些相似性逐渐填平了大众传播媒介与受众之间不可逾越的鸿沟,使受众产生主持人与自己是相似的这样的心理感受,从而更愿意接近和接收来自主持人的传播。用《东方时空》创始人孙玉胜的话说就是"……传播者与观众必须首先建立起一种'与话双方'的平等,平等之后才可能建立亲近感"①。孙玉胜不仅意识到了主持人与受众之间的相似性在主持传播中的存在,意识到了其对主持传播的价值所在,同时他也看到了主持传播之于大众传播的巨大效果,看到了主持人的独特价值,用他的话:"主持人就是影响,就是收视率,电视就是主持人媒体,电视越发达,就越依赖主持人。"②美国哥伦比亚广播公司《60分钟》栏目总编导唐·休伊特也说过,《60分钟》节目之所以成功,首先是由于采用了洋溢着个人魅力的主持人主持节目这个形式。③

主持传播的这种所谓的"自己人效应"是广播电视媒体出现"约会情境"的主要原因。一些主持人受到受众欢迎,如白岩松、崔永元、孟非、温芙瑞等很大程度上也是因为他们与受众的相似性。

## 二、名片(明星)效应

由于主持人处在传播链条的末端,经常在媒体上直接和公众见面,久而久之便容易建立起知名度,并被罩上一层光环或晕轮,逐渐在受众中产生一定的影响力,这就是通常人们所说的名人效应。某些主持人靠着自己的名气,赢得了更多受众的信赖和喜爱,吸引了大批忠实观众,给主持人所在的栏目及媒体带来了巨大的影响和收益。有的主持人甚至成了其所在栏目及媒体的标志或品牌,具有巨大的品牌价值,以至于经常出现这样的情况:观众不知道一个电视台的台长是谁,但绝对不会不知道一家电视台某位名主持人的名字,而在西方也曾出现过这样的情况,当总统与著名主持人站在一起时,有的人总是会问"站在主持人身边的那个家伙是谁"。

主持传播的名片效应除了体现为主持人的名气大、对创造名牌栏目功不可没外,还体现在名主持人巨大的号召力和影响力上,而这无疑可以大大增强传播的效果,如美国著名黑人女主持人温芙瑞只要在其节目中推荐哪本书,那本书马上就会变成各大图书排行榜上的热门畅销书。中央电视台副台长孙玉胜早在

---

① 孙玉胜:《十年——从改变电视的语态开始》,生活·读书·新知三联书店2003年版,第49页。
② 同上书,第36页。
③ 徐德仁、施天权:《时代的明星》,复旦大学出版社1990年版,第37页。

20世纪90年代《东方时空》栏目开播不久便旗帜鲜明地提出"要用名副其实的名人及其效应来增强栏目的权威性和可靠性"[①]。凤凰卫视则更加大胆地提出了"三名"（培养和造就名主持人、名记者、名编辑）发展战略，专门设置了一个为节目和主持人服务的宣传设计部，专业人员按照成熟的市场化操作方法来协调节目和主持人的宣传推广。这些都足以证明主持传播的优势所在。正因如此，美国一些广播电视机构在招收主持人的时候格外注重主持人的既有名气，都会竭尽全力招聘大腕明星主持人、开辟吸引人的节目来争夺观众。如动作明星史泰龙就在一档电视真人秀节目《竞争者》中做起了主持人；伊拉克萨达姆政权的新闻部部长穆罕默德·塞义德·萨哈夫自从被美国政府"宽大处理"后，许多电视台也纷纷找上门来，力邀其做主持人。这些广播电视机构看中的正是他们身上已经具备的名气。

### 三、意见领袖效应

研究表明，受众在很多时候并非直接接受来自大众传播媒介的信息，大众传播媒介所进行的传播一般要经过两级或者多级传播渠道才能最终"流"向受众并发挥作用，这在传播学上被称为二级传播或多级传播。根据这一理论，在两级传播的格局中，在大众传播媒介与受众之间存在着一个意见领袖的中间环节，即大众传播媒介所传播的大量信息通常先是到达舆论领袖那里，然后再由舆论领袖传播给一般受众。由于舆论领袖是在人际传播网络中经常为他人提供信息、观点或建议并对他人施加个人影响的人物，因而意见领袖作为媒介信息和影响的中继和过滤环节，对大众传播效果有着重要的影响。

意见领袖究竟是些什么人，有什么特点？根据卡茨和拉扎斯菲尔德等人的研究，意见领袖与被影响者一般处于平等关系而非上下级关系，意见领袖社交范围广、拥有较多信息渠道，对大众传播的接触频率高、接触量大。从这些特点中，人们很容易发现主持人与意见领袖间存在的相似性。主持人作为职业传播者，其信息渠道以及对大众传播的接触肯定更多，而其在定位上的平民化又决定了与受众关系的平等性，这些无疑都会增强主持人的传播效果，进而增强大众传播的效果，而这正是主持传播的优势所在。正因如此，克朗凯特当年在电视上表达的反对"越战"的意见才会在美国全社会形成反战的巨大舆论；而库瑞克在电视上号召人们积极面对直肠癌时，全美当年做结肠镜检查的人数增加了20%，医学界称之为"库瑞克效应"。鉴于名主持可以在一定范围内成为意见领袖，美国

---

① 孙玉胜:《培养电视评论员》,《新闻出版报》1995年7月19日。

三大广播公司与CNN(有线新闻网)都不遗余力地挖掘、培养、塑造、推出明星主持人以充当舆论领袖,这种行为既是商业行为,也彰显了一家媒体的品位、可信度与权威性。反过来,"名主持"做好意见领袖,不但能够有力地提升自己的知名度和公信力,而且是增强媒体核心竞争力的重要因素。

### 四、品牌效应

全球著名的管理学大师彼得·德鲁克曾说:21世纪的组织只能依靠品牌竞争了,因为除此之外它们一无所有。"品牌"(Brand)一词源于古斯堪的纳维亚语"Brandr",意思是"烙印"。它原指牲畜所有者在牲畜身上烙上标记,以起到识别和证明的作用。该词在英语中依然保有"烙印""打烙印于"的意思。后来,该词主要用于区分不同制造商的产品和工具。①

随着时间的推移和社会的发展,市场上提供各种产品和服务的企业越来越多,竞争也越来越激烈,竞争的方式和手段也不断升级,于是,品牌的含义再也不是刚开始的引申义。由于对品牌认识和理解角度的不同,不同的学者对"品牌"这一概念给出了不同的定义。

学者周志民在总结品牌的诸种定义,并在考察品牌的内涵演变②后提出,"品牌是由名称、标志、象征物、包装、口号、音乐或其组合等一些区隔竞争的符号而联想到的基于价值的消费者与组织或个人之间的关系及其所带来的无形资产"③。也有学者提出"品牌最持久的含义是其价值、文化和个性,它们构成了品牌的实质"④。

在市场经济浪潮的推动下,"品牌"在我国经济、社会、文化发展中扮演着越来越重要的角色,传媒行业特别是主持人的品牌建设日益受到人们的关注和重视,即"节目主持人是品牌的代言人,是构成品牌的人格化符号,应当被视为无形资产进行培育和保护"⑤。品牌主持人带给媒体的不只是高收视率、高市场份额,更重要的是拥有更高价值的无形资产。早在2007年,时任中央电视台台长的赵化勇便提出:"在电视媒体激烈竞争的当今时代,品牌建设已经深入人心。品牌开发、品牌维护、品牌经营的理念和实践早已超越了构想、设计的阶段,许多

---

① 周志民:《品牌管理》,南开大学出版社2008年版,第4页。
② 品牌是区隔标识,品牌是价值担保,品牌是联想载体,品牌是关系集合,品牌是无形资产。
③ 周志民:《品牌管理》,南开大学出版社2008年版,第7页。
④ 杨魁、李惠民、董雅丽:《第五代管理——现代企业形象管理:战略与策划》,兰州大学出版社2007年版,第193页。
⑤ 段鹏:《电视品牌战略研究》,中国传媒大学出版社2007年版,第42页。

探索已经结出了硕果,直接带来了电视生产力的提高,带来了电视文化生活的丰富和繁荣。电视主持人无疑是其中最活跃、最醒目和最具代表性的因素之一,因此,树立和发扬中央电视台主持人品牌的优势,构建中央电视台主持人管理体系,是我们必须做好的工作,也是时代对我们提出的要求。"①

因为主持人或主持传播在传播效果上具有这样的优势,主持人,尤其是知名度高的优秀主持人成了各大媒体竞相争夺的强势资源,主持人的身价较之其他媒体从业人员而言可谓高薪,甚至是天价,如美国CBS在丹·拉瑟退休之后,便不惜重金,以1500万美元的年薪从NBC"挖"来了新的女主播凯蒂·库瑞克。在国内,也曾出现了专门为知名主持人进行身价评估的机构,每年都会向全社会公布知名主持人的身价排名。如果说这些排名多少还有些"无中生有"的意味,那么,某电视台以年薪80万元、50万元从其他台"挖"名主持人、某广播电台以年薪60万元的高价向社会招聘广播DJ,以及某著名主持人出场费高达几十万元则是确实发生在我们周边的事情。还有的地方电视台由于怕台内的优秀主持人被其他台发现、"挖"走,甚至暗地里托付主持人大赛的评委,不要让他们的主持人得奖,这从一个侧面再次说明主持人资源的珍贵以及主持传播的强大优势。

## 第四节 主持传播的劣势

诚然,主持传播较之传统大众传播已有了长足发展,尤其是广播电视媒介中的主持传播更是借助特有的传播优势推动了大众传播的进步,但主持传播并非十全十美,也存在着与生俱来的弱点和不足。

### 一、"精神人格"弱化

主持传播的人格化及个性化特征使大众传播在某种意义上实现了人际性回归,主持传播所营造的"面对面"的模拟人际传播状态使得传播者与受众之间的界限越来越模糊,主持人与受众已由原来界限分明的传受关系转换为对等交流的朋友关系或"自己人"关系。在这种关系中,以往传播者那种居高临下、刻板生硬、家长式的传播方式不见了,取而代之的是主持人轻松、自然、平易、活泼的朋友式传播,这使得人们在选择接触和接受主持人的意见性信息时少了一些防备心理,在情感上更乐意接受。正所谓"只有当受众感到传播者在态度上是与自己

---

① 赵化勇:《构建主持人管理新体系——在中央电视台主持人管理改革工作研讨会上的讲话》,央视国际,www.cctv.com,2007年4月19日。

平等时，才会形成愉快的情绪，传播才能有良好的氛围，对受众的引导才能有效地进行"①。

　　愉快的情绪、轻松的氛围固然可以促进良好的传播关系，却在一定程度上影响了传播的权威性。社会学的研究表明，与印刷媒介比较起来，电子媒介的权威性不可避免地要略逊一筹，这是因为出版物的空间物质性可以使读者能够远离作者，从而增强了作者的权威性，电子媒介因为对这种空间物质性的成功消解而大大削弱了作者的权威性。②辩证唯物主义的创立者马克思也看到了作者写文章不署名、不与读者发生联系可能导致的精神人格的强化及其为作品所带来的客观性和权威性的提升，"因为这样一来，读者在自己面前看到的就不是说话的人，而只是所说的事，那时读者就摆脱了作为经验人而存在的作者的影响，而仅以作者的精神人格作为自己判断的尺度"③。事实上，英国《经济学人》也一直坚持采取不署名的匿名制，因为他们发现"匿名制使编辑成为刊物真正的仆人，而不是主宰，从而给予了刊物惊人的思想和原则"④。国内的《新京报》在发表社论时一般也会隐去评论者的名字。的确，当主持人完全被受众当成自己的朋友、与观众完全熟悉之后，主持人所发表评论的权威性就会在一定程度上受到影响。当崔永元平民化的形象以及他平易、幽默的个性在受众心中生根的时候，受众就很难把他和他说的话与严肃、权威联系在一起。

　　在中国，主持传播不如传统大众传播（尤其是印刷媒体传播）权威也许还有其独特的原因。可能是由于长期受"空口无凭、立字为据"以及传统的"敬惜字纸"思想的影响，中国人一向对写在白纸之上的黑字深信不疑而对口头说出来的东西不以为意，所以一旦出现什么重大变动、整个社会需要权威意见来引领舆论时，在能够选择多种信息渠道或传播方式时，人们首先可能会想到要看看报纸的社论，尤其是像《人民日报》这种大报的社论，而不是想听听某个主持人，尤其是某些尚未建立起强大个人权威的主持人怎么说，这其实也是主持人不能完全取代播音员的原因所在。即使在国外，印刷品的可信性似乎也一直居于首位，如《娱乐至死》一书的作者在其另一本书中也提到："直到今天，尽管作家还是各具特征，一般人仍相信印刷出来的东西。"⑤从这个角度来看，主持人在以亲切、平等的姿态成为受众的"自己人"时，似乎一定程度上存在权威性不足的缺陷。当

---

① 郑兴东：《受众心理与传媒引导》，新华出版社1999年版，第226页。
② 参见〔美〕马克·波斯特：《第二媒介时代》，范静哗译，南京大学出版社2001年版，第84页。
③ 参见《马克思恩格斯全集》第11卷，人民出版社1965年版，第212页。
④ 转引自唐亚明：《走进英国大报》，南方日报出版社2004年版，第364页。
⑤ 〔美〕尼尔·波兹曼：《童年的消逝》，吴燕莛译，广西师范大学出版社2004年版，第47页。

然，主持人传播的这种精神人格的弱化也不是完全不能改变，事实证明，一些经验丰富、阅历深厚、对某些领域有深入研究的主持人，同样可以通过其个人权威来提升其主持传播活动的精神人格。

主持传播"精神人格"的弱化及其所导致的传播的权威性不足，也与主持传播本身所包含着的人际性因素有关。浓郁的人际化特色使主持传播具有很强的人际传播的特点，如传播的随意性、传播中包含大量冗余信息等，对传播本身不利。举例来说，一条信息单纯由播音员播报只需一句话或者 5 秒钟即可完成，如果用主持传播的方式传播，则可能不止 5 秒，甚至还要加上许多主持人的语气助词等附加成分，这正是有人把主持人理解为仅是改掉播音腔、多说废话的播音员的原因。在实践中，主持传播确实存在这种现象，如有的主持人为了取得"越自然越真实"的传播状态，将主持传播完全视为私人间的人际传播，全然不顾自己作为大众传播者的身份，不仅浪费有限的媒介资源，而且不被受众接受。虽然主持传播是大众传播与人际传播相结合的产物，但其毕竟还是大众传播，误把所谓原生态的人际传播当成主持传播的做法，既是对主持传播的误解，也是造成主持传播权威性不足的原因之一，从事主持传播的人对此不能不引起注意。

### 二、表象值相对较低

表象，亦称意象，是认知心理学上的专有名词，其含义是指对象、情景和事件在人的大脑中所留下的映象。根据这个定义，表象值其实是衡量对象、情景和事件在人大脑中留下映象的清晰程度的指标，对象、情景和事件在人大脑中所留映象的清晰度越高，则说明其表象值越高，反之则越低。认知心理学的研究同时表明，表象对于人的知觉、记忆和思维等心理活动均有促进作用，表象值高的对象、情景和事件更利于人的知觉和记忆，即"能激活表象的材料有助于推理，而运用表象也可提高被试的成绩"①。从大众传播的实践来看，报刊一般只诉诸人的视觉，且其中的信息主要是逻辑化、抽象化的，因而其表象值相对较低；广播则只诉诸人的听觉，亦缺少较高的表象值；电视则不同，它不仅同时调动人的听觉与视觉，甚至刺激人的全部感应系统，它所提供的都是使人有身临其境之感的生动画面与场景，因而其表象值相对较高。用施拉姆的话说，即"视听媒介在传播一定数量的有关某种主题的信息上，要比单纯的听觉或视觉媒介更有优势"②。暂且不论视觉信息与听觉信息在传输到受众大脑时产生的干扰削弱作用，单就电视

---

① 王甦、汪圣安：《认知心理学》，北京大学出版社 1992 年版，第 317 页。
② 转引自李彬：《传播学引论》，新华出版社 1993 年版，第 129 页。

在视、听方面所提供的信息的表象值而言,主持传播,特别是当主持传播在形态上完全表现为由主持人独占电视屏幕时,主持传播在传播上的表象值弱势是显而易见的,一个只在演播室里活动的、仅有上半身或全身图像的主持人的表象值显然不如现场画面的表象值高,因而也不利于受众的认知和记忆。主持传播,特别是主持人完全占据电视屏幕在某种意义上是对广播电视,尤其是电视媒体传播优势的舍弃,是一种扬短避长的做法。

这个问题早已引起新闻从业者和新闻学界的关注,如1999年第5期的《中国广播电视学刊》就发表了欧阳明对电视如何扬长避短的思考的文章[①]。该文提出以《东方时空·面对面》为代表的主持传播的失算就在于其传播形式上的三个错位:电视"语言"具体直觉的特征与报刊的书面文字、广播的有声语言的间接性特征之间的错位;电视"语言"的视听多元,以视为主以听为辅的特征与广播的有声话语、书面的有形文字一元特征之间的错位;电视"语言"的镜头为表意生成的基本单位的特征与有声语言的由词到句子的语言生成的语言特征之间的错位。该文同时针对这三种错位提出了三项对应的策略:夹叙夹议、议为主题、叙为根据;在叙事内容镜头或片断(镜头群)不多的电视评论中,要避免由一个主持人说到底,而应数人登场,主次分明;注意请专家与主持人共同主持或单独主持。虽然该文或对主持人这种传播形式的优势缺乏足够的认识和思考,但其指出的这种传播的不足是颇有见地的。

### 三、易形成主持人依赖

不管是实业家投资还是个人理财,一般都会遵循一个原则,即"不要把所有的鸡蛋都放在同一个篮子里"。谁都知道,一旦这个篮子摔破,投资者所有的努力与心血便可能全部化为乌有。从某种意义上说,主持传播恰恰犯了将所有鸡蛋放在同一个篮子里的大忌。作为一种主要由主持人个人来实施的传播,主持传播对主持人的依赖是显而易见的。不管是实际从业人员还是新闻研究人员都无法否认,得力主持人的出场具有不可抗拒的力量,那种来自明星的光彩或魅力在吸引受众目光乃至引导社会舆论方面具有不可低估的力量,即他们"确实有一种'占据屏幕'的素质"。主持传播,尤其是当主持人独自一人实施传播时,一个得力的主持人几乎成了决定一档节目能否成功的全部因素。如中央电视台《实话实说》的创办者时间就曾毫不讳言地说:没有崔永元就没有当初的《实话实

---

① 欧阳明:《电视评论如何扬长避短:〈东方时空·面对面〉的启示》,载《中国广播电视学刊》1999年第5期。

说》。事实证明,离开了崔永元的《实话实说》最终确实也以停播收场。美国广播公司(ABC)原新闻部经理鲁尼·阿利奇亦认定,如果三大电视网都以同样的方式报道同一消息,那么观众就会认真考虑,哪一位主持人更受欢迎。①

事实也是如此,当一个主持人与某个栏目经过一段时间的磨合达到某种水乳交融或相得益彰的状态的时候,那个栏目实际上已离不开这位主持人,而一旦这位主持人面对不可抗拒的情况(如生病、休假、出差等),这个栏目就会大受影响。一个典型的例子是当著名主持人王刚因事离开北京电视台的《东芝动物乐园》之后,这个栏目的收视率立即出现了大幅滑坡,不得已栏目组又请回了王刚。还有很多节目的成功,如中央电视台的《开心辞典》《幸运52》、北京电视台的《夫妻剧场》在很大程度上都是依赖其主持人王小丫、李咏与英达而存在和发展,王小丫的生病以及李佳明的出国甚至曾让《开心辞典》一度处于停播状态。就连凤凰卫视在大力推进其"三名"战略(其一即为名主持人)时,也不得不承认:名人策略最大的危机就来自于此,当名人离开时,他将带走几乎所有凝结在他身上的名人资源,媒体此前的造星努力也由此付诸东流。② 为了避免这种情况,有些栏目就会在主持人出差之前将节目事先录好,还有的则会让主持人在出差(如有的主持人外出拍戏)期间抽空回来录制节目。当然,这只能是录播节目,若是换了直播,主持人一旦出现变故,整个栏目受的影响就会更大。

主持传播对主持人的过分依赖,特别是对名主持人的依赖不仅增加了节目的成本,也增加了主持人管理的难度。有些主持人一旦成名之后,还会因为个人的膨胀而影响栏目的声誉。因为对主持人的依赖,主持传播对主持人的要求也会高出许多,它不仅要求主持人对传播内容有自己的见解,还要求他们能用个性化的语言进行表达,成为某种意义上的新闻采访、编辑、评论、播讲专家。但现实的情况往往是"找一个好主持人实在是太难了"。一个得力的主持人既要有吸引受众的明星风采,又要具备各项专业素质,其成长需要一定的空间和时间,绝不是一蹴而就的,至少在眼下的中国还很难做到,这不能不说是主持传播的又一个不足之处。

---

① 参见〔美〕芭芭拉·马图索:《美国电视明星》,杨照明、叶莲、倪垚译,中国广播电视出版社1987年版,第275页。
② 钟大年、于文华:《凤凰考——凤凰生存空间的八个议题》,北京师范大学出版社2004年版,第66页。

## 思考题

1. 主持传播的特点包括哪些方面?
2. 主持传播与传统意义上的大众传播相比,其优势体现在什么地方?
3. 主持传播在当前的广播电视媒介中主要有哪些类型?

# 第二章
# 主持传播的动因

## 第一节 主持传播的外在动因

"我们想知道一个东西的性质和未来,有一个很重要的手段就是要知道它的过去。知道它从哪儿来,我们就会知道它往哪儿去。"[①]著名历史学家庞朴的这句话非常精辟地道出了历史研究的价值。也许正因如此,对于某一事物历史与发展的研究也就成了针对该事物的所有研究中不可缺少的部分。当然,考察某一事物的动因,在某种程度上同样可以起到拨开历史迷雾还其本来面目的作用,从而使研究者能够更清楚地看清事物的本质,也能在更具体的历史环境中认识事物的固有特性。主持传播亦如此,对其历史动因的考察,也是认识其传播特性的基础路径。

### 一、主持传播是人类社会发展的产物

在人类社会的发展进程中,当资本主义以其不可阻挡的发展势头将封建时代的手工业作坊推进历史的旧书架时,人类社会便进入了以机器大工业生产为主要特征的工业社会。作为人类社会进步的标志之一,工业社会在各个领域所取得的成就比以往所有社会都要多。然而,工业社会的一切文明成果又是以牺牲人类社会的某些资源为代价的,这种代价在人类栖居的自然环境中常常表现为对一些不可再生资源的破坏,而在人类自身则是对思想独立性的压制和戕害,并最终使人彻底失去批判能力而成了马尔库塞所谓的"单面人"。[②] 然而,物极必反,任何事物发展到某种极端的时候,都必然会走向其反面。人类社会的发展也是如此,当工业社会的大机器将人的独立性与个性无情地碾碎时,大机器隆隆的轰鸣声必然也惊醒了人们沉睡的心灵,激起了整个社会对人性与个性的强烈

---

[①] 参见夏榆:《庞朴:我们为什么要考古》,《南方周末》2009年6月3日。
[②] 参见〔美〕赫伯特·马尔库塞:《单向度的人》,刘继译,上海译文出版社1989年版。

追求。在工业生产的规模化、标准化和制度化使整个人类社会进入标准化的大众时代、吞噬和抹杀人的个性和人类社会的多样性的时候,人类社会也开始出现了追求个性解放、反对标准复制的"后工业社会"的发展趋势,这种趋势在社会学理论中的表现是开始出现各种各样以"去中心""去总体性""去合法化"等为主要内容的后现代理论,而在传播学理论中则是出现了包括反对文化霸权在内的各种批判理论。

主持传播正是在这种背景之下产生的。受工业社会的影响,大众传播不可避免地具有浓郁的工业化色彩和鲜明的工具化特征,是一种制度化和非人格化的传播。机器化的大生产、批量复制的规模化信息同样削减了大众传播的人性化和个性化色彩。面对这种局面,不管是传播者还是受众都渴望能有一种更加个性化和人性化的大众传播方式来突破僵局,还人类传播应有的人际性。正所谓"我们的社会里高技术越多,我们就越希望创造高情感的环境,用技术的软性一面来平衡硬件的一面"[①]。大众传播的人际化趋势由此产生,具有鲜明人际性特征的主持传播也由此应运而生。如前所述,主持传播的最大特点是改变了以往大众传播制度化的传播格局,使大众传播从机器工业生产中脱颖而出,成了一种人性化的个性传播。在这种人性化的个性传播中,虽然还存在信息批量复制的工业化特色,但在整个传播的链条中,已能清晰地看到人的影子,看到属于人的个性的东西。尽管在这种传播中,传播者的地位和隶属关系并未发生根本变化,仍代表大众传播机构定期实施传播,但已不再是无生命和无人性的机器或机构,而是有血、有肉、有感情、有思想的独立个体——人。传播者所使用的传播符号也不再是统一的文字和声像,而是比以前多了许多丰富的、具有人情味的编码手段。因此,从某种意义上来说,"主持人角色的诞生,既是公众反抗非人化的媒介文化、呼唤人文精神的结果,又是人文精神在媒介文化中坚守与回归的结果,是在物欲横流与迷失自我中对人的珍视"[②]。

现代社会信息量的迅猛增加,也是促成主持传播产生与发展的重要原因。信息增长固然是好事,但不幸的是,人类由于受到生理极限及社会因素的制约,接收信息的能力及渠道和容量非常有限,信息论研究认为,"人具有一定的信息'载流容道',当信息超过人的这种'载流容道'时,则信息接收、整理、储存和传输的心理机制可能会被扰乱,出现诸多心理防御性反应,如'遗漏信息''淘汰信息

---

① [美]约翰·奈斯比特:《大趋势——改变我们生活的十个新方向》,梅艳译,中国社会科学出版社1984年版,第47页。
② 李盛之:《主持人:角色的尴尬与超越》,《现代传播》1995年第5期。

流''降低信息区分和识别的充分程度''拒绝信息来源'等"①。这意味着一旦信息增长的速度和数量超过了受众接收信息的限度,即使再有价值的信息对我们而言都毫无意义,甚至像詹姆斯·米勒博士所说:"一个人接受的信息超过他能处理的极限时,可能……导致紊乱。"②而这绝对是信息传播者所不愿看到的。所幸的是,认知心理学的研究成果告诉传播者,决定个体记忆差异的主要因素是人们能否有效地将材料组成熟悉的组块。尽管人们认知信息的能力有限,但并非不可突破。只要将信息按照一定的方式进行整合后再传送给信息接收者,即重新组织成所谓的信息组块之后,人们接收信息的能力就会大大增加。主持传播正是顺应这种信息整合的需要而产生的。从这个意义上说,主持传播不仅打破了大众传播制度化的传播格局,实现了大众传播某种程度上的人际化,还为受众应对海量信息提供了有效手段,也是在这个意义上,我们不得不承认"没有第二次世界大战信息爆炸的压力,便没有默罗首创的《这里是伦敦》,也就没有为后世的广播电视人提出了'一个挑战、一个目标和一个榜样'的杰出的节目主持人爱德华·默罗了"③。

在现代信息社会,人们一方面渴望得到更多的信息,以应对瞬息万变的社会;另一方面,人们对信息的不断增长又会产生某种莫名的恐惧,即所谓的"未来冲击"。就大众传播中的新闻信息传播来说,人们一方面希望通过先进的传播手段,获得有关新闻事件的全方位的信息,甚至最好是能有身临其境的感受,但另一方面,当大众传播者利用先进的技术手段将受众所需要的大量信息原原本本、几乎同步地展现在他们面前时,受众往往又感到无所适从。在他们看来,传播者无疑是将他们置于捕捉和整理信息的位置上,让他们充当起现场记者及后期编辑的角色。虽说受众有着获取更多信息的需求,但他们并无意替代记者、编辑从事信息的整合工作。毕竟,他们只是信息的消费者。作为消费者,他们有时可能会对某些信息大餐的原料和加工程序感兴趣,但他们真正在意的还是由职业信息采集者加工后摆在他们面前的大餐是否解馋,是否好吃,是否做工精细,是否别有风味,并无意成为大餐加工方面的专家。主持传播正是信息大餐的加工者和调味者。在媒体记者将从四面八方采集到的信息经过初加工源源不断地汇集到编辑部,再由编辑对其进行深加工之后,这些信息便流通到主持人的手里,最终由主持人采用主持传播的方式,在对这些信息的传播次序、传播结构以及传播

---

① 段军:《心理效应与编辑行为》,南开大学出版社1993年版,第32页。
② 转引自〔美〕约翰·奈斯比特:《大趋势——改变我们生活的十个新方向》,梅艳译,中国社会科学出版社1984年版,第298页。
③ 俞虹:《节目主持人通论》,杭州大学出版社1996年版,第21页。

样式做了个性化的加工之后,亲手将独具风味的信息大餐摆到受众面前。如果我们还记得唐·休伊特当初设立主持人岗位的初衷的话,便更能清楚地领会主持传播在信息整合方面所起的作用,正是主持人在汇集了来自前方的信息之后,把各种信息串联在一起,并加入富有个性的解析与评论,使表面上看起来互不相关的信息有机结合起来,形成了一定的信息组块,便于受众接收和记忆,增强了受众应对泛滥信息的能力。

从传播者本身来说,任何传播活动都不能无视传播效果而盲目地进行,要追求效果就不能不考虑传播的策略和方式,要考虑传播的策略和方式就不能不考虑受众的认知规律。按照心理学的观点,"任何信息的报道,某些事实的描述,如果不加专门的解释和评论,对人们的定势是几乎不能产生作用的"[①]。即使是为了传播效果,大众传播媒介和大众传播研究也会加深对主持传播的认识,因为主持传播恰恰在某些方面是符合受众的认知心理规律的。在主持传播过程中,传播者不仅及时向受众传递了来自方方面面的信息,采取了更有利于受众接收和记忆的信息传送方式,而且打破了新闻和评论的机械分割,随时对信息加以解释和评论,从而大大增强了传播的效果。

### 二、主持传播是社会民主心理发展的产物

随着机器大工业的发展,尽管人们在个性或独立性上的某些要求被无情地压制了,但机器大工业生产的高效率也使得整个社会的物质生活出现了前所未有的繁荣。而在人们的物质生活得到一定的保障之后,人们必然又反过来要求补偿其在精神领域内被压抑了的东西。实际的情况也是如此,现代文明的发展,在使整个社会走向工业化和都市化、使个人相应地被"原子化"的同时,也使社会公众的自我意识日益增强,使他们比以往任何时候都更关注自我、发现自我和努力地实现自我。这种自我意识和自我心理表现在政治方面便是要努力寻求各种权利,并努力使这些权利得到有效保障,表现在大众传播方面,则是要求大众传播要改变以往那种不平等的传播格局,采取更平等、更有人情味、更尊重受众的传播方式,甚至要求将决定传播内容的主权由传播者一方移交到接受者一方,正如安东尼·史密斯在他1980年的著作《再见,古登堡》中指出的那样,我们正处在一个时代的开端,将会看到"内容主权由作者手中转给接受者"[②]。如此一来,

---

① 〔苏〕肖·阿·纳奇拉什维里:《宣传心理学》,金初高译,新华出版社1984年版,第27页。
② 转引自〔美〕约翰·奈斯比特:《大趋势——改变我们生活的十个新方向》,梅艳译,中国社会科学出版社1984年版,第25页。

将受众置于传播末端或次要位置的传统传播方式显然是无法适应社会的要求了,于是,大众传播媒介与受众都在试图寻找一种更民主、参与性更强的大众传播方式。正在这时,作为大众传播人际化产物的主持传播开始进入人们的视野,并因为能满足社会在这方面的需要而很快发展起来。

随着中华人民共和国的成立,尤其是最近四十年改革开放的进一步深入,以及人民物质生活水平的不断提高,民众不仅对自身的生活环境更加关注,而且开始努力寻求各种权利的实现,以期实现最大程度的平等和解放。这种发展表现在对大众传播媒介的使用上,便是要求媒介不但能满足其获知信息的需要,尊重其知晓权,而且能以更加平等和开放的传播方式来传递信息,甚至能允许受众亲自参与传播的过程。具有平民化色彩和参与性的主持传播无疑成了受众较为理想的选择。在这种传播方式里,作为传播者的主持人往往采取平视的角度,以受众"自己人"的身份参与传播,体现了对受众民主权利的尊重。在一些热线节目或是谈话类的节目当中,受众的知晓权能在一定程度上得到保证,而且其话语权也能在直接参与传播的过程中得到一定程度的保障。"传播者以深刻的人本关怀体察接受者需要尊重、需要抚慰的心理企盼,正确地选择了主持人和主持人节目作为进行大众传播活动的主要方式,并要求主持人以平等交流的、富有人情味的柔性传播方式播出节目,以给予人们期待已久的文化心理和情绪以安慰与满足"[①],这样的传播方式受欢迎也就成了很自然的事情。

任何传播方式的产生与发展,除了适应社会的需要,还要看其是否为社会所接纳。主持传播作为一种具有鲜明个性特征的人格化传播,对社会空间的要求必然相对会多一些。主持传播的魅力主要就在于主持人在传播过程中的个性发挥。在一个主持传播的过程中,如果主持人没有权利对其传播的内容进行个性化的处理,如适当地加入一些自己的评论、见解等,为传播内容赋予个性化的色彩,而是完全在严格的控制之下,以一种机械、僵化的固定模式来传播,主持传播便会失去存在的价值,作为传播主体的主持人也根本不能再称为主持人,而是完全成了一台机器、一个符号,从而与工业社会的复制化传播毫无区别。因此,主持传播的生存、发展除了与崇尚个性的社会心理有关外,还与整个社会的民主化发展息息相关。

我国的主持传播正式产生于 20 世纪 80 年代,这与当时我国的改革开放以及社会民主的不断发展是分不开的。党的十一届三中全会以后,我们党在全社

---

① 应天常:《节目主持语用学》,北京广播学院出版社 2001 年版,第 40 页。

会实施了改革开放政策。随着"双百"方针的贯彻实施,整个社会的民主化程度有了空前的提高,舆论环境较之以前也有了显著的改善,这使得过去备受压抑的中国人民开始有机会伸展一下他们的个性,也使得主持传播有了成长的土壤和空气。所以这时我国的电子媒体上才开始有了主持人的名字,徐曼、沈力、赵忠祥也开始尝试用自己的声音和语调说话,中央人民广播电台的虹云这时就一改过去那种高声大嗓的标准化播音,根据自己的特点,创造出了一种亲切、柔美且富有个人特点的"低音量、近话筒"的播音风格,并很快成了引领时代潮流的人物。在接下来大潮涌动的"珠江模式"中,主持人在面对话筒时,甚至连事先写台词的工序都省略了,"提纲+资料"的状态便是他们享有充分展现个性空间的有力证明。随着时代的发展,主持传播的发展也越来越鲜明和完善。电子媒介中不仅多了一张张个性鲜明的主持人面孔,且出现了以传播者名字命名的栏目,如原中央电视台的《一丹话题》、北京电视台的《元元说话》及地方台的《蔚兰夜话》《林雨一刻钟》等。

到了20世纪90年代,改革开放进一步深化,我国民主政治环境进一步宽松,我国的大众传播更是迎来了前所未有的发展高潮,具体到主持传播而言,就是一个个更利于主持人发挥和展现个人魅力的栏目和节目如雨后春笋般地出现在传播媒介中。《东方时空》《实话实说》《焦点访谈》《新闻调查》等开始让人们一次次地为传播媒介有力的舆论监督拍手称快,白岩松、崔永元、张越等开始让人们一次次地为主持人的个性魅力拍案叫绝。至此,不能不说,是成熟的社会舆论环境为主持传播的产生提供了土壤,是宽松的民主气氛为我国的主持传播提供了给养。

## 第二节 主持传播的内在动因

**一、主持传播是人类传播发展的产物:回归"人际性"**

主持传播是广播电视传播发展到一定历史阶段的产物,这既是由大众传播发展壮大造成的社会信息剧增所致,也在于大众传播为主持传播的发展提供了必要的物质技术手段。从主持传播自身的形态来看,要满足主持传播的要求,首先应该具备能够实现传播者与受众形成"面对面"传播的技术条件。而在大众传播发展初期显然不具备这种技术条件。在印刷媒介时代,由于通信尚不发达,传播者还无法将自己的声音或图像同步实时传送给受众,受众一般只能通过纸质媒介的抽象文字与传播者发生间接的联系。由于印刷和交通条件的限制,传播者与受传者之间几乎处于隔绝状态,这使主持传播的存在几乎不可能。

只有当大众传播具备了实现远距离"面对面"传播的技术之后,比如可以通过电波或电视信号直接使受众听到或看到主持人时,主持传播的出现才会成为可能,具体而言,"由于电子新闻采集设备的传播优势,使之很快在全美国、全世界推广普及,并进而与电脑、控制技术等相结合,使电视传播手段日臻完美,这就为节目主持人这一传播形式的诞生发展提供了物质保证"①。换句说话,"没有电子媒介,就没有主持人角色"。这就是主持传播只有到了电子媒介和网络媒介时代才会出现的原因。当然,主持传播的出现也不是完全由技术条件所决定的,并非只要有了技术手段上的保障就可以促生主持传播。作为一种较为成熟的传播方式,主持传播只有在广播电视媒介发展到相对成熟的阶段时才会出现,这也是为什么主持传播没有诞生于广播、电视发展的初期。

正如前面提到的那样,在广播电视的发展初期,其所有的传播活动都是跟在报纸杂志等印刷媒介之后匍匐前进的。广播诞生之初几乎就是报纸杂志的有声版,电视发展初期充其量只是广播的图像版。而印刷媒体本身不可能发明和支持主持传播这种新的传播方式,之后的广播电视媒体中没有主持传播的影子便成了很自然的事情。因而,只有当电子媒介逐渐与印刷媒体脱离、意识到要与印刷媒介展开竞争的时候,才算真正具备了产生主持传播的条件。

主持传播是大众传播发展到一定历史阶段的产物,亦可以从整个人类传播的发展过程中寻找踪迹。在我们的祖先没有发明文字之前,人类的传播依靠的是面对面的口耳相传,或必须依靠真正的人际传播才能实现信息的传递和分享,学者们习惯上称之为"口语传播时代"。随着社会的进步以及文字和印刷术、无线电、互联网技术的出现,人类传播又经历了"文字传播时代""印刷传播时代""电子传播时代"和"网络传播时代"。暂且撇开网络传播不谈,我们可以发现在从"口语传播时代"到"电子传播时代"的漫长历史中,人类传播走过的其实是一条去人际化的发展道路,即随着传播技术的不断发展,人类实现远距离传播的能力在一步步实现着飞跃,而由于人体的不断延伸,传播中"面对面"的格局却越来越少了。

如果我们按照马克思主义否定之否定的发展观来分析人类传播的发展,将人类传播现代化看作是对传播中的人际性的否定的话,那么处于否定之否定阶

---

① 徐德仁、施天权:《时代的明星》,复旦大学出版社1990年版,第6页。

段的人类传播必然又是对传播中的"去人际性"的否定,即对传播中的人际性的否定性回归,处于这一阶段的人类传播必将重新重视和实现传播的人际性。主持传播正是人类传播在人际性的否定性回归中的产物,因为正是主持传播所营造的"面对面"的口耳式传播(尽管是虚拟的)使人类传播重又找回了曾经拥有但因技术发展而逐渐消逝的人际性。同理,随后出现的网络传播以及网络传播所营造的虚拟现实,也正是人类传播否定之否定发展的必然结果。从这个意义上说,主持传播的产生在人类传播史上确实有着革命性的意义,正是这种传播方式的产生昭示了人类传播发展的又一次革命和大众传播的一个发展方向,使人类传播最终又进入了以人际传播(虚拟)为主要特征的网络传播时代。

通过以上分析,可以得出这样的结论,同人类传播史上任何一种传播方式一样,主持传播的诞生与发展既需要社会为之提供适宜的外部条件,如政治、经济、文化等,也是大众传播自身不断发展和蜕变的结果。一旦有了适宜生存的土壤和气候,其内在胚胎发育成熟,主持传播的产生和发展也就成为必然。正是在这个意义上,"主持人和主持人节目的出现、成长和成熟是与人类社会政治经济生活和文化观念的变化联系在一起的,没有第二次世界大战的社会动荡,没有政治环境或政治生活的变化,没有电子科技的发展,没有对电子媒介娱乐功能向新闻功能的认识上的飞跃,不管是国内还是国外,节目主持人和主持人节目都不能有长足的进步"[1]。

**二、主持传播是广播电视媒介发展的产物**

主持传播是人类社会发展到一定阶段的产物,同样也是大众传播发展,尤其是广播电视传播发展到一定历史阶段的产物。作为电子媒介,广播电视传播活动要比报纸杂志等印刷媒体复杂,其所需要的技术条件也远远超过报纸杂志。虽然同属大众传播,但广播电视的出现距离大众传播时代的开始要晚将近一个世纪。由于产生较晚,以及由于技术含量高而造成的昂贵代价,广播在产生之初只能被少数人当作宝贝来听听音乐或宗教节目,尚不能承担大众传播的重任。广播电视在产生初期也没有多少影响力,其地位远远排在报纸杂志之后,其传播方式还被嘲笑为"像乡巴佬一样落后"。[2] 然而,广播电视等电子媒介的出现毕

---

[1] 俞虹:《节目主持人通论》,杭州大学出版社1996年版,第38页。
[2] 参见〔美〕芭芭拉·马图索:《美国电视明星》,杨照明、叶莲、倪垚译,中国广播电视出版社1987年版,第48页。

竟是人类传播史上的革命性事件,广播电视也绝不甘落后,其自身特点和在传播方式上的优势也会不断被发掘与利用来与报纸杂志相抗衡。

先来看看主持传播发源地美国的情形。美国新闻史上最负盛名、堪称主持人鼻祖的应该是爱德华·默罗。默罗因为在第二次世界大战中出色地报道了伦敦的战争而一举成名。默罗在广播报道中的出色表现不仅为他自己争得了荣誉,也使广播的名声大振,成了人们几乎一刻也不能离开的传播工具,每天都有无数的听众在等着听广播。从当时的情况来看,默罗与广播胜出的主要原因就是因为广播采取了一种与以往不同的传播方式,即已带有鲜明主持传播色彩的传播方式。在这种传播方式里,默罗作为主持人的雏形,以他独特而富有个人魅力的信息处理方式向大洋彼岸的美国人报道了英国伦敦战场上的最新动态,让美国人第一次感受到了报道背后人的存在。

如果说默罗和广播的成功只是萌芽状态的主持传播在电子媒介中的牛刀小试,是广播不自觉地采用了主持传播的话,沃尔特·克朗凯特在哥伦比亚广播公司的出现则是电视传播在传播竞争中对主持传播的自觉运用,也是其在竞争中获胜的法宝。当时正值1952年美国第34届总统大选,为了应对激烈的大选报道新闻竞争,哥伦比亚广播公司的新闻编导唐·休伊特首次提出了新闻主持人一词,并选中经验丰富、思维敏捷的老记者克朗凯特主持对共和党和民主党全国代表大会的电视新闻报道,由克朗凯特对来自各方面的信息做综合组织和串联之后,面对电视观众以个人的身份进行综合报道和分析评述。令克朗凯特和休伊特都没有想到的是,这种崭新的电视传播方式不仅在当时的新闻竞争中为哥伦比亚广播公司赢得了胜利,而且一发不可收拾,成了今天仍被电视台采用,也备受电视观众欢迎的主持传播方式。

回顾我国主持传播发展的历史,同样能得出与西方传媒相近的结论。与报纸杂志相比,我国广播电视的诞生相对较晚,尤其是电视,直到改革开放以后才真正起步。人民广播产生于战争年代,在战争中做出了不可磨灭的贡献。但广播真正对人民生活各项内容产生深刻影响却是在后来的社会主义建设初期,广播在当时受欢迎的程度可以从一些至今仍被人们念念不忘的名牌节目和名播音员身上得到验证。昔日的辉煌并不能改变广播在受众中日渐被冷落的局面。直到20世纪80年代初期,广播在引入了主持传播这一新型的传播方式之后,才又重新走向新的辉煌。1981年元旦,我国上空第一次传出了出现主持人身份的节目——中央人民广播电台的对台湾广播《空中之友》,这意味着起源于西方的主持传播开始正式在我国登陆。《空中之友》及其主持人徐曼很快获得了成功,受众对徐曼那亲切、甜美的声音以及主持传播这种人性化的传播方式给予了极大的热情和支持。继徐曼之后,我国广播电视媒体中开始大量出现这种新的传播方式,如中央电视台也在同年出现了由赵忠祥主持的《北京中学生智力竞赛》节目以及稍后由沈力主持的《为您服务》、由陈铎和虹云主持的《话说长江》等栏目。由于采用了这种新的传播方式,广播很快便走出低迷,迎来了新的辉煌。1986年12月,广东珠江经济广播电台成立并实行了大胆的改革,在节目中大量引入了主持传播方式,创造了一套比较完整的节目样式,即"大板块节目;主持人具有采、编、播、控的综合素质;主持人提纲加资料的现场直播等"。珠江经济广播电台对于新型传播方式的引进,不仅重新吸引和留住了正在流失的大批广播听众,而且其做法还被冠以"珠江模式"在全国范围内推广,对全国的广播事业走向二次辉煌起到了重要作用。

与西方电视发展的经历大体相似,我国电视媒体基本上也是以后来者的身份登上大众传播舞台的,与西方不同的是,我国电视从真正起步到成为传媒老大所用的时间要比西方社会短得多。上文已提到,几乎是在广播中出现主持传播的同时,我国的电视媒体中也开始打出了主持人的名字,正式出现了主持传播。与广播一样,主持传播在电视上一亮相,便很快引起广大观众的关注和喜爱,不仅《为您服务》《话说长江》这样的电视栏目在观众中产生了巨大反响,成了人们争相议论的话题,主持这些节目的主持人沈力、陈铎、虹云等更是以其亲切、自然、平等、热情的主持风格征服了全国亿万观众,大大提升了电视在观众心目中的地位。如果将此时电视所取得的成就视为电视的第一次辉煌的话,那么随着主持传播方式在电视中的推广和深化,电视在广播的二次辉煌之后很快便也迎来了她的第二次辉煌,而在这次辉煌中,主持传播起到了不可低估的作用。

1993年5月,一档面目全新的电视新闻杂志型栏目《东方时空》出现在了中央电视台一套节目的早间时段,并以一种崭新的传播方式为我国观众开启了全新的一天,也为中国电视传播的历史开启了全新的一天。从这一天起,中国电视走向了她的又一次辉煌,也是从这一天起,中国观众逐渐养成了早上看电视的习惯,并开始记住了白岩松、水均益等一个个响亮的名字。至此,不难看出,虽然中国电视的二次辉煌可能还有更多的原因,但最基本的功劳还是应该再次记在主持传播的功劳簿上,因为正是这种传播彻底改变了电视传播者与观众之间的地位和关系,以其鲜明的人际性为中国的电视传播注入了新的活力,并彻底奠定了中国电视在媒体竞争格局中的地位。在接下来的一系列电视改革中,包括随后《新闻调查》《实话实说》等栏目的出台,都能看到主持传播在电视媒体中的作用以及这种传播方式为我国广播电视的发展所做出的贡献。

主持传播既然是广播电视同印刷媒体展开竞争的产物,主持传播在现实意义上便也可作为广播电视同印刷媒体展开竞争的战略之一。从主持传播的实际发展来看,除具有在传播方式上的优势之外,还有一点是其他媒体或传播方式所不具备的,那就是主持传播的"名片效应"。主持传播作为以主持人形态出现的主持方式,显著特征就是将主持人推到了传播的前台,将主持人突出到了显著的位置,这样,由于媒介的传播效果以及主持人自身个人魅力等方面的原因,主持人很容易成为传播内容外的又一个焦点,甚至可能超过传播内容本身。从这一点上讲,主持人或主持传播无疑是广播电视媒体的一张名片,作为传播机构,广播电台媒体当然会毫不迟疑地将这张名片做大做足,这也就是通常人们所说的"名片效应"或"名牌战略"。"名牌战略"就是积极用名主持人来带动一批名栏目,使这些栏目和节目因为有名主持人的参与而名气大增,并以此吸引观众的目光,取得竞争上的优势。在运用和发挥主持传播的名片效应方面,实力和影响均不如中央电视台的香港凤凰卫视中文台有着一套相对成熟的做法,在一些主持人逐渐成为社会热点之后,凤凰卫视总是会不失时机地推出由这些名主持人主持的新栏目。如吴小莉在因为主持《时事直通车》栏目而有了一定的名气之后,凤凰卫视又为她量身订做了《小莉看时事》栏目,其他像《鲁豫有约》等也是如出一辙。与广播电视媒体比起来,印刷媒体就不具备这方面的优势。一般而言,受众在接收由传统大众传播方式,尤其是印刷媒体传播的信息时,很少或基本不会关注传播内容以外的东西,如传播者本人,这使传统传播方式不易形成所谓的"名片效应",记者和编辑个人本身对整个传播过程所起的作用并不是很大,除非是非常有名的记者。

作为传媒竞争的另一方,印刷媒体也不甘心在竞争中居于弱势,它们在同广播电视的竞争中也借鉴了主持传播这种新的传播方式,在注重传播内容的同时,也开始注意凸显某些传播者的地位和作用,如有的报纸杂志在版面上开辟了越来越多的个人专栏,并且在显著位置上着力突出他们的名字,有的甚至直接借用广播电视的做法,在某些栏目负责人的名字前冠以"主持人"的称谓。印刷媒体的这种做法也确实起到了一定的作用,毕竟这也是在传播过程中加入了许多人格化的因素,减少了某些由机械传播所造成的负面影响。但无论传统大众传播方式怎样努力在传播中增加人的因素,传统的传播方式还是无法与真正的主持传播相提并论。尽管有时也能看到受众对于某些文字记者和摄像记者的偏爱和追逐,但很少能看到受众像喜欢甚至崇拜名主持人那样来喜欢和崇拜名记者及其传播。从这个角度来说,主持传播的确不失为一种电子媒介与传统媒介竞争的有力手段,是电子媒介应该不断发扬的独家优势,而作为印刷媒体,虽然无法实现电子媒介中那样完全意义上的主持传播,但既然能够在某些方面取得类似的效果,似乎也不应气馁,而是应该不断摸索和发掘。

## 思考题

1. 主持传播产生的外部动因都有哪些?
2. 为什么说主持传播是人类传播发展的必然结果?

# 第三章
# 主持传播的历史

主持传播的产生不是偶然的,既有外因也有内因,其产生发展以人类社会的整体发展为大背景,与新闻传播和广播电视媒体的业务发展紧密相关,是电子传播媒介发展到一定阶段的产物。回顾主持传播的历史不难发现,主持传播的发展同大众传播中的其他传播方式一样走过了一条从无到有、从嫩芽到长成参天大树的过程。

## 第一节 国际主持传播概况

### 一、美国主持传播的历史发展

(一) 前主持传播及默罗时代

美国的新闻广播始于 20 世纪 20 年代,诞生伊始,广播的内容主要以娱乐消遣性节目为主,所谓的新闻广播不过只是播报新闻提要而已,广播员在广播结束时总会提一句:"详情请参阅你们的地方报纸。"此时,新闻广播只是报纸传媒可有可无的附属品。当时人们普遍认为广播的保存性差,声音转瞬即逝,无影无踪,不如报纸那样容易保存与收藏。广播的选择性小,听众听广播,只能按顺序收听,比较被动,不像读报那样可以自由选择。此外,由于技术不够完善,广播的清晰度也比较低。广播由于只闻其声,不见字形,同音字词容易混淆,产生歧义,不如报刊文字清晰明白。可是,广播所具有的信息传播的及时性、表达内容的传真性、收听对象的广泛性、收听节目的方便性并没有被绝大多数新闻机构与新闻人员充分认识到。因此直至 1937 年,广播在新闻界仍然没有地位可言。无论是美国全国广播公司(NBC)还是美国哥伦比亚广播公司(CBS)播出的大多还是娱乐性节目,根本谈不上专门从事信息整合工作的主持人。

尽管没有真正意义上的主持人,但随着广播电视节目的开播,主持人的萌芽——播音员这个职业还是出现了。他们在广播电视诞生初期的主要任务是在节目中播报新闻、天气情况、物价信息,介绍唱片,演播广播剧等。在这些处于前主持传播状态的播音员中,最早进行主持传播元素尝试的当属美国著名广播记者爱德华·默罗。默罗不仅独创了战地现场广播、连续广播报道等口语广播形式,他创办的现场广播报道《这里是伦敦》与电视报道《现在请看》至今仍被誉为美国广播新闻与电视新闻中两座并立的高峰,默罗本人从某种意义上来说也是现代主持人的鼻祖。

1937年,希特勒对外扩张的气焰愈发嚣张,欧洲局势更加紧张,战争已迫在眉睫,一触即发,美国哥伦比亚广播公司主管新闻部的副总经理觉得有必要选派一名优秀的记者去接管该公司的欧洲新闻处。经过一番考虑,他觉得最合适的人选是默罗。于是,默罗受命启程前往英国伦敦,担任 CBS 的欧洲办事处负责人,默罗当时年仅 29 岁。

爱德华·默罗凭着他敏锐的嗅觉,始终把目光盯着德国,密切地关注着局势的进展。1938 年春,德国向奥地利发出了战争叫嚣,准备吞并奥地利。3 月 11 日,默罗的助手、机警的夏伊勒用事先编好的暗语给默罗打电话:"客队已超过球门线。"这意味着德军已经跨过了奥地利边界。没有任何犹豫,默罗当即要求夏伊勒飞回 BBC 大楼,并于当天晚上就维也纳事件做了第一次报道。其后,默罗又决定亲自赶到维也纳观察事态的发展。他先到华沙,却找不到去维也纳的班机,便设法用 1000 美元租下了一架有 27 个座位的小飞机,先飞柏林,再转机飞抵维也纳。3 月 12 日,在希特勒进入维也纳的前一天,默罗发出了他的战事新闻的开篇报道,向英国与美国听众直播了德军进军维也纳的实况:"我是爱德华·默罗,此刻正从维也纳报道。现在是凌晨 2 点 30 分……年轻的纳粹冲锋队员乘车在街道上闲荡着。他们乘着军用卡车、各种型号的装甲车,唱着歌,不时地向人群扔橘子皮。所有的重要大楼都设有武装警察。整个城市有一种注定要发生某种事情的迹象……"①

1940 年 8 月 24 日,星期六,3000 万美国家庭坐在收音机旁收听默罗的现场广播——《这里是伦敦》。节目一开始,美国人起居室内的收音机里传出的是震耳的空袭警报与隆隆的炮声。接着,默罗以一种慎重、准确而有节奏的声音广播道:"你们此刻听到的噪声是空袭警报发出的声音,在不远的地方,探照灯突然亮了,一道强烈的灯光正在我的上空划过。人们在静静地向前走。我现在正在一个防空洞的门口,我得把电缆线挪动一点,这样可以给人们腾出进入防空洞的通

---

① 王银桩、赵淑萍:《荧屏巨星——美国三大电视网新闻节目主持人画像》,中国人民大学出版社 1998 年版,第 27—28 页。

道。"在现场音响与现场情景的生动纪实中,默罗传达给那些看不见战争的人一个最基本的事实:在欧洲大陆发生了那么多难以置信的事件后,希特勒向西线发动了"闪电战",比利时、荷兰、法国相继沦陷,此刻又轮到了英国,戈林的德国空军正在英伦三岛上空肆虐,不列颠人正在孤军奋战。

而在不列颠战役中,默罗的广播报道主要是在午夜之后进行的,也就是与德国空军的空袭同步进行的。通常情况下,他在前往演播室的路上就开始广播。这期间,他有时好几次在街上被炸弹爆炸引起的冲击波击倒,有一次,一个大弹片甚至就落在他几秒钟前所待的位置上。默罗最不愿意做的事是进防空洞,除非他是去那儿采集新闻。他自己解释说:"一旦进了防空洞,你就会慌张得不知所措。"有人问他为什么要冒险时,他说:"我有一种农民的头脑,我写不出我没有看见的东西。"他认为这样做不是逞匹夫之勇,也不是为了显示自己,而是在做一个战事记者应该做的工作——尽可能地找到更多的第一手报道材料。

空袭最猛烈的时候,默罗要求站在BBC大楼的楼顶上做现场报道。由于这是德军轰炸的主要目标,英国空军拒绝了他的要求。最后,丘吉尔首相受到这个年轻的美国记者的感染,出面批准了他的请求。就这样,默罗夜复一夜地走上BBC大楼的楼顶,把世界名胜圣保罗大教堂、威斯敏斯特大教堂、特拉法加广场的劫后灾情报道出去。于是,无论是美国还是英国,都听到了默罗在最危险的地方与事件同步进行的现场报道。

1945年5月8日,德国战败投降。此时,有55个国家开办了国际广播,比战前的1939年增长了一倍。默罗出任了伦敦记者协会的会长,当初拒绝他参加这个协会的新闻界以这种特殊的方式表达了对默罗的敬意。1946年,默罗担任了CBS的副总经理与公共事务部经理。

1948年美国两党代表大会期间,默罗第一次出现在电视屏幕上。面对迥异于广播的全新媒介,他在寻找新的突破。1950年,默罗以电视记者的身份前往朝鲜,采访报道朝鲜战争。他对这场战争的基本态度是:美国不应该卷入这场战争,应该撤出朝鲜。基于这一观点,他发出的报道遭遇了前所未有的厄运——被美国哥伦比亚广播公司枪毙。他的职业生涯受到了前所未有的挑战。

1951年11月18日,默罗迎来了他新闻报道的第二个高峰。他创办的电视纪录片节目《现在请看》(See It Now)正式播出,由默罗和另一名记者担任主持。节目所采取的视听结合、以连续运动变化的屏幕形象来传达事实的新形式,给观众带来了更强烈的真实感。经过默罗的不懈努力,《现在请看》成为美国电视史上最轰动的节目,特别是默罗那为人所熟悉的、深沉悦耳的声音,再加上庄重的表情、大方的举止,更增加了节目的吸引力。

1953年,默罗又开始主持他的第二个电视节目《面对面》(Person to Person)。这是一个人物专访节目,每次节目默罗都邀请到几位名人,一起坐在播音室里不拘礼仪地谈论一些轻松愉快的话题。从开办到1959年停播,默罗先后采访了93位知名人士,其中既有美国前总统杜鲁门,也有苏联领导人赫鲁晓夫,甚至还有以性感著称的电影明星梦露,因此,《面对面》成为当时收视率最高的十大节目之一。

1965年4月,默罗在过完自己57岁生日的两天后,因患癌症去世。①

爱德华·默罗虽然未被正式命名为节目主持人,但从他极具个人化的人性化传播方式,对传播内容的深度参与和把握,足见其传播活动已经糅入了强烈的人格化和个人化的色彩和魅力,默罗所从事的传播无疑已具备了主持传播的某些雏形。

(二)主持传播的诞生及克朗凯特时代

在美国的大众传播发展史中,第一次正式与"主持人"这三个字或主持传播结缘的是沃尔特·克朗凯特。1952年,正值美国第34届总统大选。美国的总统大选既是美国民众政治生活中的一件大事,也是美国新闻媒体所要面对的大事,能否在关于美国总统大选的报道中居于领先地位直接影响着美国广播电视媒体的经济收入和在美国民众中的影响。为了在对美国总统大选的报道中取得竞争的优势,美国各大广播网都在想方设法出奇制胜。为了和其他广播网竞争,为了改变两党代表大会报道的传统模式,当时的美国哥伦比亚广播公司新闻部制片人唐·休伊特想出了一个办法,即在整个报道中设立了一个专门的角色,由其负责将前方记者的报道整合在一起播出,要"让最有力的记者在最后把所有的报道串联在一起,高度概括起来",并选中当时已很有名气的美国资深电视记者克朗凯特来担任这一角色,由他出面组织串联其他记者从不同角度、不同地点、不同侧面进行报道。为了给这一角色一个合适的名称,休伊特想到了体育界的一个术语,即"Anchorman"。

"Anchorman"原本是指体育接力赛中跑最后一棒的运动员。由于克朗凯特在工作中实际上的确是从其他记者手中接过新闻素材,并由他完成节目播出,于是,"Anchorman"一词便成了主持人的固定称谓,沃尔特·克朗凯特也就成了"主持人"名称出现后的第一位主持人,克朗凯特随后所从事的传播宣告了主持传播的诞生。沃尔特·克朗凯特为主持人节目方式做出了成功尝试和巨大贡

---

① 以上部分材料参见李子迟:《战地记者:他们让战争更真实》,北京工业大学出版社2007年版,第29—46页。

献,他的名字甚至成了主持人的代名词,如在瑞典、希腊等国家,节目主持人就被称作"克朗凯特"。

继默罗之后,沃尔特·克朗凯特在20世纪60年代末成为哥伦比亚广播公司的超级电视明星,70年代又被选为全国最受信赖的人物。在《美国新闻与世界报道》杂志举办的一年一度的美国决策人物民意调查中,他曾连续被选为1975年至1978年以及1980年五届美国十大最有影响的决策人物之一。

克朗凯特取得的巨大成就,与他多年持续不懈的奋斗有着直接的联系。1937年,克朗凯特进入合众社,作为战地记者报道了第二次世界大战。战后他又作为合众社首席记者报道了纽伦堡审判。1946年起,他任合众社莫斯科分社首席记者兼分社社长。1950年,克朗凯特加入CBS,并一直工作到退休。从1952年起,克朗凯特一直担任两党代表大会的新闻报道主持人,1962年晋升为CBS《晚间新闻》主持人,这成了他电视记者生涯的重大转折点,而他也以自己出色的表现在新的岗位上征服了亿万观众。

1963年11月23日东部时间下午1点40分,克朗凯特颤抖的声音突然出现在CBS《当世界转变时》节目中:约翰·肯尼迪总统的车队在达拉斯遭到枪击,总统伤势非常严重。克朗凯特是第一个在电视上报道这一消息的人。当时新闻部所有人都出去吃午饭,他则在办公室吃午饭。突然,一个编辑闯进办公室,手里挥着一条电传稿,大声喊道:总统出事了。克朗凯特一把抓过稿子说:"真见鬼,快给我广播时间。"尽管克朗凯特一再提醒自己要努力控制情绪,但他在播报这条新闻的时候还是有几次差点哭了出来,观众也从他充满感情的声音中感受到了他情感的激动以及个人化传播特色。

除了政治和战争新闻,宇宙、航天飞机、环境保护都是克朗凯特喜欢的报道领域。在"阿波罗11号"飞上月球时,CBS播出了30小时的节目,克朗凯特一直坚守阵地。宇宙新闻是动荡不安的20世纪60年代少有的鼓舞人心、令人好奇的新闻之一,而克朗凯特对这类新闻的热爱则进一步提升了他完美、诚实的形象。

在越南战争爆发后,克朗凯特不止一次亲临越南战场,坐在喷气式飞机上向观众进行报道。1968年,当他从越南战场实地考察回国后,转变了自己支持越战的立场,面对他的观众说:"看来唯一切合实际的,然而是令人不快的结论是:我们已陷入僵局……唯一合理的出路……在于前去谈判而不是以胜利者自居。"在华盛顿,约翰逊总统听了克朗凯特的报道后对新闻秘书说,这是一个转折点,如果他失去了克朗凯特,就等于失去了美国,这使他决定不再参加竞选。在美国历史上,由一个新闻主持人宣布一场战争应该结束,这还是第一次。

这位誉满全国的主持人另一次产生历史影响的报道是水门事件。水门事件是《华盛顿邮报》的两个年轻记者最早报道出来的,此外,《纽约时报》《新闻周刊》《时代》《洛杉矶时报》都作了报道,但是当时除了华盛顿的一小批记者外,这个消息并没有引起全国的注意。编辑们都认为这是一种不可思议的讨伐,但在克朗凯特报道了这个消息后,他们也跟着作了报道。一夜之间,这个报道从报纸的第27版登上了所有报纸的头版。用《华盛顿邮报》总编辑的话说:"只有克朗凯特才能办到,就好像这条消息是克朗凯特赐给的。"[①]

在克朗凯特主持 CBS《晚间新闻》的近二十年,从 1966 年《晚间新闻》第一次超过 NBC 的《晚间新闻》跃居首位一直到他 1981 年退休,《晚间新闻》一直稳坐收视率冠军的宝座。尽管与克朗凯特同时代的主持人还有不少,例如曾经一度战胜克朗凯特的 NBC《晚间新闻》主持人黄金组合切特·亨特利和戴维·布林克利,以及在克朗凯特之前就已经具有一定影响力的知名播音员主持人约翰·斯韦兹和道格拉斯·爱德华兹等,但他们不是被克朗凯特击败,就是被克朗凯特所取代。无论是在新闻报道还是在影响受众方面,他们都无法达到克朗凯特的高度。可以说,克朗凯特是其所在的主持传播时代的代名词。

(三)主持传播的发展及三大主播时代

1981 年,克朗凯特在其主持人岗位上工作了近二十年后光荣退休,其手中的接力棒传给了 CBS 另一位优秀的电视新闻记者丹·拉瑟。克朗凯特的退休既宣告了美国主持传播史上克朗凯特时代的结束,也开启了美国主持传播以 CBS 的丹·拉瑟、NBC 的汤姆·布罗考和 ABC 的彼得·詹宁斯三分天下的明星主播时代。

拉瑟,1931 年出生在得克萨斯州靠近休斯敦的一个小城沃顿。1953 年,拉瑟从萨姆·休斯敦州立师范学院新闻系毕业。毕业时,他已经在为美联社、合众国际社和几家电台担任自由撰稿人。1959 年,拉瑟首次"触电",在休斯敦的 KTRK 电视台担任记者,后来又跳槽到了对手 KHOU 电视台。到 1962 年,他已经荣升至电视台新闻部主管。1961 年,拉瑟在报道飓风"卡拉"袭击加尔维斯通时表现出巨大活力。哥伦比亚广播公司的执行人员 1962 年将他挖到 CBS 当记者。机缘巧合,1963 年肯尼迪总统遇刺,拉瑟抓住机会,成为第一个从达拉斯报道此事的记者,一役成名。第二年,拉瑟被指派为 CBS 驻白宫记者。拉瑟一向以现场即兴报道著称,在长达四十多年的广播电视记者生涯中,他的足迹遍布

---

① 参见王银桩、赵淑萍:《荧屏巨星——美国三大电视网新闻节目主持人画像》,中国人民大学出版社 1998 年版,第 67 页。

世界各地。为了弄清楚阿富汗的局势，拉瑟曾身着当地农民的服装，与《60分钟》节目制片人唐·休伊特等人一起深入阿富汗山区采访；甚至在伊拉克战争和印尼海啸发生后，拉瑟依然不顾年迈亲临现场进行报道。

1981年11月3日，在克朗凯特确定退休的那一天，丹·拉瑟终于击败了同是CBS著名记者的罗杰·马德，以年薪250万美元的身价，出任《晚间新闻》主持人。CBS最终选择拉瑟作为克朗凯特的接班人，除了拉瑟在报道方面表现出的成熟、老到，他那"得州牛仔"式的男子汉魅力、一流的屏幕形象也帮了他很大的忙。竞选失意后的马德则立即离开CBS，成了NBC驻华盛顿的首席记者。在拉瑟接替克朗凯特成为《晚间新闻》主持人时，ABC和NBC也都向拉瑟伸出了橄榄枝，并以高价和高位许诺邀请拉瑟加盟。拉瑟最终还是留在了CBS，并成了美国公众公认的口才最好、风度最佳的电视节目主持人。

2005年3月9日，在主持完了最后一天的《晚间新闻》之后，拉瑟从他为之"服役"24年的主播岗位上宣布退休，离开了这个曾经让人向往也让他辉煌的位子。美国媒体猜测说，拉瑟宣布退休的直接导火索是他在总统大选前，在节目中质疑小布什的兵役记录，并公布了一些不利于布什的文件，而事后证明，这些文件均系伪造。但也有媒体报道说，拉瑟退休的真正原因是他的节目收视情况已大不如前。

汤姆·布罗考，1940年生于美国南达科他州一个中产阶级家庭，自幼富于独立精神和自强意识。大学毕业后，这位颇有记者天赋的年轻人以他出众的口才、过人的精力获得NBC设在洛杉矶的联盟电视台KNBC记者兼新闻主持人的职位。这本来已很让同行羡慕，但布罗考并没有满足于洛杉矶的成名，而是抱有更大的雄心。

20世纪70年代，CBS驻白宫首席记者丹·拉瑟独占鳌头，NBC虽然几经换人，但其驻白宫记者都败在了拉瑟手下。为了与拉瑟抗衡，新闻部经理迪克·韦德力排众议，坚持让布罗考出任这一职务。1973年，年仅33岁的布罗考赴白宫任首席记者。观众在电视屏幕上看到了一个意气风发、口才出众的年轻记者。两年后，布罗考便与拉瑟并驾齐驱，成了当时驻白宫的两个优秀电视记者。

1976年，布罗考调回NBC纽约总部，出任早间新闻节目《今天》主持人。从记者到主持人，在美国电视界被认为是一个大跃进，因为主持人是一档节目的核心人物，有权制订报道计划，调动记者、编辑进行采访报道。但布罗考并没有就此止步，他多年来渴望得到的职位——NBC《晚间新闻》节目主持人的位子没到手，他还要顽强拼搏。

1982年，42岁的布罗考经过20年风风雨雨终于得到了他一生追求的职位——《晚间新闻》主持人。几十年来，布罗考足迹遍布五大洲。在美国，从总统到各界人士大都把布罗考称为不可多得的人才。在一般美国人的眼里，他是一个富有同情心、有权威、有魅力的一流记者。在采访人物时，他一方面很亲切，善于从采访对象身上得到中肯的答案，另一方面对一些避重就轻、顾左右而言他的人，又穷追猛打，单刀直入，切中要害。有时候，他手里没有稿子，仅凭各地记者提供给他的消息和他多年记者生涯锻炼出来的辨别和分析能力主持节目。

2004年12月1日，汤姆·布罗考宣布离开已经工作了22年的《晚间新闻》栏目，光荣退休。

彼得·詹宁斯，1938年出生于加拿大多伦多的一个新闻世家，詹宁斯的父亲查尔斯·詹宁斯是加拿大著名新闻记者和电台播音员。詹宁斯最早涉足电台和电视台是他二十多岁时在加拿大安大略省为一家小电台做记者，后来由于出色地报道了一次铁路事故而来到加拿大最大的独立电视台工作。

在加拿大电视台，詹宁斯英俊的相貌、优雅的风度受到美国广播公司（ABC）的注意，于是，1964年詹宁斯26岁的时候应邀来到美国，到ABC做新闻记者。

1965年，ABC破格提拔詹宁斯担任晚间新闻节目主播，在美国电视界引起一定争议。而后迫于压力，1968年，也就是詹宁斯主持晚间新闻节目三年之后，ABC把他调离主持人的位置，派他到意大利罗马担任驻外记者。

从1968年到1974年，詹宁斯一直担任ABC驻外记者，除罗马外，詹宁斯还在黎巴嫩首都贝鲁特率先设立了美国主要电视网在中东地区的第一个记者站。在驻外记者的职位上，詹宁斯的新闻报道技巧有了很大的提升，特别是七年驻中东首席记者的经历不仅使詹宁斯增加了阅历，也使他在国际新闻界获得了很高的知名度。

1978年，重新命名的ABC《今晚世界新闻》开播，詹宁斯重回主持人岗位，担任《今晚世界新闻》节目主持人之一。五年以后的1983年，詹宁斯成为《今晚世界新闻》主播，从而结束了美国广播公司没有超级明星主持人的历史。詹宁斯的崛起标志着三大电视网新闻节目主持人三足鼎立局面的形成。

詹宁斯一生采访过许多重大新闻事件，从1960年的柏林墙建立，到之后的越战，再到20世纪90年代冷战结束，他都在现场见证。美国"9·11"事件发生时，他连续转播60个小时，没有休息，创下ABC历史纪录。他对新闻的热情可见一斑。他的报道足迹踏遍全球，几乎成为美国电视台重大新闻的代名词。

美国当地时间2005年8月7日，詹宁斯因患肺癌在纽约家中离世，享年67岁。

随着詹宁斯的去世和布罗考、拉瑟相继离开主播台，三大无线新闻网老牌主播的辉煌时代成为永远的过去式。而在此之前,美国新闻界一直保持着CBS、NBC和ABC三足鼎立的局面。当然,三大明星主播时代的结束既有主持人本身的原因——在当今美国已很难找出像他们这样有着巨大影响力和感召力的主持人,也与传媒新科技的发展不无关系。新科技的出现,改变了新闻界竞争的格局。现今美国电视新闻节目的竞争,已不再是无线电视网之间单纯的竞争,而转变为电视网与有线电视、传统媒体与博客及其他电子传媒之间多角的竞争关系,特别是以网络为代表的新媒体更是使广播电视媒体受到了巨大冲击。正如佛罗里达大学新闻系主任威廉·麦基恩指出的那样,像沃尔特·克朗凯特这种观众可以完全信任的主播再也不会有,过去那种单一的竞争环境也不复存在。

(四)新主持传播时代

美国三大主播的离去虽然宣告了老牌主播当道的主持传播时代的结束,但随即掀起了新主持传播时代的大幕。从更严格的意义上来说,应该是新主持传播时代的崛起最终宣告了三大主播时代的结束。与克朗凯特时代和三大主播时代相比,美国当下的主持传播更具多样性,也更加精彩纷呈,曾经有显著影响力的主持人,如拉里·金、奥帕拉·温芙瑞以及接替丹·拉瑟主持CBS《晚间新闻》的原NBC《今日》节目的凯蒂·库里克等老牌主持人依然在美国主持人队伍中占据重要地位,是美国最受欢迎和最有影响的主持人,也有年轻一代主持人的人才辈出,如目前在美国最受欢迎的新闻节目主持人安德森·库珀等。总的来看,美国新主持传播时代的特点与我国当前的主持传播非常相似:一方面,主持人的来源日益多样化,除了传统的新闻记者和演员两大阵营之外,越来越多其他背景和职业的人加入了主持人的行列;另一方面,个性化主持人日益受宠,如以亲和、大方的邻居形象受到欢迎的温芙瑞,因正直、犀利受到观众喜爱的艾德森·库珀,还有以轻松、幽默的播报方式引人关注的斯图尔特等。值得注意的是,美国主持传播现在也越来越出现了娱乐化和庸俗化的倾向,如以杰里·斯普林格、大卫·莱特曼、珍妮·琼斯等为代表的"垃圾"脱口秀节目,常常在节目中以性、政治为主要话题,以恶作剧、恶搞为主要手段的节目在美国也颇有市场。随着大卫·莱特曼在2015年退休,美国电视脱口秀节目的辉煌也难以再现。

## 二、世界其他国家主持传播的历史

主持人一词最早出自美国,但主持人现今在世界上所有广播电视媒体机构中都可以看得到、听得见。从世界范围看,主持人的发展是不均衡的,时间上有先有后,样式上各有千秋,不能一概而论。但从世界广播电视的总体来看,主持人或主持传播大都经历了从萌芽到成熟的发展阶段。

一般认为,20世纪20年代末至80年代初是主持传播的萌芽时期。早在1928年,荷兰对外广播就开办了一个名叫《快乐的电台》的节目,节目的主办者艾迪·勒达兹首次将个人因素注入节目,以别具个性的人情味向听众介绍荷兰人生活的方方面面,节目中不时插有音乐,生动活泼,富有情趣,很受听众欢迎,艾迪·勒达兹由此也被有些人视为世界广播史上第一位主持人。而到了20世纪30年代初期,个人风格化的节目开始在美国广播电视中出现,尤其是在第二次世界大战中,美国记者爱德华·默罗用他那极富感染力的声音发出的现场报道,更是给听众留下了深刻的印象。默罗的战地报道一改过去新闻节目一贯由播音员读新闻稿的呆板、机械,以强烈的现场感和个性魅力对新闻进行了解释性报道。默罗的节目向着对象感和个性化迈出了第一步。

进入20世纪80年代以后,电视逐渐发展成为跨越国界、跨越空间的现代化媒介。在美国的影响下,主持传播也开始走出美国,出现在了更多的国家和地区,受到了更广泛的认可。以主持传播的方式来传播新闻开始风靡世界,主持人也受到了世界各地受众的热烈欢迎。

以日本为例,在20世纪70年代以前,日本的电视新闻清一色都是由播音员来播送的。1974年,日本广播协会(NHK)的矾村尚德由于在其所在的栏目《新闻中心——9点》中,一改过去读新闻的模式,开始一边播讲新闻,一边谈论自己对某些事件的看法,从而在主持传播方面进行了大胆的探索。从80年代中期开始,随着日本新闻节目的进一步杂志化,主持传播更多地进入了广播电视媒介,到90年代,日本各大电视新闻网的新闻都是由固定的主持人来实施传播的,最著名的主持人一般是在晚、夜新闻中出现。NHK《7点新闻》的樱井洋子、全日本新闻网(ANN)《新闻驿站》的久米宏、小宫悦子,日本电视新闻网(NNN)《今天发生的事》的主持人樱井良子,电影票新闻广播网(JNN)《筑紫哲也新闻》的筑紫哲也(已故),富士新闻网(FNN)《日本新闻》的主持人木村太郎、安藤优子等都是当时日本最红的新闻主持人。[1]

英国以及其他欧洲国家,基本上也是从20世纪七八十年代才开始在广播电视媒体中引入主持传播的概念,开始有主持人的出现。英国从70年开始尝试着打破原有的节目传播模式,在节目传播中出现了富有个性化色彩的人格化传播。在发现这种尝试不仅没有失去电视媒介的权威感,反而增加了节目的真实性、可信度,更受受众欢迎之后,英国广播公司终于在1975年推出了第一位新闻节目女主持人安吉拉·里彭,并引起了各种媒介的争相报道和效仿,主持人逐渐开始

---

[1] 刘岩:《我眼中的日本电视新闻主持人》,《电视研究》1996年第9期。

成为社会上最有影响力的公众人物之一。1983年夏,英国女王伊丽莎白在庆祝自己的生日之际,将英国商业电视台的著名节目主持人阿拉斯泰尔·伯内特封为爵士。在英国,对一位新闻工作者给予如此高的奖赏是绝无仅有的。

在法国,广播电视媒介也非常重视节目主持人的作用和影响。20世纪70年代中期,法国电视一台为了提高主持传播的整体水平,专门派出了一个主持人考察团,到纽约去实地考察美国主持人,包括克朗凯特的工作情况,向美国同行取经。随后,随着法国广播电视事业的不断发展,法国本土也出现了许多深受受众喜爱并具有广泛影响的节目主持人,如法国电视二台《新书对话》的节目主持人贝尔纳·比沃以及法国著名的女主持人克里斯廷·奥克伦等,他们不仅在法国知识界享有很高的声誉,也是法国电视观众关注的焦点人物。

## 第二节　国内主持传播发展历程

中国主持传播的产生同样是社会政治、经济、文化、思想以及广播电视观念发展到成熟阶段的产物。尤其是在党的十一届三中全会以后,全社会呈现出思想解放、经济腾飞、社会进步的良好发展态势,为中国主持人以及主持传播的诞生提供了良好的环境。从我国广播电视媒体上出现"主持人"三个字开始,主持人或主持传播在我国已走过了四十年历程。四十年来,主持人不仅在队伍上比从前壮大了许多,而且经历了多次阶段性的突飞猛进,并在各个阶段涌现出了颇具代表性的主持人。

### 一、萌芽阶段

任何事物的产生和发展都不是毫无渊源的,也不可能在一夜之间蔚然成风,中国的主持传播也经历了漫长的酝酿、孕育和发展过程。主持人虽然是个舶来品,但关于主持人的渊源,有人甚至从中华民族源远流长的历史传统文化中找到了相类似的人物,即原中国古代宫廷演出或民间演出中专设的一个人物——致语。[①] 致语主要担当着为演出介绍剧情、道开场白和安抚观众的任务,属于戏曲中"末"的行当,其角色相当于现在舞台上的报幕员或某项活动的司仪。致语与现在的某类主持人(如司仪型主持人)的工作有几分相像,但不是今天我们所说的广播电视媒体中从事主持传播的角色。除开致语不谈,在真正的主持传播诞生,即从事主持传播的主体——"主持人"正式出现在我国广播电视媒体中之前,

---

① 参见原默:《起始与超载——电视节目主持》,河南大学出版社1997年版,第10页。

我国广播电视媒体,尤其是广播媒体上曾经出现过某些与主持传播非常相似的传播活动,这应当算是今天主持传播的萌芽或雏形。

我国广播事业最早是由外国人创办的。1923年1月,由美国商人奥斯邦建立的上海"大陆报——中国无线电公司广播电台"是中国境内第一座广播电台,播出内容新闻,主要播娱乐节目,因未经北洋政府批准登记,于同年4月停办。之后美商开洛电话材料公司又开办了开洛广播公司电台,与《申报》合作,在报馆设发音室报告新闻并在报纸上经常预告节目,节目有汇兑、行情、新闻、音乐和名人讲演等。

1926年10月1日,哈尔滨广播无线电台成立,这是中国人自办的第一座广播电台。它是奉系军阀官办电台,播送内容有新闻、音乐、讲演、物价报告等。1931年九一八事变后被日军侵占。1927年5月和9月,天津、北京无线电台相继开办。几乎在同时,我国还出现了民营商业电台,如上海新新公司广播电台、北京燕声广播电台,这些电台主要播送唱片,并转播地方戏曲,目的还是以商业为主。

新中国的广播事业源头是1940年12月30日诞生在陕北革命圣地延安的新华广播电台,第一位播音员徐瑞章(播音名叫麦风)的第一声呼号"延安新华广播电台,XNCR,现在开始播音……"明朗响亮,振奋人心,与国统区奢靡、腐化、有气无力的播音形成鲜明的对照,标志着人民播音的开始。当时工作条件极差,播音室是十几平方米的一间窑洞,洞内四周钉着延安生产的粗毛毯隔音,播音桌上只有一只话筒和一本字典。除此以外,播音室里还有一台破旧的手摇唱机和二十几张唱片,这就是播音员的全部设备了。这段时间播出的重要文件和广播稿有:毛泽东同志为皖南事变发表的命令和讲话、《陕甘宁边区施政纲领》《伟大的国际劳动节》等,此外还播送了关于八路军、新四军抗日战果的消息以及少量的文艺节目。

1943年春天,由于广播发射机发生了重大故障,延安新华广播电台被迫中断播音,直到1945年8月才又恢复播音。1949年1月31日,北平和平解放,人民军队迅速接管了位于西长安街的国民党北平广播电台,并在1949年2月2日,以北平新华广播电台的呼号对外播音。同年12月5日,北平新华广播电台改用中央人民广播电台呼号。值得注意的是,在这一时期,在国统区的某些私营广播电台中,已开始有了一些个人化的传播角色,涌现出一批在听众中颇有影响的传播者,如上海大亚三友公司电台《唐小姐信箱》的唐霞辉、大中国电台《空中书场》的万仰祖等,他们在节目中不但起串联作用,还会以个人名义募捐善款等①,今天看来他们当时在电台的活动多少已具备主持传播的某些雏形。

从 1949 年 10 月 1 日中华人民共和国成立到改革开放四十年后的今天,我国广播电视媒介(主要是广播)传播活动的发展大致经历了三个阶段,即和平建设发展时期、十年动乱时期和改革开放新时期。1949 年 10 月 1 日,播音员丁一岚和齐越登上天安门城楼,现场广播了开国大典的盛况。从这一天起,人民广播事业也揭开了新的一页。在和平建设时期,大批青年学生进入广播媒体,扩充了播音员的队伍,继承和发扬延安时期的光荣传统,投身到抗美援朝、肃反、镇反、"三反""五反"等运动中,"他们在广播宣传上保持和发扬了无产阶级的战斗风格。在建设新中国、抗美援朝斗争中,对全国人民起到鼓舞、激励作用"②。这一时期还有两个重要的事件,即 1952 年 12 月 5 日在北京中央广播事业局召开的第一次全国广播工作会议和 1955 年 3 月在北京召开的"全国播音业务学习会"。这两次会议不仅讨论了播音工作的性质、任务、作用、重要性,而且对播音员学习和提高素质能力提出了新的要求,如"播音员不是传声筒""播音员应是有丰富的政治情感和艺术修养的宣传鼓动家""播音要有个性"等。在今天看来,这些要求中似乎已包含着某些主持传播的影子,在某种意义上可视作为主持传播的诞生在理论和认识上所做的积极准备。正是在这种精神的引导下,在中央台和地方台都涌现了不少名气很大、很受欢迎的播音员,如齐越、夏青、林如,以及后来的方明、铁成等。

1958 年 5 月,我国第一家电视台——北京电视台开始试播。最早没有专职播音员,由中央电台和北京市电台的播音员代播,不出图像。此后,从中央台播音部调来沈力,才有了正式的专职电视播音员,因此沈力算是我国第一位电视播音员。20 世纪 60 年代,高中毕业的赵忠祥被选拔到电视台,成为第一位电视男播音员。

为了适应广播电视发展对专门人才的需要,1954 年我国建立了第一所培养广播专门人才的学校——北京广播学院,并在 60 年代初筹建了播音专业,1963 年开始正式招收播音专业学生,学制 3 年。从此,我国有了培养播音人才的正规院校。

正当人民广播事业向前发展之际,1966 年 5 月开始了史无前例的"文化大

---

① 李卓敏:《广播节目主持人诞生于四十年代初》,《广播电视研究》1997 年第 1 期。
② 参见中央人民广播电台台史编写组所编内部资料《中央人民广播电台台史资料汇编(1949—1984)》,1985 年,第 627 页。

革命",广播事业同其他事业一样遭到了严重破坏。许多老播音员和新成长起来的优秀播音员,被扣上"反动权威""黑五类""修正主义苗子"等帽子,受到批斗,被调离工作岗位。在极"左"路线的影响下,由政治代替一切,所有播音理论学习、播音业务培训都被迫停止、中断,延安和新中国成立后播音方面的许多优良传统被抛弃,"高、平、空"的大喊大叫式播音充斥于广播节目中,广播学院被迫停办,起步不久的北京电视台也被迫停办,中国的广播事业严重倒退,主持传播的萌芽遭到了无情扼杀。

1976年10月,江青反革命集团被粉碎。党的十一届三中全会以后,人民广播电视事业又进入了恢复、发展的创新时期。

1978年5月1日,"文化大革命"中被停办的北京电视台重新以中央电视台的名义开办。1980年7月12日,重新开播不久的中央电视台上出现了"主持人"三个字。1981年元旦,中央人民广播电台对台湾广播推出了《空中之友》节目,播音员出身的徐曼试着以更个性化和人际化的方式主持节目。

随着主持人的出现,主持传播终于在中国正式宣告诞生。

**二、初创发展阶段**

中国的电视屏幕上首次打出"主持人"三个字,是在中央电视台1980年7月12日开播的《观察与思考》中,对应的主持人是在这期节目中出镜采访并直接面对观众讲话的记者庞啸。第一期节目的名称为《北京居民为什么吃菜难》,节目播出后引起了强烈的反响,后来节目组又做了一期节目回答观众。不过那时这个节目的播出时间不固定,而且后来并未继续沿用"主持人"称谓。

继《观察与思考》之后的第二年,即1981年元旦,中央人民广播电台对台湾广播推出了《空中之友》节目。这一天,人们第一次听到了一个女性以一种甜美柔和的语调对听众亲切地说道:"亲爱的台湾同胞,你们好!我姓徐,名曼。徐是双人徐,曼是罗曼蒂克的曼。从我的名字,同胞们可以看出我是一个性格开朗的人。我喜欢到处有自己的朋友,我喜欢宾客聚会,在扑朔迷离的社会中,求索真理之光。今天我能有机会给诸位主持《空中之友》节目,真是感到荣幸。"就这样,"徐曼小姐"一改传统的高调门播音腔调,以"甜、软、轻、美"的个人化播讲风格和"我在这儿"的强烈的对象感赢得了听众的喜爱。而徐曼,也作为中国大陆第一位节目主持人而载入了中国广播主持传播的史册,并开启了中国主持传播的序幕。

1981年4月,广东人民广播电台也推出了李一萍、李东主持的《大众生活》节目。二李聊天式的主持风格很受听众喜爱,李一萍被青年听众亲切地称为

"知心姐姐"。这样,刚刚出现的广播主持人节目形成了"北徐南李"的格局。

1981年7月到11月,中央电视台推出了每周一场共13场的《北京中学生智力竞赛》节目。编导寿沅君在节目中设计了一个类似老师的人,由他来宣布、评判知识竞赛的问题和答案,让节目既有课堂的严肃又不至于死板,既有竞争又有趣味。寿沅君挑选了我国第一位电视男播音员赵忠祥担任主持人。节目获得了成功,在全国电视界掀起了长达几年的知识竞赛热潮,赵忠祥也借此平台充分显示了他出色的主持才华。

1981年11月,我国女排在日本大阪首次夺得世界杯冠军,全国一片欢腾。主持这场球赛解说的宋世雄也成为名闻遐迩的"国嘴"。此后,宋世雄跟随女排南征北战,转播"五连冠"成为他主持生涯的高峰期。

这些节目,可以说是我国最早的主持传播。虽说按今天的标准衡量,这些节目的稚嫩之处显而易见,然而它们发掘出的"主持人"这一火种,如今已经形成燎原之势。由于当时资讯不发达,这四个节目都是各自为战,不约而同地亮出了"主持人"的招牌。这四个节目各有特点:《观察与思考》播出时间不固定,主持人是个群体;北京《中学生智力竞赛》是个临时节目,赵忠祥当时是新闻播音员,主持这个节目带有客串性质;《空中之友》和《大众生活》是固定节目,比较规范,但其主持形态,尚处于由播音员向主持人过渡的阶段。

直到1983年元旦,中央电视台改版后的《为您服务》才正式推出了我国电视史上第一位固定栏目的专职节目主持人,沈力被任命为栏目负责人(组长)兼主持人,成了我国第一位电视女主持人。《为您服务》开播一年就收到来信四万多封。沈力也被评为全国优秀专栏节目主持人。沈力成功地塑造了一位"温文尔雅、亲切平易、热情周到服务的老大姐"形象。与此同时,上海电视台也推出了少儿节目主持人陈燕华,她先后主持了《娃娃乐》《燕子信箱》等节目,以鲜明的特点和令人喜爱的"燕子姐姐"形象受到小朋友的欢迎。之后,采用主持人形式的节目在全国遍地开花,从服务类节目、文化专题类节目,到综艺节目、少儿节目、体育节目、各种社教类节目,迅速铺开。

1983年春节,一台超大型的综合文艺晚会——中央电视台春节联欢晚会在中央电视台隆重推出。这台晚会不仅恢复了现场直播的快捷方式,而且起用多位知名演员和主持人联袂主持。这台规模最大、演员最多、时间最长、传播最广、收视率最高的晚会经过无数艺术家和电视工作者三十几年的共同努力,已不只是一台高水准的富有中国特色和韵味的年节喜庆文艺晚会,还成为中国人过年时除吃饺子、守岁外不可缺少的一种新民俗。

1983年3月,原广播电视部召开第十一次全国广播电视工作会议。会后,中共中央以 37 号文件批转了广电部党组《关于广播电视工作的汇报提纲》。在谈到"以新闻改革为突破口,推动广播电视宣传的改革"时,提出"要尽可能采取谈心和对话的形式以及节目主持人的形式,以增强新闻报道的吸引力和说服力。"这是中央文件第一次提到"节目主持人",标志着"节目主持人"作为一种节目形式已得到中央的正式认可,这极大地推动了我国节目主持人的发展。

1983 年 8 月 7 日,中央电视台在长达 500 分钟的大型系列专题片《话说长江》里,设置了两位在演播室与观众交流的主持人:陈铎、虹云。他们的主持使亿万观众为之倾倒,也在专题片的主持形式上进行了有益的探索。

1985 年 6 月 1 日,中央电视台少儿节目《七巧板》改版播出,"鞠萍姐姐"成为千千万万儿童及其家长喜爱的偶像。

"主持人现象"也开始引起广播电视界专家学者的关注。从 1985 年起,原国家广播电影电视部政策研究室、北京广播学院(现中国传媒大学)和一些电台、电视台纷纷召开有关节目主持人和主持人节目的研讨会,结合我国主持人节目的现状,探讨理论和实践问题。此后不久,从中央到地方各种类型的主持传播栏目纷纷开办,中国广播电视界开始呈现出欣欣向荣的新景象。

### 三、快速发展阶段

1986 年 12 月 15 日,我国第一家经济电台——广东珠江经济广播电台成立。珠江台一成立就成为中国广播电视界,尤其是主持传播业务发展中的又一个里程碑。珠江台推出的"珠江模式"立即引发了持续多年的"经济台"热和广播节目大改版。珠江经济广播电台首创的"大板块"节目架构、主持人集"采、编、播、控"于一身、"提纲加资料"的直播方式、"听众热线电话参与"等成功经验,对全国的广播电视节目改革产生了积极、深远的影响。

"珠江模式"对主持人的素质提出了更高的要求,它标志着我国的主持人节目完成了从播音向主持的过渡。在此之后,记者、演员、教师以及各行各业的专业人才通过社会招聘涌入主持人队伍。"节目主持人"作为一个新的独立工种,愈来愈显示出自己的特色。

1987 年 1 月 1 日,中央人民广播电台推出了两档名牌主持人节目:《午间半小时》和《今晚八点半》。记者出身的傅成励和播音员出身的虹云以其各具特色的主持风格成为广播界的"黄金搭档"。

1987 年 5 月 11 日,上海人民广播电台推出以主持人名字命名的节目《蔚兰信箱》。这个没有稿件、长达两个小时(后改为一个小时)的早间谈话节目,不仅在黄浦江畔引起轰动,也带动了全国的广播谈话节目。

1987年,设立节目主持人的电视新闻节目在我国首次出现。其中上海台李培红及其主持的《新闻透视》、山西台高丽萍及其主持的《记者新观察》、福建台程鹤麟及其主持的《新闻半小时》成为观众熟悉并喜爱的主持人和电视新闻栏目。

1988年10月,中央电视台评论组第三次重建后推出《观察与思考》及固定主持人肖晓琳,这个严肃而深刻的节目成为当时我国为数不多的高品位专栏节目之一。

节目主持人的大量涌现,引起了电视工作者和理论界的注意。由三位女编导在1988年推出的系列节目《话说节目主持人》向全社会发出了时代需要"明星"的呼唤,为全社会了解、关注节目主持人创造了一次契机,并引出了中央电视台首次举办的"如意杯"电视节目主持人评选活动,在社会上引起了广泛关注。

进入90年代,随着广播电视事业的蓬勃发展,一批批优秀的主持人脱颖而出。一个群星璀璨的媒介人时代拉开了帷幕。

1990年3月14日,中央电视台《综艺大观》和观众见面。王刚、倪萍成为该节目先后推出的两位备受观众欢迎的节目主持人。

与此同时,另一个栏目《正大综艺》也推出了一位耀眼的电视明星,那就是杨澜。作为一个从未涉足电视领域的大学生,杨澜以她的勤奋和悟性、以她的青春风采赢得了观众的喜爱。杨澜与具有大叔气质和大牌风范的赵忠祥珠联璧合的主持,把《正大综艺》推上了巅峰。赵忠祥、杨澜、倪萍被视为中央电视台90年代前期的三大"台柱子"。

1990年7月15日,上海电视台叶惠贤主持的《今夜星辰》开播。该节目实行"主持人中心制",叶惠贤集编、导、主持人和制片人于一身,节目成为上海台收视率名列前茅的名牌节目。叶惠贤以幽默风趣的语言、机智灵活的应变、恰到好处的即兴发挥,赢得了"荧屏智多星"的美称。

1991年11月18日,大型电视纪录片《望长城》开播,在社会上引起轰动,创下了纪录片的最高收视率。该片的客串主持人焦建成返璞归真的本色主持,是我国电视主持去粉饰、弃雕琢、走向平民、贴近百姓的前奏,从此中国的电视主持艺术产生了质的飞跃。

这个阶段是我国主持人节目大发展、大普及时期,从中央台到省、市台乃至县级台,都纷纷开办了主持人节目,有了名副其实的主持传播。

这一时期关于主持传播的研究也在进一步深入。从1990年起,我国广播电视界的理论工作者和教学工作者陆续出版了主持人节目和节目主持人方面的学术专著。但由于没有统一的行业标准,各电视台、各栏目自行选拔、招聘主持人时似乎更注意主持人传播形式和语言样态上的特点,于是,伶牙俐齿的俊男靓女一时间充斥荧屏。在选择主持人的标准中,外形、声音等外在条件占了上风,这种倾向在整个20世纪80年代和90年代初期的十几年里是一个普遍的现象。①

**四、飞跃发展阶段**

进入20世纪90年代,随着信息时代的到来,受众已不满足于单纯从媒体获得资讯或娱乐,在接收电视节目传播时,对主持人也有了新的期待。这种期待特别表现在收看新闻信息节目时,观众希望主持人或记者能够以独特的新闻洞察与关注角度,为自己提供一个了解社会、解释社会现象的窗口。

1993年5月1日,中央电视台成功地发掘了早间节目时间段,推出了具有开拓意义的《东方时空》。这个杂志性新闻节目成为"影响生活方式"的一个叫好节目,从此改变了我国电视观众早间不看电视的生活习惯。从《东方时空》起,我国新闻评论类电视节目主持人的主持技艺开始进入成熟阶段,主持风格走向质朴和真实,《东方时空》及其节目主持人的出现因此也成了我国主持传播发展中的又一个里程碑。"东方时空"式主持风格的形成,标志着我国新闻节目主持完成了由呆板、造作、高高在上向深刻、平易、贴近生活的转变。

5月10日,我国第一个以主持人命名的电视节目诞生了,《一丹话题》以清新、敏锐、质朴、深刻、富有个性的方式走进了大众生活。虽然这个每周8分钟的小栏目仅仅开办了一年,但是90年代中国电视彰显个性、追求创新的新思维已经越来越丰富地显示出其内涵。

1994年4月1日,《焦点访谈》在开播半个月后即成为全国人民关注的"焦点",在不到一年的时间里,这个栏目已经跃升为观众最喜欢的栏目之一,并成为中国"第一名牌"节目,收视率可与老牌新闻节目《新闻联播》媲美。伴随节目出现的一批电视记者,如敬一丹、水均益、白岩松等也成为中国著名的采访记者和家喻户晓的电视明星,共同塑造了诚挚、朴实、深邃、稳健、客观、权威的中国电视新闻评论类节目主持人的群像。

90年代,多数省、市广播电台开始实行"窄播"化,即按频率设置专业台,由几个专业台构成系列台。于是,"经济台热""交通台热""音乐台热",一浪高过一浪。系列台的设置使节目主持人队伍迅速膨胀,其中,音乐节目主持人成为一支重要的方面军。广东人民广播电台、上海人民广播电台、上海东方广播电台连续举办"广播音乐博览会""国际广播音乐节",组织音乐节目主持人现场演示和评选,扩大了广播音乐节目及其主持人的社会影响。

---

① 部分材料转自白谦诚、原默:《中国节目主持人20年》,《中国广播电视学刊》2000年第12期。

90年代中后期，中央电视台增设了一系列体育节目。随着世界杯、欧锦赛、甲A联赛等足球赛事的转播，涌现出一批足球解说员。其中，客串主持人张路的"说球"独具特色，标志着体育节目主持人由解说向评论的转化。

1996年4月28日，中央电视台推出了《实话实说》和主持人崔永元。崔永元的幽默谈吐、灵活应变和至真至善的常人心态，感动、融化了无数观众的心。崔永元用他的全部心智塑造出了"中国第一脱口秀"的主持人形象。他和他的同仁们通过共同努力，将中国主持人的主持方式、谈话技巧、形象塑造等都向前推进了一步。

1997年7月1日，湖南电视台《快乐大本营》为全国电视观众送来了一份大众精神快餐。李湘、何炅英气逼人的青春偶像派主持人形象，立即迷倒了无数少男少女及渴望放松一下身心的大众。此后，各地"克隆"的游艺、竞技、娱乐节目纷纷出台，形成了一股"快乐冲击波"。

1998年3月5日，北京电视台开播的《元元说话》节目，说实话，说真话，说一针见血的话，说老百姓的心里话。节目主持人正直、刚毅、为正义百折不回的现代女性新形象让人喝彩。

1998年春，香港凤凰卫视开播早间资讯节目《凤凰早班车》，主持人陈鲁豫以一种有别于传统新闻播音的方式播报新闻，首开"说新闻"先河，"说"新闻从此成了风靡国内广播电视界的播报和解读新闻的主要方式。

这一时期，我国有关主持人节目和节目主持人的理论研究也取得了丰硕的成果。主持人节目研究委员会组建了学术委员会，着手创立广播电视学的一个新兴分支学科——节目主持学。学术委员出版了十余部学术专著。研究会每年都召开学术年会和各种专题的研讨会，既推动了主持人把实践经验向理论升华，又吸引了一批专家、学者和一线的领导研究主持人节目。

**五、深入发展阶段**[①]

随着电视传播理念和运作理念的不断进步，随着电视技术和传输手段的发展更新，随着社会信息交流及人民群众精神文化需求的多样化，广播电视事业获得了进一步的发展，到20世纪末全国电视频道已经发展到三千多个，一些境外电视节目也积极抢滩，电视、广播、报纸、杂志、网络等各类大众媒体竞争态势日益激烈。

面对各种媒体的激烈竞争，为满足社会多层次需求，电视业重新整合资源，

---

① 以下内容部分出自吴郁教授主持的国家社科基金项目《电视节目主持人综合素质评估》。

调整传受关系,迅速进入频道专业化、栏目个性化、节目精品化的发展时期。主持人节目中体育、经济、证券、法律、文化、健康、旅游、少儿、老年、妇女、军事、农村……分类越来越细,越来越丰富,近年来更是专门开设出新闻频道、经济频道、青少频道、音乐频道、农业频道、旅游频道,不一而足。今后随着数字付费频道的开播,节目的窄播化、专业化会更加清晰。频道的增多一方面丰富了广播电视的播出内容,满足了人民群众多样化的信息需求,另一方面也为主持人的发展创造了更为广阔的天地,造就了数量越来越多的主持人,主持人已经成为一个备受关注的庞大群体。除了之前已经成名的"老"主持人,具有广泛影响的主持新人更是人才辈出,董卿、王小丫、刘仪伟、撒贝宁、何炅、汪涵、马斌、高博、孟非、鲁健、许卓阳、谢娜、大鹏、罗振宇等,主持传播也进入了一个更加繁荣的发展阶段。总起来看,这一时期的主持传播或主持人有以下几个特点。

(1) 主持人来源日益多元

众多专业化定位鲜明的栏目急需有专业背景的主持人,而栏目定位或形态近似的同质节目又需要通过个性化主持人来显示差异和特色。应对这样的需求,主持人的来源再一次出现大的变动——英雄不问出处,不拘一格降人才。主持人队伍向社会上有志于此又具备相关素质的人敞开了大门,吸引着越来越多的高素质人才走上屏幕。社会各行各业、不同教育背景、拥有特殊经历(如退役运动员)的人士纷纷加盟主持人队伍,成为主持人队伍来源的一个主要渠道。

如外语专业的杨澜(阳光卫视)、元元(北京电视台)、杨锐(中央电视台),医学硕士曹可凡(东方卫视),法学硕士撒贝宁(中央电视台),退役运动员莫慧兰、杨颖,大学教师何炅,以及海外留学归来的英达、马东等人都在主持人节目中获得成功,同时使社会各界对主持人的综合素质有了感性和理性的深入认识。

面对栏目专业化的现实,原有的一些主持人积极学习栏目相关学科的知识。有的报考在职研究生进修新闻传播学、经济学、社会学、法学等专业,调整自己的知识结构;有的向实践学习,成为专业化的主持人,如北京电视台《法治进行时》主持人徐滔就是公安战线及观众十分信赖的优秀主持人;原山东卫视《乡村季风》主持人、现央视七套农业节目主持人肖东坡,生长在城市却能扑下身子一心为农民观众服务,被称为"农民的好兄弟"。

较早进入这一行业、进取心强的主持人,有的很早就通过进一步深造转型了,如杨澜在主持《正大综艺》如日中天时毅然去美国哥伦比亚大学学习,如今成为有国际视野的、颇有影响的专访栏目主持人;有的在岗位上通过实践转型,如鲁豫由综艺型转为新闻主播,又转向新闻人物、社会人物专访栏目主持人。也有些主持人,一直因为定位不准,事业平平,默默无闻,在观众中没有什么影响,但节目形态的开放和活跃,让他们当中有某种潜质和积累的主持人脱颖而出。如原央视的李咏,1991年从北京广播学院(现改名为中国传媒大学)毕业后一直在海外中心《天涯共此时》做主持人。该节目的目标对象主要是台湾观众,且节目形态简单,就是搬把椅子在空荡荡的演播室串联已拍好的成片,这种"省心省力的活儿"李咏觉得有劲儿使不出来。当《幸运52》和《非常6+1》先后开播时,机遇到来了,主客观因素都锁定李咏,他也不负众望,成为大家欢迎的娱乐益智节目主持人。

(2) 个性化主持人独领风骚

随着主持人来源的日益多元化,新时期的主持人在风格上也出现了日益多元的特点,各种不同主持风格的主持人竞相闯入受众的视野,而在众多风格独特的主持人中,最受瞩目莫过于那些个性化色彩分外强烈的主持人。主持人的"个性化",从宏观看是政治、经济、文化的发展必然带来的多元化需求,从微观看是传播激烈竞争的必然趋势。个性化,可以说是社会对主持人最响亮、最急切的呼唤。显而易见,在知识爆炸、信息共享、渠道多元的传播环境中,只有个性鲜明的传播才易于被人注意、被人选择,也才可能被接受。改革开放以来,社会的进步终于使"个性"在我们广袤的国土上得到了理解、尊重和欣赏。主持传播提供了个性化传播的舞台,一些个性鲜明的主持人得以脱颖而出。人们在接受他们传播的信息的同时也接纳了他们,喜欢上了他们。

一些来自不同行业、有着丰富生活阅历的主持人,加上之前之后有新闻从业背景的主持人,如央视《半边天》的主持人张越,《夫妻剧场》主持人英达,经常为北京电视台、凤凰卫视策划并主持节目,继和晶之后主持《实话实说》的阿忆,先后在央视《天天饮食》、东视《东方夜谭》做主持人的刘仪伟,江苏卫视《南京零距离》主持人孟非,山东齐鲁电视台《拉呱》主持人小么哥等,以他们的个性化主持被观众接受。连同比他们更早得到观众首肯的崔永元在内,这些声音相貌不合以往"惯例标准"的主持人,他们的普通话不甚标准,外在条件有某些缺欠:光头、体胖、歪嘴、坏笑,但这些绝不是他们的"个性"所在,他们是靠自己丰富的内涵、生活阅历中独特的个人感悟、语言魅力和别具一格的主持风格,乃至人格魅力赢得了观众的青睐。

在同一时期,凤凰卫视更是领先一步,吸引了曹景行、阮次山、杨锦麟这样一些年过半百的资深报人,使之成为十分有分量的"意见领袖"式的主持人、评论员。

(3) 专业化主持人渐成气候

关于主持人的"专业化",人们的理解实际上存在两个具有不同内涵的指向。

一个是指"主持业务"的基本规律、基本知识和能力层面,如声音、语言组织、语言表达、肢体语言运用等技术技巧,以及沟通能力、控场能力等,严格地讲这些应是主持人"职业化"的内涵;另一个指向主持人的知识积累与自己所主持栏目的学科领域之间的关系,是"相关"还是"疏离",换句话说:是否有与"专业化"栏目相对应的专业背景。这里论及的主持人的"专业化"专指后者。

体育、法制、经济等节目主持人的相关专业背景毋庸置疑更是不容忽视。以足球节目主持人为例,现在的球迷相当专业,而且很多人外语水平较高,他们获取的有关信息多而快,对此张斌等主持人都感到"很大的压力"。

同理,主持人不懂金融证券,显然无法主持相关的节目,与嘉宾对话的资格更是无从谈起……至此,如果主持人只达到基本层面的共性标准,显然无法满足电视传播分众化时代"细分化""窄播化"栏目的要求。

另一方面,有专业背景的主持人在相应的专业性强的栏目里如鱼得水,表现出得天独厚的,融权威性、可信性与亲和力于一身的,深入浅出、通俗易懂的传播优势。这里提到的专业背景,既指通过学历教育形成的专业知识结构,也可以指由业余爱好、日常关注和研究积淀起来的专业优势。前一类型的主持人如央视《今日说法》主持人撒贝宁、凤凰卫视财经类节目主持人曾子墨;后一类型的主持人如戏曲节目主持人白燕升、原东方卫视财经节目主持人左安龙、广东台体育节目主持人王泰兴、原山东电视台现中央电视台军事农业频道节目主持人肖东坡等。

(4) 体制外主持人崭露头角

随着我国广播电视事业的不断发展以及广播电视制播分离趋势的加剧,民营电视机构作为电视事业改革的崭新产物开始出现,开始在广播电视传播中占据重要位置。民营电视制作机构的出现对电视产业的每个部分都产生了深刻影响,主持传播当然也不例外。作为与国有事业单位电视机构的主持人相对的概念,民营电视机构的主持人在外延上要更宽泛一些,它包括虽在国有事业单位电视机构主持栏目,但其本身是自由职业者,可能与若干家节目制作公司签约的主持人,如刘仪伟等。

进入新世纪以来,许多民营广播电视制作机构在生产出一些颇有社会影响力的广播电视节目的同时,也推出了许多在社会上具有很高知名度、颇受社会大众喜爱的主持人,除了前文提到的刘仪伟外,还有马斌、王刚、曹颖、何炅、李霞、李静、柳岩等。他们中有的原本是高校教师,以兼职者的身份介入广播电视媒体担任主持人;有的实际上是影视或曲艺演员,在工作之余到一些与自己本行较为贴近的栏目中担任主持人;还有的身属商业化公司,以签约的方式主持公司制作的某些在广播电视媒体播出的栏目；另有一些人是所谓的文化个体户，既不属于哪家所谓的正式单位，哪怕是商业公司，也不单纯主持哪一个广播电视媒体的栏目，而是同时主持好几个广播电视制作公司的节目，同时出现在不止一个广播电视媒体上，如刘仪伟曾既在东方卫视主持《东方夜谭》，又在北京电视台主持《情感方程式》《淑女大学堂》等，是名副其实的"自由人"。与传统的身在国营广播电视机构的主持人相比，这部分主持人也可以被称为"体制外主持人"。随着数量的增多以及社会各个领域的影响的扩大，体制外的主持人在主持传播领域崭露头角，并开始引起人们的关注。

体制外的主持人在流动和品牌营销方面具有更大的灵活性，其更容易出现在广播电视媒介上，也更容易形成社会影响。据《东方夜谭》的制作方派格太合透露，刘仪伟与他们只有节目上的合作，除了录制节目之外，刘仪伟其他的活动与他们都没有直接的关系。可见"刘仪伟们"之所以能频频露脸，得益于他们不受某些制度的限制、出色的业务素质和广阔的人脉。今后，随着广播电视新闻事业的发展、制播分离的进一步深化，体制外的主持人必将越来越多，其作用和影响也会越来越大。这一方面促进了广播电视事业的发展，同时也给主持人的使用与管理提出了新的课题。

(5) 网络及自媒体主持人影响渐显

随着新世纪互联网的兴起、壮大以及媒体技术的不断创新，新媒体（包括网络媒体和自媒体）的发展日新月异，其崭新的传播特点迅速获得了全社会，特别是年轻受众的青睐。这给传统媒体造成了巨大的冲击，甚至直接威胁到了传统媒体的生存和发展。与新媒体的发展几乎同步，一些网络媒体和自媒体的主持人也逐渐超越传统媒体主持人，并开始显现出自己的特点，在社会上产生巨大的影响。如近几年在社会上产生巨大影响的网络视频节目《罗辑思维》《大鹏嘚吧嘚》《晓说》的主持人罗振宇、大鹏等都已在社会上露出头角，且产生了广泛的影响。2012年年底才打造上线的《罗辑思维》不到一年时间就在优酷上有了4000多万次的播放量，《罗辑思维》的微信公众号更是有着上百万的关注量。《大鹏嘚吧嘚》的主持人大鹏更是因为主持这档在网络上大受欢迎的节目而成了大众瞩目的明星，频频出现在各类当红综艺节目中。与此同时，一些传统媒体的主持人也因为看到了新兴媒体的力量和发展而纷纷转投新媒体，或完全脱离传统媒体转战新媒体，出现了所谓的"离职潮"，如原央视主持人刘建宏、马东等，还有一些虽然身在传统媒体但也积极地探索新媒体的发展，如许多主持人都已在微信平台上开设了自己的微信公众号等。

与传统媒体的节目及主持人相比，网络及自媒体的主持人有着鲜明的新媒体特征,在"人人都有麦克风"的新媒体环境下,网络媒体及自媒体的主持人更加多元、更具个性,从节目内容到语言风格都具有强烈的互联网思维和新媒体的特征。因为契合了网络新媒体的特征和发展趋向,网络及自媒体主持人的发展从某种意义上说也代表着未来主持人发展的方向。

## 思考题

1. 国外主持传播经历了怎样的发展阶段?
2. 国内主持传播经历了怎样的发展阶段?
3. 新时期的国内主持传播在发展上有何特点?

# 第四章
# 主持传播的主体(上)

对于任何形式的传播而言,在整个传播过程中居于传者地位,或传播活动的发起者和实施者即为此项传播活动的主体。主持传播既然是主持人所从事的传播活动的总称,那么,主持传播的主体显而易见是主持人,研究主持传播活动的逻辑起点也应该从主持人开始。

## 第一节 主持人的界定

### 一、主持人的定义

主持人,按照《现代汉语词典》关于"主持"的解释"负责掌握或处理",应该是"负责掌握或处理的人",这是主持人在生活中的一般意义,此种意义的主持人包括项目、工程、会议、课题的主持人(负责人)等。主持人在大众传播中如何定义,历来存在很多说法,也曾经在学术界引起很多争议。综合起来看,关于主持人的定义主要有以下这样几种。

1. 在广播电视中,出场为听众或观众主持各种节目的人叫节目主持人。主持人不是表演者,也有别于新闻通讯和文章的播报者。主持人是以自己的身份、自己的个性直接面对听众或观众的人。主持人在节目中处于主导地位,他(她)的主要职责是组织、串联一次节目的各个部分,也直接向听众和观众传播信息。

2. 节目主持人是广播电视节目在演播阶段的组织者、指挥者,是节目与听众、观众之间感情、信息交流的桥梁、纽带,也是节目的代言人。

3. 主持人是节目的设计者、组织者,他(她)要参与节目构思、确定主题选题、选材等工作。

4. 节目主持人是在广播电视中,以个体行为出现,代表着群体观念,用有声语言、形态来操作和把握节目进程,直接、平等地进行大众传播活动的人。

5. 电视节目主持人是指在电视节目中以真实身份同观众交流并主导节目流程的出场演播者。

6. 节目主持人是在大众传播活动的特定节目情境中,以真实的个人身份和交谈性言语行为,通过直接、平等的人际交流方式主导、推动并完成节目进程、体现节目意图的人。①

为了能有个科学完整的主持人定义,主持人研究学会甚至向社会征集过主持人的定义。

在综合考察了较流行的几种说法后,我们认为对主持人的解释较为科学和全面的还是《广播电视词典》的定义,这也是目前被大多数人接受的主持人定义。按照这本词典的解释,主持人,或节目主持人是"在广播电视节目中,以个体行为出现,代表群体观念,以有声语言为主干或主线驾驭节目进程,直接面对受众,平等地进行传播的人"②。此定义之所以能被大多数人接受,除了简单通俗之外,就在于其在某种程度上抓住了主持人作为一种职业角色的本质特征,即"以个体行为出现""代表群体观念""直接面对受众""平等地进行传播"和"驾驭节目进程",并使主持人与播音员之间的界线清晰可见。当然,随着时代的发展,此定义的局限也日益显现,如无法涵盖当下活跃在网络等新媒体中的主持人,也无法概括自媒体主持人的特点,因此,在使用此定义时,除了要扩大原有的适用范围外,还需要对自媒体主持人的特性加以考虑。

### 二、主持人的特点

（一）个人出面

虽然属于大众传播,是名副其实的大众传播,但由于主持传播具有的人格化与人际性等特征,主持传播的主体——主持人在传播中一个显著的特征是其个体性,即主持人虽然身处某个媒体或栏目,但在传播形式上总是作为独立的个体出现,除非有特殊需要,主持人都是以其个人的真实身份和本来面目来参与传播活动。主持人在从事传播的时候可以有名有姓,甚至某些栏目直接就是以某位主持人的名字来命名的,如《小莉看时事》《岩松"两会"观察》等。主持人在传播时可以有性格、有个性,可以口口声声"我如何如何",可以有个人的见解和主张,甚至在某种程度上做他(她)自己。在这一点上,主持人与播音员的相似性最大,

---

① 张君昌:《蓦然回首:什么是节目主持人》,www.rgd.com.cn/rgd/ xxyd/nfgbyj/zl/3735.shtml。
② 赵玉明、王福顺:《广播电视词典》,北京广播学院出版社1999年版,第212页。

因为播音员往往也是以其个人形象出现并直接面对观众进行传播,所不同的是,播音员在传播中的表现往往处于"无我"状态,并不完全代表自己而是直接或在更大程度上代表一定的集体。

(二) 代表集体

虽然是以个人的独立人格和个性特征出现在节目中,从事"一对一"或"我与你"之间的拟态人际交流的个性化传播,但主持传播中的主持人并非完全意义上的个人化传播,与其在实际生活中的真实形象有着显著的区别。作为"出声露面"的传播者,主持传播中的主持人其实是一个复合性和集体性的角色,即表面上看起来主持人是个人出面,是以"本我"面目参与传播,但实际上是其所在栏目和媒体的代表,有时甚至只是一个符号。作为节目整体构思的体现者和传播效果的实现者,主持人所表现出来的主持个性、主持风格实际上乃是整个栏目和媒体的个性与风格,主持人只是节目的一个组成部分,他的一举一动、一颦一笑、衣着打扮无不体现着栏目的集体智慧,服从和服务于栏目的整体效果。从这个意义上说,主持人在节目中虽然可以体现自我,但这种自我只能作为主持人的"小我"而存在,这样的"小我"必须服从和服务于栏目和媒体的"大我"。主持人实际上是"个体我"与"集体我"的统一,如阮次山等在节目中十足个人化的意见和议论虽声称"纯属个人意见,不代表本台评论",但其实代表的是凤凰卫视的观点和立场,或至少与凤凰的立场一致,否则也不可能出现在凤凰卫视播出的节目中。原中央电视台主持人李咏在节目中的一言一行实际代表的是国家电视台电视娱乐节目的形象,用李咏的话来说都是"有底线"的。

当然,这一特点在某些自媒体主持人身上未见得完全适用,因为他们不属于某家特定媒介机构,所以其对媒介机构的代表也就无从谈起。

(三) 驾驭节目

节目主持人与一般播音员之间一个很大的不同之处就在于参与和驾驭节目的程度。一般而言,播音员往往是被动地受制于节目,在传播过程中虽有一定的主动性和灵活性,但这仅限于对文字和有声语言的处理和创作;一般不掌控节目的进程,节目的进展基本由编辑、记者或节目导播来控制。主持人则不同,其是节目的核心和灵魂。编辑人员不会细致规定主持人说的每一个字,而只是给出一个相对完整的流程和提纲,节目的实际运行完全由主持人自己来控制和把握,尤其是在一些直播现场和晚会现场,主持人必须依靠个人的主动性和积极性来引领和把控节目的发展。节目各环节之间该怎样衔接,节目运行当中如何转场,如何防止节目偏离既定的方向,如何将嘉宾与观众的思路和话语集结在节目的主题之下,如何调动场内、场外的气氛,如何保证节目的导向不出问题等,完全由主持人自己驾驭和控制,而普通的播音员是无法办到的。关于这一点,本书在后文还有专门论述。

（四）平等传播

主持传播相对于传统大众传播来说,其革命性变革在于改变了传统大众传播与受众之间不平等的传播格局,使受众在接收和接受来自大众传播的信息与观念时无须再被动仰视,以往传播中那种传者高高在上、教育训导和不容置疑的局面不复存在。而这种变革归根结底是由主持传播的实践者,即主持人的平民化定位和朋友般的传播者角色决定的。在主持传播当中,主持人让自己的定位处在与受众相同的层面,常常是以受众熟悉的角色,如朋友、邻家大婶、儿子或者姐姐、叔叔(常见于儿童节目)等身份出现的。这种定位决定了主持人能够以一种平等、亲切的姿态进入传播格局当中,从而营造出更好的人际交流的氛围。毕竟,真正意义上的人际交流只有在地位相近的人之间才能顺利进行,而身份、地位的相近和平等同样也是形成人际吸引、促成人与人相遇相知的不可缺少的条件。

（五）有声语言为主

尽管主持人除了有声语言外还可以通过副语言和非语言符号等无声语言(关于主持人的非语言符号本书第七章会有专门论述)来表情达意,达到传播的目的,但不可否认的是,与广播电视的记者、编辑主要利用有声语言、音响和画面比较起来,主持人用得最多的符号还是有声语言,主持人传播在很大程度上要靠主持人的嘴来实现,正是这个原因,从事主持传播的人也被社会大众戏称为"嘴力工作者",国家电视台主持人中的优秀者则被冠以"名嘴""国嘴"的称号。事实上也是如此。不管是主持人对于信息的播报与告知,还是对信息的解读与评论,甚至主持人对节目进程的把握与驾驭,要完成传播任务基本上都是依靠主持人的有声语言来实现。

主持人的特点其实也是区别主持人与播音员二者的重要指标。自主持人这一职业角色在我国诞生以来,关于主持人与播音员的区别一直是学界和业界颇感兴趣的话题,不仅有人专门撰文论述二者之间的不同,如:(1)与观众的关系不同,(2)对象感不同,(3)参与节目程度不同,(4)播讲方式不同,(5)承担责任不同,(6)个性特征的表现方式不同,[①]还曾经出现过"播音涵盖主持"还是"主持涵盖播音"的争论。其实也难怪,上文所列举的主持人特点中的某些特征如"代表集体""以有声语言为主"在播音员身上同样适用,而其中的"个人出面""平

---

① 张君昌:《蓦然回首:什么是节目主持人》,www.rgd.com.cn/rgd/xxyd/nfgbyj/zl/3735.shtml。

等传播""驾驭节目"则是播音员所不具备的,也是播音员与主持人之间的显著区别。以此标准来比较播音员与主持人的传播活动,播音员充其量只具备了主持传播的某些表面特征,属于主持传播的萌芽阶段,主持传播显然是可以涵盖播音传播的。换个角度,如果就播音的广义定义,即广播电视媒体的所有传播活动而言,播音又是可以涵盖主持的,主持只是广播电视媒体传播活动的一部分。

## 第二节 主持人的类别

随着广播电视事业的不断发展,不只是主持传播日益成为广播电视媒体不可或缺的重要传播方式,主持人的队伍在不断壮大,主持人的种类和类型也在不断丰富。同时,随着主持传播实践的不断发展和主持传播研究的不断深入,人们也越来越意识到在主持人三个字的名义之下,不同类型的主持人在定位及表现上存在显著不同,有时甚至达到风马牛不相及的严重程度,因此,对主持人进行科学和恰当的分类并对之进行分类研究既是主持传播学研究的需要,也是主持传播实践的迫切需要。当然,对某个事物进行分类,既达到全部涵盖(穷尽性)又不出现交叉(排他性)是很困难的。这里采取的是按照不同依据和维度来对主持人进行分类的方法。

### 一、以主持人所属的媒介划分

相对而言,这是一种最为简单的划分方法。主持人在这一维度上可以划分为媒介主持人和非媒介主持人,媒介主持人又可分为广播节目主持人、电视节目主持人和网络节目主持人、自媒体主持人以及平面媒体主持人,非媒介主持人则主要指那些某项社会活动的主持人。一般而言,后者即社会活动的主持人(如专门负责主持婚礼、开业典礼等庆典活动的司仪)不在主持传播的研究之列,其原因并非此类主持人不属于某家新闻媒介,而是这类主持人所从事的活动主持在某种意义上不具有大众传播的价值。主持传播实为一种大众传播,而此类活动主持充其量只是某个小范围内的组织传播或人际传播,甚至只是社会日常生活的组成部分而已,因此不能算是真正的主持传播。

按照主持人所属媒介来对主持人进行分类的一个明显优势是可以清晰地区分出不同类型的主持人所能体现出的媒介特色,如传统的广播节目主持人主要是运用有声语言来实现传播,其中非语言,尤其是一些视觉性的非语言符号几乎不发挥作用,而电视节目主持人则因为要出现在画面当中,因此除了有声语言的要求之外,形象、形体等可以诉诸视觉的非语言符号同样不容忽视。而网络节目主持人(包括虚拟主持人)则可能将上述两种主持类型的特点结合起来,从而呈现更多的个人化色彩。当然,通过这种方式对主持人进行分类仍然无法非常清晰地凸显不同节目内容的主持人之间的区别,还需要从节目的类型上来对主持人进行划分。

**二、以节目的内容划分**

主持传播的内容不同,对于主持人的要求会有所不同,主持人在节目中的表现也会迥然不同。在主持传播发展的初期,有些电视传媒机构为了挑选主持人才曾经在全国范围内举办过大型的主持人大赛和"海选",由于对主持人的类型存在认识上的模糊,且没有按照主持人所属类别来进行评判,以至于出现了少儿节目主持人与新闻节目主持人同台竞技的场面。时至今日,虽然这种情况已有所改变,但对于主持人的分类仍没有一个特别统一的做法。一般来说,按主持节目的形态,主持人可以大体分出如下几种。

(一)新闻评论类节目主持人

这是指专门主持以传播新闻信息、报道新闻事件和新闻人物为主的新闻性广播电视栏目的主持人。新闻评论类栏目从来都是广播电视节目的主体、龙头,也是公众获取新闻信息最直接、最方便、最重要的渠道。新闻评论类栏目通常包括资讯类、评论类和深度报道以及现场直播等种类。过去广播电视新闻节目相对单一,主要以综合消息类节目为主。20世纪90年代初,随着广播电视新闻改革步伐的加快,主持人出现在了新闻评论类栏目中,涌现出了以白岩松、敬一丹等为代表的优秀的新闻评论类节目主持人。从目前的情况来看,新闻评论类主持人主要分布在资讯型、杂志型、专题型和话题型的新闻性广播电视栏目当中,如中央电视台的《今日关注》《东方时空》《焦点访谈》《实话实说》,以及凤凰卫视的《有报天天读》《时事辩论会》等栏目。

由于新闻传播本身在客观、真实、权威可靠等方面的追求和要求,这类栏目的主持人在定位上往往更为严肃、庄重,需要有一定的新闻发现和新闻分析评论能力。

(二)社教服务类节目主持人

社教服务类节目是以社会教育和服务大众为宗旨的广播电视节目的总称,其中那些设立了主持人的栏目化节目就是社教类主持人节目,主持这类节目的主持人则属于社教服务类节目主持人。社教服务类的节目内容十分广泛,几乎遍及人类社会的所有学科和人类生活的所有方面,内容的知识性、服务性、实用性、针对性、指导性是此类节目的共同特点,这类节目的主持人在其中所起的作用就是利用一种更人性化、更符合受众视听习惯和规律的传播方式来实现栏目的教育和服务功能,传播科学文化知识、专业技能,提供经济、法律、医药、生活以及个人身心发展等多方面的知识。由于目前社教服务类节目几乎占到了广播电视节目传播内容的三分之一还多,因此社教服务类节目主持人成了广播电视节目主持人队伍的主要力量。这类节目主持人主要负责主持一些教育类、对象类、服务类以及教学类的节目,如中央电视台的《人与自然》《今日说法》《大风车》《夕阳红》《半边天》《当代工人》《乡约》等栏目,其主持人赵忠祥、撒贝宁、鞠萍、黄薇、张越等皆属于此类主持人。

由于在内容上具有一定的科学性、服务性,这类栏目对主持人的要求是既要有强烈的服务意识,热心为受众提供服务,又要具备相应的专业知识和专业能力,真正发挥一定的社会教育功能。

(三) 综艺娱乐类节目主持人

电视是继电影之后又一种重要的艺术表现形式和载体,文艺节目在广播电视媒体中一直占据着重要位置。作为大众传播媒介,提供娱乐也一直是广播电视媒介不可缺少的功能之一,娱乐节目也是广播电视媒体传播内容中不可或缺的组成部分。在广播电视媒体中主要以提供艺术欣赏和文化娱乐为目的的节目就是综艺娱乐类栏目,而主要主持这类栏目的主持人就是综艺娱乐类节目主持人。从当下综艺娱乐类栏目的情况看,其主要包括一些专题性文艺节目、综艺性文化节目、娱乐性文艺节目以及一些益智、游戏、选秀等节目,近几年还出现了一些以告知新闻为主要目的的新闻娱乐节目。专题性文艺节目如中央电视台的《空中剧院》等,综艺性文化节目如中央电视台的《中国诗词大会》等,娱乐性文艺节目如中央电视台的《星光大道》、湖南卫视的《快乐大本营》等,益智、游戏、选秀类节目则如江苏卫视的《最强大脑》《一站到底》,中央电视台的《非常6+1》等,真人秀节目如《非诚勿扰》《爸爸去哪儿》《我是演说家》《奇葩说》等。

由于满足的主要是受众的娱乐和艺术欣赏需求,因此这类栏目的主持人通常要求具有活力、富有张力,能对场面进行控制。近年来,随着综艺节目,特别是一些以明星为主导的真人秀节目的不断创新,主持人的某些功能,如评论、串联等逐渐被嘉宾和新的编辑方式部分取代,以致出现了所谓的"主持人边缘化"或"去主持人化"的现象,而这实际上只是节目形式的改变,并不能否定主持人的全部价值。

(四) 谈话节目主持人

任何的分类都是有缺陷的,如果按照主持人节目的内容来对主持人进行分类的话,谈话节目主持人无论如何也不应该出现在其中,谈话只是一种节目的形式,实际上并不指涉节目的实质内容,谈话节目的形态可以出现在任何内容类型的节目中,如新闻评论类节目中可以有谈话,社教服务类节目中也可以有谈话,甚至综艺娱乐类节目中同样可以出现谈话。这里之所以把它列在此,主要是因为这类节目的主持人是一个较为常见但又特别重要的类型,如果在不同维度的分类中都不出现这类主持人的话,那么主持传播学的研究视野无疑会受到极大的限制,而如果将其放入其他维度的主持人分类之下,显然又不相称,比较之下,还是将其归入按主持内容的分类稍合适些,毕竟谈话既是一种形式,有时也可以成为内容的指代,如生活中常用的"找人谈话""经过谈话"等语汇中,"谈话"实际上已不再局限于形式,内容的意味更多。从现实情况来看,此类栏目目前在广播电视媒体中占据着重要的地位。而在网络等新兴媒体中,大鹏的《大鹏嘚吧嘚》、罗振宇的《罗辑思维》等都是颇具影响力的谈话节目。

这类栏目的主持人除了语言、知识、见解等方面的能力,更多的则需要具备足够的亲和力,能够成为嘉宾和观众倾诉的对象。

### 三、以主持风格划分

虽然同属一类节目的主持人,但由于主持传播自身的个性化特点,从事主持传播的主持人在传播风格上会呈现出不同的风格或者流派。根据主持人的传播风格和传播特色,目前存在的主持人大致有以下这样几种类型。

（一）青春活泼型

也许是由于主持传播事业的出现相对较晚,也许是由于社会上普遍存在"主持人就是吃青春饭"的误解,我国目前的主持人多是由一些年轻的俊男靓女来担任,造就了一批青春活泼型的主持人。这类主持人目前大多分布在时尚、娱乐、综艺以及少儿、体育等类型的节目当中。由于此类节目本身在内容和受众定位上的青春性,这类节目的主持人不仅衣着光鲜华美,还可以在节目中出现较为夸张的语言和动作,用自身的青春与活力调动现场气氛、感染场内外嘉宾和观众,如何炅、汪涵等便属此类主持人。这类节目的主持人不太适合由上了年纪的人担任,尤其是当一些主持人随着岁月的流逝已经青春不再,却还要在节目中表现以往的青春与活力、天真与浪漫,就可能会给受众带来不舒服的感觉,如年龄较大的主持人退休后在一些综艺节目中的表现就因此受到了质疑和批评。

（二）老成持重型

与青春活泼型相对,在广播电视媒介当中同样存在着内容和受众定位偏向于成熟化或严肃化的节目,这类节目显然不能由那些在节目中又蹦又跳的青春活泼型主持人来主持,主持人在节目中也不可能像青春活泼型的主持人一样有过于夸张的言行,因此主持这类节目的主持人通常都是一些有一定社会阅历、在个性及言谈举止方面显得老成持重的人,这种风格类型的节目主持人可称为老成持重型主持人。由于这类主持人容易给受众留下成熟、稳重、值得信赖等印象,通常一些老年节目或者较为正统、严肃的新闻评论类节目都是由这类主持人来主持的,如当年主持中央电视台《话说长江》的陈铎、虹云,主持《人与自然》的赵忠祥,主持《时事开讲》的曹景行,主持《时事辩论会》的阮次山等都属于此类,而他们作为老成持重型主持人的魅力也让无数观众难忘。值得注意的是,老成持重型主持人的成熟除了其本身年龄的原因外,更多时候是透过其丰富的生活阅历和睿智的人生感悟体现的。正因如此,老成持重靠学和装是不可能实现的,这一点尤其值得某些试图表现得老成持重的年轻主持人注意。

（三）专家学者型

随着节目主持人来源的扩大,也随着广播电视传播本身对主持人素质要求的不断提高,越来越多的学者或智慧型人才进入广播电视领域,成为主持传播的主角,于是人们便把富有某方面学识专长、能够在节目中提供专业性意见或赋予节目专业性色彩的主持人称为专家学者型主持人。由于具有丰富的专业知识,这类主持人堪称某一领域的专家或是以某一领域专家的身份进入主持传播,如主持法制节目的撒贝宁、曾主持戏曲节目的白燕升等,这类主持人不仅自身素质高,而且大大提升了广播电视媒体的文化素质和文化含量,满足了受众对大众传播媒体传播和传承文化的心理期待,因而这类主持人越来越受到媒体的关注和受众的欢迎,甚至一些社会上的知名学者会同时出现在很多家媒体担任主持人,出现在一些专业性较强的栏目中,如法制、体育、文化等节目中。近年来,一些体育类节目主持人出现了由退役的专业运动员担任的势头。

（四）编辑、记者型

编辑、记者在传播媒介中一直属于幕后角色,而在大众传播的流程链条中,编辑、记者与主持人分属两端,扮演着"采购员"与"厨师"的角色,似乎井水不犯河水,但在主持传播中,这两者不失时机地走到一起,并成为一个新的角色,习惯上被称为记者型主持人。记者型主持人,顾名思义,就是由记者来担任主持人或主持人在节目中担任记者。由于此类主持人很多时候是由来自一线、有着丰富采编经验的记者担任,更由于记者本身善于发现和善于表达,因而记者型主持人的一个显著特点就是善于在节目中发现和捕捉一切有新闻价值的东西,善于不失时机地采访和提问,善于用一种更利于观众接受和理解的方式来传播信息。当然,这里所说的记者型主持人也绝不限于有过记者职业经历的人,那些在主持节目时善于发现和捕捉新闻、表现出鲜明记者职业特色的人同样属于记者型主持人。在美国,新闻评论类节目大多由这类主持人担纲主持。在我国,记者型主持人的出现是随着广播电视新闻的改革,由原来的记者直接转型过来的,如著名主持人白岩松、崔永元、敬一丹在成为主持人之前都有多年的记者经历。而从国外的情况来看,新闻评论类节目的主持人,毫无例外地都具有多年的记者经历,这甚至成了一种规律。

(五)演员艺人型

在我国主持传播事业的发展历程中,广播电视媒体,尤其是电视媒体的主持人最初的来源除了播音员就是演员,国外的情况也大致如此。演员,作为一种善于运用形体和语言塑造和表现角色的职业,敏于感受、敢于当众表现似乎是其职业的门槛和基础,而这一点与主持人在话筒和摄像机前从事传播的要求有许多相似性。也正因此,演员在转型成为主持人时遇到的障碍似乎要比其他职业人群少得多,也容易得多,尤其是曾经主要从事语言类艺术创作的演员转入以有声语言传播为主的主持人角色时更是驾轻就熟,这也是演员经常转行做主持人的原因之一。由于演员职业的表演性或表现性,演员型主持人显然更适合一些需要借助表演功力或某些才艺展示的综艺类节目,如话剧演员出身的倪萍、相声演员出身的郭德纲等在主持人行业中都有不俗表现。当然,毕竟主持人与演员是两个不同的职业,其职业要求和职业表现还是有较大区别的,演员艺人型主持人也只适合某些特定的节目(主要是综艺娱乐节目),如果主持人将这种风格带入其他类型的节目,如新闻评论类或社教服务类等以真实、真诚为基本要求的节目,则会适得其反。

**四、以介入传播的程度划分**

严格来讲,主持人处于大众传播的工作流程中的末端,通过出面与受众交流来完成传播就可以了,但在实际工作中,由于工作环境、工作条件及个人素质的不同,主持人在传播流程中所处的位置或对整个传播流程的参与程度也会不同。因此,根据主持人在整个传播流程中的分工来看,主持人又可以分成单一型、参与型、全能型和主导型。

(一)单一型

这类主持人仅单纯地从事话筒或镜头前的主持工作,而不参与节目制作的其他环节,如策划、采访、编辑(导)等前期工作,主持人的工作就是在前期工作全部完成之后,拿着编辑(导)、记者已经撰好的文稿或文案,在语言或说话方式上稍加润色,使之更符合其个人语言特色,在话筒或镜头前来直播或者录制播出就行了。这种类型的主持人从某种意义上来说就是"编辑(记者)的代言人",自己的个人主观能动性发挥得相对较少,因而这类主持人与播音员较为接近,甚至不是严格意义上的主持人。目前,这类主持人主要出现在一些专题类或杂志类的新闻节目以及一些综艺节目当中,如中央电视台的《焦点访谈》《东方时空》等。主持人在节目中除了传播信息,更多时候只是其所在栏目的一种标识。

(二)参与型

这类主持人的一个特点是除了单纯做好后期的演播室播报和访谈之外,还有限地参与节目的其他环节。虽然整个节目不是由主持人个人独立编导,但主持人可以介入节目制作的前期,如可以在选题策划时根据自己的特点提出意见和建议,镜头前的采访也是主持人根据编导提供的大致方案来进行,甚至参与一部分后期编辑工作,提出自己的个人意见。这样一来,整个节目由于主持人的深度参与带有明显的个人色彩。目前此类主持人大多出现在某些深度调查类的新闻评论性栏目中,如中央电视台的《新闻调查》、美国CBS的《60分钟》等,以及一些谈话类栏目,如中央电视台的《朗读者》、北京电视台的《谁在说》等。

(三)全能型

由于大众传播活动具有复杂性,以及广播电视是一个需要分工协作的媒体,其传播活动会被划分成若干环节,如前、后期或采、摄、编等。全能型的主持人就是由主持人独自承担起传播流程中的各个环节,主持人除了要完成演播室或外景的主持,也要承担节目编导的角色,从前期选题的确定、采访,到后期的撰稿、编辑、配音等全部由主持人一个人来完成,甚至有的时候主持人还要担当摄像,需要拍摄或采录节目需要的素材。对于广播节目主持人而言,此类主持人还要承担一定的播控任务。这样的主持人在整个节目制作的过程中始终是居于主动和主导地位的,其所制作出来的节目在个人风格上较参与型主持人更为鲜明。这是一种较为理想的主持人工作状态,因为这更有利于保持和发挥主持人的能动性和个性,但在实际工作中,这种类型的主持人很难同时处理好所有的环节,其中有主持人个人能力的原因,更多时候是因为主持人很难保证每期节目都由自己独立完成,在完成独立负责的节目后主持人也很难为其他人的节目投入更多精力,这实际上并不利于形成主持人的一贯风格。

(四)主导型

从我国出现真正的主持人开始,主持人工作的机制起点就很高,主持人就可以是一档栏目的灵魂和统帅,如沈力当年就是《为您服务》节目的栏目组长(相当于今天的制片人),对节目方针和风格有一定的决定权,而这种对栏目有决定权的主持人就可称为主导型主持人。这种类型的节目主持人除了要承担出声露面的主持任务,还要对整个栏目的制作做统一规划,并且要对栏目内的记者、编辑进行业务和其他方面的指导。这类主持人并不一定亲自参与节目制作的全过程,但对整个节目制作过程负有领导和指导责任,因此其既具有单一型节目主持人的特征,又具有参与型节目主持人的特征,既能克服单一型主持人的缺陷,又能克服全能型主持人的某些不足,但这类主持人也有自身的弱点:除了主持业务之外,主持人需要花更多的心思在节目及节目人员的管理上,而这不可避免地会影响其主持业务,如白岩松就不得已辞去了好几个栏目的制片人职务。

主持人在传播流程中究竟该处在什么位置、到底该成为哪种类型的主持人不能一概而论,而是应视具体的工作条件、工作环境、节目内容以及主持人个人的能力而定,既要考虑主持人与节目内容的融合及主持人个性的充分发挥,也要考虑主持人的具体情况。主持人适当参与节目是可取的,适当地培养一些全能型主持人也是需要的,但前提必须是保证主持人能较好地完成主持任务,保证主持人能跑好最后一棒。

**五、以参与传播的形式划分**

(一) 独立型

这是指担任主持传播主体的只有一位主持人,所有话筒前和屏幕前的传播活动皆由一名主持人独立完成。这是目前最普遍的一种主持传播状态,国内外许多广播电视节目都采用这种方式,如美国三大广播公司的晚间新闻、国内广播电视节目中的《东方时空》《新闻周刊》等都是采用单人主持的方式。独立型的主持人由于是整个节目的唯一驾驭者,经常独自出现在节目中,不存在与其他主持人的合作,因而其在节目中容易形成自己的个人风格,也容易被受众所熟识,更容易成为某个栏目的标识。但是,独立型的主持人由于总是独自出现在节目中,没有可以随时交流和互动的传播伙伴,也容易造成单调、死板的传播局面,甚至会丧失主持传播应有的人际性特色。因此,独立型主持人虽说从人力成本上具有较大的优势,但并不适合所有的广播电视栏目,而是更适合新闻评论类、社教服务类以及信息资讯类和杂志型等主题相对集中、结构相对简单的节目或需要一位或一位以上嘉宾的谈话节目,对于一些大型的、复杂的晚会等主持传播活动,合作型的主持人似乎更为合适。

(二) 合作型

这是指在主持传播中担任传播主体的不只一名主持人,而是由两名或两名以上的主持人共同协作来完成主持传播的任务。采用合作型主持人的栏目中常见的有两人主持、三人主持或群体主持,其中又以两人主持最多。两人主持常见的有男女搭配、女女搭配、男男搭配等组合方式,其中男女搭配最为常见,如《超级访问》的李静、戴军,而女女搭配,如中央电视台《为您服务》中的肖薇、王小骞,以及男男搭配,如湖南卫视《越策越开心》中的汪涵、马可,则较为少见。群体主持则有湖南卫视《快乐大本营》的何炅、谢娜、维嘉、海涛、吴昕等五人组合,以及央视春节联欢晚会的撒贝宁、王小丫、董卿、李思思等四人甚至五人、六人组合等。与独立型的主持人比较起来,合作型的主持人更容易在传播中通过主持人间的即时互动与沟通形成良好的人际交流气氛,改变独立型主持人主持节目时相对单调、沉闷的局面,尤其是当合作型主持人合作默契时,更容易在主持人间形成相互配合、相互补充的双赢格局,使整档节目活泼生动,参与合作的主持人也会成为人们心目中的黄金搭档,如当年《正大综艺》的赵忠祥、杨澜以及目前《超级访问》中的李静与戴军等组合就可谓"珠联璧合,相得益彰"。这种类型的主持对主持人的合作性也提出了更高的要求,如果合作型的主持人在节目中相对生疏、缺少默契的配合,在节目中过分表现自己或过分谦让,或是对方出现意外失误时不积极补救,那么主持传播的效果甚至不如独立型主持人主持的效果。

合作型主持人之间的配合固然可以增进传播的交流感和人际性,但参与传播的主持人多了,即使主持人之间能够形成默契,单个主持人在传播中的作用也会受到削弱,从而冲淡单个主持人在受众心目中的印象,尤其是当主持人的人数达到四五个甚至更多时,可能会出现有的主持人没有说话机会或七嘴八舌不知所云的局面,给受众造成传播活动过于复杂和浪费的印象。

## 第三节 主持人的职能

在基本的主持传播系统中,主持人的地位是至关重要的,其重要性首先在于主持人是主持传播的主体,是主持传播系统不可或缺的构成要素,是主持传播得以存在和发展的载体。甚至可以说,正是因为有了主持人才有了人格化的主持传播。"主持人的问世一改传统的'非人格化'传播,使电视具备了面对面传播的特点;同时,又突出了人的作用,把人的才智、风度、个性魅力统统推上屏幕,使电视节目更具人情味,更具可视性。"①

其次,就具体的主持传播活动而言,主持人往往是影响主持传播活动质量和成败的重要因素。美国《时代周刊》曾经做过一项调查:52%的观众说他们认为

---

① 朱羽君:《中国应用电视学》,北京师范大学出版社1993年版,第662页。

在决定收看哪家电视网的新闻节目时,主持人是非常重要的因素。① 以美国 CNN 主持人杜布斯为例,杜布斯原本是 CNN《赚钱快线》的主持人和主编,1999 年被 CNBC 高薪挖去主持旗下栏目《商业中心》。杜布斯离去的直接后果便是《赚钱快线》节目收视率的直线下跌,并在广告方面损失了 3000 多万美元。而与此同时,CNBC《商业中心》节目的收视率直线上升,并很快击败了 CNN 的《赚钱快线》。2001 年,当杜布斯重返 CNN 几个星期后,《赚钱快线》又再次击败了《商业中心》。美国的电视机构及其制片人不仅非常重视节目内容的竞争,同时也都把主持人看作最重要的竞争因素。在美国,甚至有专门的公司从事主播、主持人知名度和受众喜爱程度的调查,并且建立了一个数据库,叫作 TV-Q,电视网和付费电视频道的制片人在购买节目之前都会首先参考这些数据。②

我国的情况也一样。北京师范大学学者张同道曾就大学生对电视的态度进行了一次调查,结果表明:"喜爱的主持人离开了所在栏目,63.3%的受访者兴趣减半,但仍会偶尔关注,33.4%的受访者可以不受到影响地继续收看,而不再看这个栏目或者跟着主持人看新的栏目的占 3.3%,这说明主持人对于一个栏目来说是有很大影响的。"③而有研究者就主持人的有关问题做随机访谈,当问到"您认为主持人对于一个栏目乃至一家媒体的重要性"时,所有被访者中无人选择"不重要"和"非常不重要",近 62%的人选择了"非常重要",36%的人选择了"重要",这意味着 98%的人认为主持人对于栏目有重要作用。而在回答"您是否会因为主持人的原因而放弃视听某个栏目"时,有近 13%的人表示"肯定会",有近 62%的人表示"会",只有 15%的人表示"不会"和"肯定不会"。④ 这足以说明,主持人在吸引受众目光、提高媒体收视/听率及增强传媒传播效果方面有着举足轻重的意义。

再次,主持人对于主持传播活动的重要意义还体现在它作为传播过程的最后环节及其对栏目的标志性作用上。现代大众传播,尤其是广播电视传播过程是一个复杂的过程,中间往往要经过记者、编辑等许多环节。同样,一次基本的主持传播大体上也要经过策划、采访、编辑等一系列的工序,最终才将接力跑的最后一棒传递给主持人,由主持人负责传播的最后环节("最后一棒"正是主持人的本意)。由于是"最后一棒",主持人在传播活动中的地位显得更加重要,无论

---

① 参见〔美〕芭芭拉·马图索:《美国电视明星》,杨照明、叶莲、倪垚译,中国广播电视出版社 1987 年版,第 266 页。
② 钟海帆:《走进美国广电传媒》,南方日报出版社 2003 年版,第 168 页。
③ 张同道:《期待与批判:大学生的电视观》,《现代传播》2001 年第 4 期。
④ 高贵武:《解析主持传播》,北京广播学院出版社 2004 年版,第 54 页。

传播的前期各个环节准备多么充分,进展多么顺利,只要在主持人这个环节上出了问题,整个传播活动就有可能功亏一篑。著名主持人倪萍就曾深有体会地说过:一台节目,主持人是门面,主持人砸锅了,一台节目全得报废。由此可见,主持人乃是名副其实的"把关人"。因为是最后一棒,也因为多数时候主持人是整个传播活动中唯一走上前台、出声露面的传播者,主持人在很多时候又是作为整个栏目和传播的门面与标志而存在的。因成功主持中央电视台《实话实说》栏目而走红的主持人崔永元常常有走在大街上被人认出来的经历。非常有意思的是,在很多时候人们不是一下子叫出他的名字,而是会指着他大叫:"你就是《实话实说》。"这大概是主持人作为栏目标志的最为形象的例证。

最后,主持人对于主持传播的非同寻常的意义还可以从主持人在具体主持传播活动中所起的作用中看出来。从某种意义上说,主持人在传播活动中所起的具体作用既是主持人得以存在的基础,又是衡量主持人是否称职的标准。但从现实来看,人们(包括受众和主持人自己)恰恰对主持人的具体作用存在模糊认识,这既使得有些所谓的主持人徒有其名,亦使得有些主持人在传播中不能恰当地发挥作用。具体来说,主持人在其传播活动中的职能可大致分为以下几个方面。

## 一、组织串联

在一个固定栏目,或是一次具体的主持传播活动中,主持人最基本的作用就是对节目内容和传播活动的各组成部分进行组织串联,将传播的所有内容和环节有机地结合起来,使之成为一个完整的、更适于传播的体系。对于以线性传播为主要特征的广播电视媒体而言,这种组织串联的作用尤其重要。这里,主持人的地位就仿佛整个传播活动的调度师或指挥者,体现的是"主持人的灵魂和聚合作用",这种作用在美国著名电视新闻节目主持人约翰·钱塞勒看来"就是使各种事情具有某种连贯性"。日本著名主持人久米宏则表示,他对新闻稿每次都要花大力气修改,运用受众容易接受、听清的语言、排序方法、理论改变原稿的顺序。[①] 久米宏这种对原稿顺序的改变实际上便是他对节目进行的串联。

以2002年春中央电视台播出的《挑战主持人》栏目为例。当时这档栏目通常包括四个相对独立和风格迥异的环节,即"挑战一百番""挑战二百番""点击名人"和"机智问答"。在前三个环节中,每进行一个环节都会将一名参加挑战的选手淘汰出去,直到在第四个环节剩下一名选手成为该次节目的优胜者。如何将

---

① 参见蔡帼芬:《明星主持与名牌节目》,北京广播学院出版社2004年版,第183页。

这四个环节连在一起,使整个节目能够顺利有序地进行,让人看起来舒服流畅就全靠主持人了。在节目开始之前,栏目的策划人员可以将节目设计得非常精彩,而当节目一开始,其他任何人(包括制片人、编导、导播等)基本帮不上忙,只能在一旁干着急。主持《挑战主持人》栏目的是著名相声演员马季的儿子马东。在录制现场,当现场调度一声"开始"的口令下达之后,马东便在掌声中"闪亮"登场了。在接下来将近一个小时的时段里,马东开始发挥他作为主持人应有的组织和串联作用。他一会儿向观众一一介绍到场参加挑战的四位选手,一会儿宣布节目进入下一个环节,一会儿惋惜地送走被淘汰出局的选手,一会儿要迎接嘉宾,一会儿要采访现场的观众,一会儿要插入栏目的宣传语……总之,凡是与节目有关的活儿在节目开始后全都交给了主持人,而此时马东在节目中所起的最基本的作用便是对节目各环节和各部分内容的组织和串联。如果没有主持人的组织和串联,没有马东不时地在节目中穿针引线,且不论节目的顺利进行能否保证,就是整个节目的内容也势必会乱作一团。如果这时主持人的组织串联能力不强,只会像报幕员一样对着受众说"下面请看……"的话,整个节目的效果也不可能太好。这里以《挑战主持人》为例只是为了说明主持人在具体传播活动中的组织和串联作用。作为主持人的一项基本职能,类似的情况在所有的主持传播活动中随处可见。如原《东方时空》的各个子栏目,正是由其主持人来组织和串联的。而在诸如《香港回归》《庆祝世界反法西斯战争暨中国抗日战争胜利70周年纪念大会和阅兵仪式》这样的大型直播活动中,更是因为有了总主持人在演播室的组织串联,才使得十几个小时,甚至几十个小时的节目得以顺利而有序地进行。因为组织串联是主持人的基本作用和基本素质,在一般的主持人大赛中,组织者也非常重视对主持人组织串联能力的考察。在许多主持人大赛中都有快速回答的环节,要求主持人将三个完全不搭界的词,比如"北极熊""阳光""摩托车",有机地联系起来,这考察的正是主持人的组织串联能力。

**二、临场应变**

如果说组织串联是主持人在主持传播中的基础性作用,那么主持人在主持传播中最重要,或者说主持传播活动中最能凸显主持人魅力的地方则应算是主持人在传播中的临场应变作用。所谓主持人的临场应变作用,主要是指主持人能够在现场对突如其来的情况做出机智、敏锐的应变。这种应变既可能是对一次意外播出事故的及时应对,也可能是对一次尴尬局面的巧妙化解,更可能是一次即兴的联想发挥,或者是一次临时的补台救场,总之是对一切意想不到的情况的从容应变。说起主持人的临场应变,这里有一个大家比较爱引用的例子:杨澜有一次主持一个颁奖晚会,上台时不小心绊了一下,险些摔倒,引得台下观众一片大笑,而当时杨澜不仅没有慌张失措,反而非常机敏地说了一句"真是人有失足,马有失蹄呀,我刚才的狮子滚绣球的节目滚得还不够熟练吧?看来这次演出的台阶不那么好下哩,但台上的节目很精彩,不信,你瞧他们……"短短一句玩笑话,既化解了主持人当时的尴尬处境,也非常符合当时的情境,从而显示出了一个高素质的主持人应有的临场应变能力。

2015年3月27日,湖南卫视的《我是歌手》第三季总决赛直播现场,歌手孙楠临时宣布退出总决赛第二轮竞演,面对突发情况,面对空出来的节目时间,面对将要重新调整的节目进程,主持人汪涵在节目现场临危不乱,用一段富有感情的话语安抚了现场的其他歌手和观众,也为节目制作团队争取了几分钟的调整时间,体现出一个主持人高超的专业素养,网友们对此纷纷点赞,并评价说:"安排时间,安抚观众,表明立场,很含蓄的讲话不失分寸,淡定从容",同时调侃道"汪涵才是最大的赢家"。

仍以前面提到的央视《挑战主持人》节目为例。有一期当节目进行到"挑战两百番"的环节时,一位来自四川的选手在离规定时间还有10秒时已完成了自己的展示,这时主持人马东很机敏也很镇定地告诉那位选手还有10秒钟时间,意思是想看看她的现场应变能力如何,非常遗憾的是,可能由于太紧张,那位选手一下子愣在台上不知所措,直到过了一两秒钟之后,才耸耸肩说了一句:"算了,就这样吧。"马东当时的反应倒是机智,他马上开了一个善意的玩笑,"算了,这要是直播可就不能算了"。通过这个细节,可以看出现场应变对于主持传播来说是多么重要。令人不无遗憾的是,在整个《挑战主持人》栏目的环节设计上,节目编导似乎并没有特意去考察选手们的临场应变能力,选手们在节目中的表现也看得出来是事先设计和准备好的,而这显然与对主持人的要求和主持人的作用是不相符的。更为遗憾的是,可能是由于现在很多主持传播依然采取录播方式,主持人真正需要起临场应变作用的机会不多,很多主持人和制片人因此都放松了对主持人临场应变能力的重视,这使很多主持人又退回到了"说话的人头"的状态,但一进入直播,需要主持人发挥临场应变作用的时候,主持人便力不从心,乃至瞠目结舌,这样的主持传播显然毫无魅力可言。

### 三、人际互动

作为大众传播人际化的产物,人际性是主持传播的一个突出特征,这种人际性在很大程度上又是通过主持人在传播中的人际互动作用而得以体现的。这也是主持传播作为独特的大众传播独具魅力的重要方面。在主持传播中,主持人的人际互动作用主要是通过主持人与现场内外受众和嘉宾之间的互动来实现的。仍以中央电视台的《挑战主持人》节目为例,在节目当中,主持人马东非常注意发挥和体现主持人的这种人际互动作用。在节目录制尚未正式开始时,马东先是给现场观众讲了几个小笑话,一下子消除了人们在镜头前的紧张,将现场的气氛调动了起来,而在节目开始正式录制时,马东除了不时和场上的几位选手做着互动和交流,还注意和台下场内的观众交流,这主要是通过他不时向场内观众征询他们对场上选手的意见和看法来得以实现。当然,他也时刻没有忘记不时对着摄像机的镜头说几句话,邀请场外的观众也来参加他们的节目,处处体现出主持人应发挥的人际互动作用。

与马东相比,场上的几位选手也都在人际互动方面做了大量努力,他们或邀请场内观众参与和协助他们的节目,或主动走到观众席上与大家攀谈,只有个别选手可能由于紧张的缘故,在台上主持节目时只顾自说自话,完全将受众晾在了一边。当然,这样的主持人肯定在某些方面是不称职的。事实也证明,其中一位选手就因在台上只顾陶醉在自己的才艺表演中,缺少与受众之间的人际互动而在第二轮中被无情地淘汰出局,足见观众对主持人人际互动作用的认可。主持人的人际互动作用对主持传播举足轻重,但在实践中人们并没有完全意识到这一点,无论在《挑战主持人》节目还是央视曾举办的几届主持人大赛中,人们对主持人的关注和要求更多的似乎都是主持人的其他作用和能力,而往往忽视了主持人的人际互动作用和能力,并没有设计出针对这种作用的测评环节。事实上,大部分主持人也确实未能充分体现出主持人的这种人际互动作用,其中最显著的地方,就是这些主持人的眼里大都没有受众,受众无法从主持人的瞳孔中看到自己的影子,也无法体验到来自主持人的人际互动。

### 四、驾驭控制

作为主持传播的主体,主持人在某种意义上相当于主持传播活动的主人或总管,如在论述主持人定义时,就有人提出主持人是节目的总管。而在西方,主持人还有另一个写法,就是 HOST(主人)。既然是节目的主人,主持人就需要在传播中发挥出主人应有的驾驭和控制传播局面的作用,以避免"有客无主"或"反客为主"的现象发生。如日本著名新闻主持人久米宏就表示自己说到底"是新闻节目的主持者,是控制新闻节目程序的专家"[①]。尽管主持人对具体传播活动的驾驭和控制有时可以通过在传播中所起的组织串联作用得以体现,但组织串联

---

① 蔡帼芬:《明星主持与名牌节目》,北京广播学院出版社2004年版,第183页。

并不能完全体现主持人的驾驭控制作用,因此我们在谈到主持人在主持传播中的具体作用时,还有必要专门来论述主持人对主持传播的驾驭和控制。

主持人对传播的驾驭和控制主要体现在两个方面:一是对节目进程的驾驭和控制,二是对节目现场局面的驾驭和控制。广播电视传播活动具有线性传播的特点,且往往是在一个规定的时段内来进行,广播电视主持人尤其需要对节目或传播活动的进程进行驾驭和控制。这种控制既体现为主持人根据时间情况随时调整节目的内容和进度,也体现在对节目内容的临时性增删上。在上文提及的那期《挑战主持人》节目里,在第一轮即遭淘汰的是一位来自北京广播学院(现中国传媒大学)播音主持专业的学生。这位选手各方面的条件还算不错,她在第一轮即遭淘汰的原因,就是没能控制好节目的进程。当主持人马东宣布她的100秒时间已用完时,这位选手的内容才刚刚进行了一半。虽然被淘汰了,但她显然有些不服气,认为大家还没有见识到她的真正水平,但是没有办法,谁让规定的时间就是100秒呢!这是时间已到传播尚未完成的情况,现实中还有一种情况就是计划好的传播任务已经完成,而节目结束的时间尚未来到,这时就需要主持人通过临时的现场应变来使传播不至于出现"空档"。作为一名合格的主持人,这种临时应变的功夫应该是必备的,如白岩松等中央电视台的知名主持人就能按照导播的意思将节目任意延长或缩短几十秒甚至几分钟,因为有这样的本领,白岩松这样的主持人在栏目组内还有着"松紧带"的称号。当然,为了不使这种情况在节目最后出现,主持人就得在节目的进行过程当中来施展驾驭和控制节目进程的本领。

主持人控制节目的另一个主要体现是主持人对传播局面的控制,这同样是一个称职主持人应必备的看家功夫。现实中常有这样的情况,碰上哪位嘉宾或是观众说话欲特强,老是霸着话筒不放,或者哪几位嘉宾或观众因为意见相左而发生了争执,主持传播的活动往往极易出现暂时失控的局面,这时主持人如果不能很好地发挥出驾驭节目的作用,很快占据主动,控制传播局面,一方面会使节目的进程受到影响,另一方面则可能使传播活动陷入被动,引起受众的不满,影响整个传播活动的效果,甚至会出现意想不到的"乱子"。当然,主持人在传播中行使控制驾驭的权利的时候,也要注意分寸,以免出现"把精彩留给自己"的情况。

**五、采访提问**

在大众传播媒介的所有传播活动中,采访提问一般是记者的基本功和看家本领,虽然主持人不同于记者,但主持人同样在传播中起着代替受众采访提问的作用,这是由主持人角色中的记者属性所决定的。另外,主持传播从某种意义上来说又是一种语言艺术,主持人在大多数时候要靠展现他们的语言魅力来赢得受众喜欢,而采访提问往往是主持人展现其语言魅力的最直接和最有效的手段。主持人在主持节目的时候,尤其是在主持一些有嘉宾、观众参与的访谈类栏目或是现场直播的新闻或综艺类栏目时,精当、准确的提问不仅能增加节目的信息量,而且可以成为吸引受众注意力的重要因素,而在主要靠展示主持人与嘉宾语言魅力的谈话类栏目当中,主持人精彩到位的提问更是整个节目的闪亮之处。原中央电视台《新闻调查》主持人王志采访刘姝威时有一段精彩对话。当刘说到"我的律师说这是个丑闻"时,王立即问道:"你这样认为?"不想刘却反问道:"你不这样认为吗?"面对突如其来的反问,王又柔声问道:"为什么说是丑闻?"在另一段对话中,当王问道:"你指的因素是权力吗?"刘又忽然反问:"你说呢?"王立即答:"我问你。"不料刘却毫不退让地再答:"我问你"。面对这样颇有些难缠和紧张的局面,王稍作沉思后接着说了一句:"你是当事人。"通过王对刘的这段采访提问,观众不仅被他们之间的对话吸引,而且因为主持人的精彩提问增加了对他的喜爱。

出于这个缘故,国外的许多知名主持人都是在经过十几年、几十年的记者生涯,练就一身采访提问的硬功夫之后才做主持人的,而一旦他们的传播出现不尽如人意的状况,他们首先想到的就是加强自身在采访提问方面的作用,如丹·拉瑟在 CBS 晚间新闻的收视率经常落后于 NBC 和 ABC 时,就曾以老大哥的姿态告诫与其搭档的知名华裔主持人宗毓华,要她多磨炼和加强新闻报道和采访方面的技巧。① 这也是为什么克朗凯特在面对杨澜问他"如果在'主持人'和'记者'这两个称谓之间选择一个,您希望别人怎么称呼您"的提问时,会毫不犹豫地回答"记者。当然是记者"②。在国内,主持人采访提问水平不高、在节目中发挥不出采访提问作用的例子比比皆是。所幸的是,实务界以及主持人中的一些有识之士已经清醒地认识到了采访提问对于主持传播的意义,而且开始有意地考察和培养主持人在这方面的能力,如在中央电视台的《挑战主持人》栏目中就专门设有考察主持人采访提问能力的环节,即"点击名人"。在这个环节中,栏目组通常会请出一位社会知名人士,由台上剩下的两位选手轮番向该名人发问,名人回答哪位选手的问题则完全由现场的观众通过按动手中的投票器来决定。这就意味着,哪位选手的采访提问到位,他(她)就会得到现场多数观众的支持,也会

---

① 参见《时代传媒》2002 年第 9 期。
② 参见杨澜:《凭海临风》,上海文艺出版社 1997 年版,第 66—67 页。

获得名人回答问题的机会,并最终赢得成功。至此,主持人的采访提问甚至成了制胜的关键。

在《挑战主持人》中最后获得胜利的那位选手的采访提问之所以会得到受众的认可,原因其实也很明显,那便是他们的问题问到了受众的心坎上。换句话说,就是他们问出了受众真正想问的问题,因而充分调动起了受众的求知欲望。从某种意义上来说,主持人在主持传播中的采访提问归根结底都是代替受众而问的,主持人在传播中起着受众代言人的作用,主持人所有枯燥而失败的提问归根结底是由于主持人没有真正从受众的立场和角度出发。正如撒贝宁在接受笔者的访谈时所说:"老百姓希望你(主持人)是他们当中的一个代言人。"

在一次以采访前联合国秘书长加利为主要内容的主持传播中,主持人水均益一上来不是先从自己身为记者或主持人的角度,而是从观众的角度替一个小姑娘问了一个似乎很幼稚的问题,即"联合国秘书长到底是个多大的官?"如果从"发言人",即主持人作为传播者的角度来看,水均益提这样幼稚的问题显然是很可笑的,至少说明他还不具备当记者的条件,因为他连采访内容的基本常识都未弄清楚。而事实上,凡是看了这期节目的人不但不认为水均益无知,反而都为他叫好,因为他确实替老百姓问了一个大家都想知道的问题,真正把自己当成了受众的"代言人"。中央电视台主持人陈志峰在与笔者的深谈中,也曾提及类似问题。据他讲,每次在节目中介绍嘉宾或现场观众时,他都会想到自己不过是电视机前观众的代言人,因此他都顺着观众的思路提问,如提到某位嘉宾的爱人也来到节目现场时,他通常会说:"噢,您爱人今天也来了,是哪位,能不能给大伙介绍一下?"实际上,如果从陈志峰自己的角度来讲,作为节目主持人,他事先早已与嘉宾及其爱人有过沟通,不可能互相不认识。而陈志峰这么做不但没有让电视机前的观众感到表演味太浓或者虚假可笑,反而让观众觉得亲切自然,究其原因,还在于主持人把自己放在了观众代言人的位置上。

### 六、把关整合

主持人作为新闻报道或主持传播的最后一个环节,其存在的必要性在于主持人对其工作之前的所有环节的组织串联以及对各种信息的排列组合,使之产生了"1+1>2"的系统效果。在论及主持传播的发展动因时,我们曾经引用苏联宣传心理学专家肖·阿·纳奇拉什维里的理论:"任何信息的报道,某些事实的描述,如果不加专门的解释和评论,对人们的定势是几乎不能产生任何作用的。"①不管是"对各种信息的排列组合"还是"专门的解释和评论",其实都是信息整合的一部分。信息整合,也叫信息交合,是近二三十年才随着信息和信息业的飞速发展而出现的一个新名词。所谓信息整合,即"一种新的思维方法,是主观世界与客观世界以不同形式交融后获得的新感觉、新认识和新观念"②,实际上就是对不同信息进行整合处理,或者是通过对既有信息的整合处理而使之产生新的更有价值的信息。

对具体的主持传播而言,主持人的信息整合作用主要体现在对既有信息的解释和评论上。主持人与播音员最大的区别就在于前者不是信息的"搬运工"或"传声筒",也不仅仅是"说话的人头",而是能够在传播过程中运用个性化传播方式向受众发布信息,并能够对传播内容进行整合式加工处理的信息整合者,其作用是使信息在质和量上都能有所创新和突破。日本电视界也一直公认,主持人与播音员的本质区别是:主持人可以对新闻事件发表自己的见解,而播音员则不行。③ 作为受众,他们除了希望从主持人那里获得必要的信息之外,更希望听到主持人对这些信息的理解和看法。正因如此,主持人所做的各种评论,对新闻事实的意义的阐发,不仅对深化拓展新闻内容、表明媒体态度有重要作用,也有助于吸引受众的兴趣,同时也是构成主持人个性形象的一个重要因素,对传播效果的影响作用十分明显。而根据尼葛洛庞帝在《数字化生存》一书中的观点——"关于信息的信息,其价值可以高于信息本身"④,经过主持人整合之后的信息在传播中的价值其实更大。这是因为随着社会文明程度的提高,人们已不仅仅满足于知道"什么",而是希望知道"为什么",希望了解别人怎么看。而在水均益看来,"新闻主持人的生命力就在于对许多事物,特别是众多新闻背景的长期追踪和研究;在于用最快的速度,利用尽可能多的信息得出令人信服、于人有益的分析和判断;更在于善于运用自己的知识,自己的头脑"⑤。不管是出于维护主持人个人形象的需要,出于对受众需要的考虑,还是出于提高传播质量和增强主持人自身影响力的需要,主持人都应该在自己的传播中注意体现和发挥其信息整合的作用。

目前在主持传播中较为流行的"说新闻"也算是主持人信息整合作用的体现。尽管说新闻,即用平白如家常话的方式向受众告知新闻并不是什么难事,20

---

① 〔苏〕肖·阿·纳奇拉什维里:《宣传心理学》,金初高译,新华出版社1984年版,第27页。
② 参见甘惜分主编:《新闻学大辞典》,河南人民出版社1993年版,第98页。
③ 刘岩:《我眼中的电视新闻主持人》,《新闻知识》1997年第3期。
④ 〔美〕尼葛洛庞帝:《数字化生存》,胡泳、范海燕译,海南出版社1996年版,第183页。
⑤ 水均益:《面对关注的时候》,《电视研究》1997年第3期。

世纪50年代、80年代的广播电台、电视台也曾做过某些尝试,但直到1998年春由凤凰卫视《凤凰早班车》的主播陈鲁豫将其发挥得淋漓尽致之后,才开始在全国范围内迅速走红,以至于现在几乎所有的广播电视新闻都开始采取这种方式,更有甚者,为了追求个性,或者为了挣脱传统"播音腔"的束缚,已经开始从"说新闻"向"聊新闻""侃新闻""唱新闻""演新闻"过渡,以为这才是更生动有趣的新闻播报方式。然而,"说新闻"之所以受到受众的欢迎,固然是因为它的传播方式在话语上更接近人际交流中的交谈式口语,更能体现主持传播人际化的特色,更重要的还在于"说新闻"绝不仅仅是一种话语方式的简单转变,实际上体现的是主持人对信息的消化、加工,体现的是主持人的信息整合功能。主持人通过"说"的方式,对传播的信息进行加工整合,融入了个人对信息的补充、分析、解释和评论,"这才是人们所热望的'说新闻'的根本特色所在"[①]。如果仅仅将"说新闻"理解为某种信息播报和话语方式的改变,仅仅追求形式上的变化,而不从信息整合的功能上着眼,主持人"说新闻"所能带来的亲切感实在有限。在越来越多的主持人都已驾轻就熟地"说新闻"时,"说新闻"也就成了一个空壳,也不会延续初始时的光辉,而为了能够进一步突围,"说新闻"也不得不向着"聊新闻""侃新闻""唱新闻"进发。不管这些播报新闻的方式多么离奇,主持人的嘴巴多么能侃会聊,如不能体现对新闻信息的整合,则终将陷入"说新闻"的误区,未来命运也可想而知。

美国心理学家库尔特·卢因曾说:"信息总是沿着包含有门区的某些渠道流动。在那里,或者根据公正无私的规定,或者根据'守门人'的个人意见,就信息或商品是否可被允许进入渠道或继续在渠道里流动做出决定。"[②]怀特的把关研究一贯被奉为传播学的经典研究之一,简而言之,他的研究可以用一个公式表示:输入信息-输出信息=把关过滤信息。这些研究均显示,在信息传送过程中把关人处在举足轻重的位置。由于处在传播的末端,作为一切传播活动的出口,主持人同样肩负着把关的职责,主持人始终要记得,在节目中什么是该说的,什么是不该说的。如有的主持人将节目视为自己的私人论坛,将一些不该公开发表的信息或原生态的交流情境付诸传播,实际上就是把关的失职。

需要指出的是,在总结主持人的具体作用时是以具体栏目如《挑战主持人》为例,所列主持人的作用也是建立在主持传播的共性特征之上,虽未囊括主持人作用的全部,但基本反映了主持人在主持传播中的地位和本质。也有研究者将

---

① 吴郁:《我看"说新闻"》,《主持人语言表达技巧》附录,中国广播电视出版社2002年版。
② 张国良:《传播学原理》,复旦大学出版社2003年版,第155页。

本该属于记者、编辑或策划人员和技术人员的工作或作用,如策划、编辑、播控等列为主持人的工作和应发挥的作用,认为主持人应参与并发挥策划、编辑的作用,甚至有人提出主持人应该是整个栏目的总管。这种结论既不现实,也是对主持人角色分工的误解。主持人,作为主持传播的最后一个环节,能够熟悉和参与主持传播的其他环节固然必要,也有利于传播,但不能忽视主持人在传播过程中"最后一棒"的地位和意义,更不应将主持人在传播中的地位和作用刻意前移,这既有悖于主持人的角色定位,也未必切实可行。

## 思考题

1. 何谓主持人?其特点和类型都有哪些?
2. 主持人在主持传播中一般起哪些作用?

# 第五章
# 主持传播的主体(下)

## 第一节 主持人的角色及功能

### 一、主持人的角色定位

提起主持人,男女老幼无不耳熟能详,也能一口气说出许多名主持人的名字,对于主持人的角色定位,也能列出"朋友""情人"等特定社会角色以及"桥梁""代言人""演播者"等职业名称,从某个角度概括出主持人的某些作用和特征。普通百姓不清楚主持人的角色定位并不妨碍其接收主持人的传播。主持人,尤其是一个优秀的主持人,对自身角色定位有清楚而明确的认识是至关重要的。一个对角色定位不清楚的主持人很难发挥出这个角色应有的作用和功能。为了科学、全面地认识主持人的角色定位,可以借用社会学的角色理论为主持人画像。

角色,作为社会学和社会心理学的重要概念,虽然很早就已进入了主持传播研究者的视野,但人们对于角色的理解或在角色的定义上一直存在分歧,迄今仍无确切统一的说法,原因就是"不同的作者对同一现象使用不同的标签,如'戴维斯定义为角色的东西,纽科姆叫作角色行为,而萨宾则叫作角色规定'"[①]。这里无意卷入关于角色定义的争议,只借用目前较为通用的角色定义,即角色是"处于一定社会地位的个体,依据社会客观期望,借助自己的主观能力适应社会环境所表现出的行为模式"[②],并以此来探讨主持人的角色定位。

一般而言,角色理论基本包括角色学习、角色知觉、角色扮演、角色期待、角色规范、角色冲突和角色技巧等概念与内容。为了说明这些概念间的关系,不妨先来看一张表示角色理论中诸要素关系的简图(见图 5-1)。

---

① 周晓虹:《现代社会心理学》,南京大学出版社 1997 年版,第 360 页。
② 同上书,第 361 页。

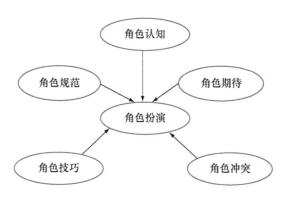

**图 5-1 角色理论示意图**

通过这张简图不难发现,角色扮演,即"角色承担者按其特定的地位和所处的情况遵循角色期待所表现出来的一系列行为"①,无疑是所有概念之中的核心。角色扮演的好坏直接或间接地受到角色认知、角色规范、角色技巧、角色冲突等要素的影响。其中,角色扮演的第一步,或者角色扮演的先期准备乃是对所扮演角色的认知,只有通过角色认知,在充分了解与角色相关的责任、义务等内容之后,角色扮演者才能学习和理解角色规范、角色期待、角色技巧等,并进入具体的角色扮演。主持人的角色认知,既包括主持人自己对所扮演的角色的认知,也包括受众对主持人的社会角色的认知。角色认知的内容往往又包括对角色的定位、属性、职责、规范的认知等许多方面。在这一系列的内容当中,角色定位或为角色正名的问题又是最重要的,"名正才能言顺"。从主持传播的现实发展来看,主持人在角色定位上至少有以下特征,这往往也是主持人角色在定位上的争论焦点所在。

(一)主持人既是教师又是朋友

在主持人的角色定位上一直存在主持人"是教师还是朋友"的争议,这反映了人们对主持人角色定位认识上的模糊性,或人们对主持人角色定位不甚明确的质疑。教师,按照中国传统的"师者,所以传道、授业、解惑也"的解释,乃是一种向人们传授知识、解释疑问、提供指导的社会职业角色。虽然我国同时一直也存在着"弟子不必不如师,师不必贤于弟子"以及"三人行必有我师"的说法,但由于"天地君亲师"的伦理思想长期根植在国人思想观念当中,教师形象在大多数国人印象中既威严又专业,教师的意见多数时候也是不容置疑和不得反驳的。

---

① 高玉祥等主编:《人际交往心理学》,中国社会科学出版社1990年版,第192页。

对于教师,做学生的除了毕恭毕敬,就只有言听计从的份儿。为了体现教师与学生的差距,更为了维护所谓的"师道尊严",教师还要在学生面前摆出不苟言笑的样子。即使那些能够与学生打成一片的老师,在学业指导或在课堂上,师生间依然会有一定的距离。朋友则不同,由于相互之间在地位上平等,关系亲密无间,彼此间一般不存在等级或鸿沟,也很少存有戒备之心,因而对其传播的信息和意见也更容易接受。

一般说来,教师和朋友作为特定的社会角色本身没有多大联系,二者在人类生活中的位置和作用也不尽相同,但若将两个社会角色与主持人联系起来的话,则可以发现二者和主持人确实有着某些不能割舍的关系,这也正是主持人的角色定位会出现"是教师还是朋友"这一争议的原因所在。身为大众传播组织的一员,加之工作的便利,主持人掌握的信息一般要比普通大众更周详和更及时,即"无论你主持哪个栏目,你必须是这类栏目所传达的知识和信息的拥有者"[①],必须具有一定的专业性和权威性;同时由于主持人及其所在的大众传播机构往往负有传播信息及附带功能(如传播观念、引导舆论等),主持人有时确实在某种意义上充当了教师的角色,起着某种传道、授业和解惑的作用。由于大众传播的地位和功能,更由于历史的原因,主持人在进行传播的时候,便也多了几分高高在上的意味,这使得主持人在给自己的角色定位时一度更像是教师,受众也因此将电视机善意地喻为"彩色教师爷"。

在认识到"彩色教师爷"的诸多弊端、认识到主持人在传播系统中与受众同为平等个体、主持传播实为一种亲密融洽的人际互动之后,有些主持人的角色定位开始出现新的变化,由原来的教师角色定位向着朋友角色定位转变,还有的主持人甚至超越了朋友的界限,演变成了所谓的"情人"。既然成了朋友,为了准确体现这种定位,主持人在传播中也开始采取平视的传播方式,在节目中像是和朋友聊天一样与受众分享自己的喜怒哀乐。社会学的角色理论也提出,由于人际互动的多重性和复杂性,在现实生活中处于一定社会地位的个体通常并不只扮演一种角色,而是同时扮演好几种角色,这说明主持人的角色定位也不只是单纯的教师或朋友。如果从主持人的隶属关系及其所承担的传播任务的角度加以考察,就会发现,主持人其实是一个复合型的社会角色,是一个"角色丛",主持人既是教师也是朋友,主持人有时是教师,有时又是朋友。是教师,是因为主持人必须在某些方面——如信息的占有和信息的整合——高于受众,要"成为你承担的这个栏目的专家",能为受众提供一定的指导和参考,不负传播媒介所承担的舆

---

① 赵忠祥:《走自己的路——赵忠祥答本刊记者问(下)》,《电视研究》1995年第8期。

论引导和信息传播的使命。是朋友,是因为主持人在传播系统中与受众是平等的,主持人没有权利也没有必要对受众颐指气使,否则很难取得理想的传播效果。如在中央电视台一档专门面向农民观众的谈话节目《乡约》中,主持人肖东坡便由于在姿态、语言甚至外形上与农民观众酷似,而被称为"中国第一农民之友",也正是他在角色定位上的这种"朋友"身份,使他与农民毫无隔阂,受到了农民观众的欢迎。

说到主持人与受众的朋友关系,或主持人"朋友"角色的定位,有必要强调的是,这种朋友必须是真正的知心朋友,"不是酒肉朋友、私人朋友,而应是挚友,诤友,君子之交,同志之谊",[1]是真正能对受众有益的朋友,即孔子所说的"益友",明代苏浚所说的"畏友""密友",而不是孔子所指的"损友",苏浚所谓的"昵友""贼友"。从这个意义上讲,主持人在角色定位上的"朋友"角色显然要比"情人"角色更为贴切。当然,朋友不是靠口头上的称谓来体现,而是通过真正的角色行为来实现。在现实中,许多主持人在节目中虽然对着受众一声声地呼唤着"朋友",但其行为要么仍停留在我说你听的定位上,要么实际上已陷入了"情人"的怪圈,对受众"百依百顺",离朋友的角色差了很远。所以,正如张颂所说,朋友其实"不是一声声'朋友',一个个微笑能够搪塞得了的"[2]。

(二) 主持人既是记者又是"演员"

几乎是从主持人职业角色诞生的那一天起,关于主持人是记者还是演员,或主持人能不能表演、要不要表演的争论就从未真正停息,也从未有任何实质性的进展。在这场旷日持久的争论中,有人为了给主持人的表演找到理由和根据,还引入了戏剧表演的专业名词"无角色表演"或"非角色表演"[3],也有人专门撰写文章论述主持人的角色化主持,即主持人通过扮演某种角色来主持节目。从争论的内容看,支持主持人是演员,或主持传播存在表演的一方所持的理由是:主持人在主持节目时的处境与演员在舞台上的表演情况相似,都是在一种虚拟真实的状态下进行,且都是通过斯坦尼拉夫斯基所谓的"第四面墙"来向受众展示主题和内容,因此主持人不仅无法回避表演,而且需要提高表演水平。支持主持人不是演员、主持人主持节目不能带有任何表演成分的一方则坚持认为:主持人是社会分工中的真实社会角色,主持人不能也不需要扮演包括自己在内的其他任何角色,只能真实地履行大众传播媒介赋予的传播职责。既然主持人是大众

---

[1] 张颂:《语言传播文论》,北京广播学院出版社1999年版,第16页。
[2] 同上。
[3] 参见壮春雨:《论节目主持人》,北京广播学院出版社1995年版,第25—36页。

传播中的一员,真实、客观又是大众传播的首要原则,那么主持人就没有理由不保持真实身份,要旗帜鲜明地反对表演,否则就是对主持人职业精神和职业原则的背离。同时,如果主持人在传播中有表演的意味存在,受众亦会因怀疑主持人的真实性而怀疑其传播的信息的真实性,影响传播效果,所以"主持人首先是记者,然后是评论员,但最最不能是演员"①。虽然争论多年,但争论双方谁也没能最终说服谁。多年论战的结果使人们对这个问题已失去兴趣,甚至觉得没有继续公开争论的必要,如果有谁再来就此发表意见,其行为还可能会因为不合时宜而招致某些善意的嘲笑,有人干脆断言:节目主持人需要不需要表演,本来就是一个不需争论的问题。

　　争论的声音虽然小了,但关于主持人是记者还是演员、主持人需要不需要表演的问题其实并没解决。而要解决这个问题仍需要从主持人的角色定位入手,因为正是在这个问题上的模糊认识才导致了这场徒劳的争论,也只有了解了主持人角色的明确定位之后,才能清楚认识和理解这一角色的所有行为。从现实情况看,主持人确实是一个具体的社会角色,而且是一个实实在在的职业角色。成为主持人,就意味着成了大众传播机构中的一员,就要遵守大众传播的工作职责和工作纪律,就得遵守媒介工作者的职业道德。根据我国大众传播的原则和纪律,如《中国新闻工作者职业道德准则》的规定:"要把真实作为新闻的生命,坚持深入调查研究,报道做到真实、准确、全面、客观。"任何与真实客观相违背的行为都是与大众传播者角色所不相符的,也是其角色规范所不容许的。从这个意义上讲,表演由于是"以意志直接支配行为的创造和以自我感觉焕发经验记忆的创造相结合的创造"②,确与主持人真实的职业角色有许多不相符的地方。因为这个缘故,包括主持人在内的许多人宁愿将主持人视为记者,如克朗凯特对于杨澜的回答。这些人对于主持人的任何创造性表演都不能容忍,并对表演表现出了强烈的反感,如鞠萍就曾说:"我当主持人的指导思想是:否定表演,不存在表演。"③

　　人们在反对主持人作为传播者而带有任何表演的同时也忽略了一个重要的事实,即随着广播电视媒体栏目化的趋势进一步加剧,虽然主持人仍是大众传播机构的传播工作者,但其类型和作用已经发生了很大变化,已不全是单纯的新闻信息传播者。在有些综艺、娱乐、游戏或者少儿节目中,主持人除了具有大众传

---

① 孙克文主编:《焦点外的时空》,三联书店1997年版,第202页。
② 齐士龙:《电影表演心理研究》,中国电影出版社1992年版,第62页。
③ 参见应天常:《节目主持艺术论》,北京广播学院出版社1999年版,第116页。

播者的身份之外,还成了一个必须借助一定的表演来创造和表现的角色。如在有的少儿节目中,主持人甚至不以真实身份出现,而是以"金龟子""风车王"这样生活中根本不存在的角色出现,对于这类主持人而言,既不能否认表演,也无法提出可以反驳的理由。在一些文艺性的节目中,主持人有时为了配合节目的需要,同样会做出许多夸张或戏剧化的行为,通过必要的表演来制造一些效果,如李咏、何炅等主持人在节目中所表现出的说、学、逗、唱等,而许多港台地区的著名娱乐主持人,如胡瓜、吴宗宪等主持节目时不仅带有大量的表演,而且自称"艺人"(演员),并以"艺人"的身份来看待和处理自己在节目中的表现。同样是主持人,对于此类主持人,就不能再以新闻节目主持人的标准来要求。相反,人们有时候还会因某位主持人的演技不佳而对他大发议论,甚至大加指责。这其实说明一个问题,即并非只要提及主持人,就必须马上想到新闻节目主持人,也并非一提到主持人,就不加判断地反对表演,比较理智和科学的做法应该是根据节目类型具体分析,对于新闻、社教、服务等以传播信息和引导舆论导向为己任的严肃性节目,主持人就不应有任何戏剧化的表演,尤其是角色外的表演,以免引起受众在信息理解上的混乱,而对于文艺、娱乐等以提供娱乐为要务或某些寓教于乐的轻松型节目,主持人虽非演员,但在主持中加入一些适当的表演不仅无伤大雅,还可以起到增强传播效果的作用。

主持人是记者还是演员、主持人要不要表演之所以引起大家的争论,除了各人所处的角度和出发点不同,也说明主持人这一角色在某些方面肯定具有记者和演员这两种社会角色的某些特征,同时说明表演对主持人具有不同寻常的意义。即使以不同类型的节目对主持人的要求不同为原则对主持人的表演加以区分,还是能够发现,表演其实不光在娱乐类节目的主持人中存在,即使是对于像新闻这样严肃型节目的主持人来说同样不是毫无意义的。至少,这类节目的主持人可以把表演的基本功作为辅助主持传播的武器。不可否认,主持人进入传播状态时的情形与演员登上舞台时的状态确实存在相似之处,且不说"第四堵墙"的原理和虚拟的传播情境,单是演员表演时良好的镜头感、舞台感及表现力就可以让主持人的传播更加轻松、自如,也更加真实。以信息传播为主的主持人,虽然是以真实的个人身份来参与传播,但其一旦进入传播状态,由于演播室、灯光、话筒、镜头等设备的存在,主持人一般也很难再保持完全自然的状态,赵忠祥就曾坦言,当他在镜头前时"就进入一种创作的境界,讲话、动作与平时是绝对不同的"[①]。

---

① 参见应天常:《节目主持艺术论》,北京广播学院出版社1999年版,第106页。

由于巨大的工作压力,主持人有时也会无法进入状态。这时,主持人如果学过表演,或有过表演经历的话,就可能比较容易地克服这种困难,很快找到所谓的镜头感而进入传播状态。著名主持人倪萍就曾说过,如果没有当演员的经历,没有当初的舞台训练,就没有可能成为名主持,她说:"我最大的收益是通过上万个镜头的拍摄达到了对镜头的熟悉和了解。"[1] 演员出身的陈志峰在对笔者谈到表演时也是毫不避讳地说:"表演对我有很大的帮助,特别是在谈话的节奏和内心的节奏把握上帮助很大。"

因为有表演的基础,或者说在主持节目时有表演的感觉作为下意识的支撑,倪萍才能在主持节目时很快进入状态,陈志峰也才能将自己的形体与节目的风格和需要协调起来。因为有过表演的经历和基础,演员是最早和最容易进入主持人行当的,大多数时候挑选主持人也都是从演员中选择。或许有人会说倪萍主持的大多是文艺类节目,但只要对其他主持人背景和经历稍加考察,就会发现,即使不是直接由演员改行过来的主持人,一些成功的主持人大都多少有些与表演相关的经历,如沈力曾当过文艺兵、撒贝宁在学校演过话剧等。有了这样的认识之后,就会发现,克朗凯特之所以说"电视节目主持人更像一个演员,而不仅是记者",而沈力坚持"我一直不主张表演,我认为演员是演不出来的,而且也不需要表演",还是因为他们所处的角度和对表演的理解不同。因此,对主持人是演员还是记者的争论不是完全没有道理,主持人也并非和表演没有任何关系,正像有人所概括的那样:"主持人并非和表演绝缘,主持人为了传播的效果,为了适应广播电视传播的特殊需要,使自己的语言、形体更自然潇洒,更具有审美价值,学习一些表演基本功,借鉴一些表演元素,也是必需的。"[2] 从这个意义上来说,大家反对的其实并不是主持人的表演,而是主持人的虚伪与矫情,是主持人的不真诚或主持人表演得拙劣。正如赵忠祥所说:"表演并不等于虚假,表演不好才是虚假。"[3]

(三) 主持人既是一般媒介工作者,又是公众人物

主持人是一般媒介工作者还是公众人物,这又是一个颇能引起人们争论,也让有些主持人不好把握的话题。在笔者以前所做的随机访问中,也曾涉及这个问题。在所有受访者中,当被问到"你认为主持人应被归入下列哪类人员"时,除了有3%的人选择了明星或演员外,有近62%的受访者选择了"媒介工作者",另

---

[1] 倪萍:《倪萍:自述与自视》,《现代传播》1997年第1期。
[2] 吴郁:《主持人的语言艺术》,北京广播学院出版社1999年版,第97页。
[3] 李立:《尴尬与超越》,北京广播学院出版社2000年版,第239页。

有51%的人选择了"公众人物"。这说明受众既意识到了主持人职业存在某些公众人物的特征,同时又没有放弃对主持人作为媒介工作者的角色期待。实际上,主持人的工作属性以及主持人工作的公众性,决定了主持人的角色定位往往既是媒介工作者又是公众人物。大多数媒介工作者,包括主持人自己更愿意将主持人看成是社会分工的一种,将主持人视作与一般工种没有什么区别的普通工作者,如崔永元、白岩松、王雪纯都不止一次地说自己没有什么特别的地方,不过是处在传播前沿的普通媒介工作者,崔永元甚至还给主持人下了这样一个定义:"所谓主持人,应该是熟练掌握了各种电视手段和技能的职业记者。"[①]

与大多数媒介工作者不同的是,大多数普通受众更愿意将主持人看作是社会公众人物,如在有研究者所做的调查中,将主持人视为"公众人物"的就主要是媒介工作者以外的普通大众。实际上,不管将主持人视为媒介工作者还是公众人物都不为过,只是看问题的角度不同而已。前者看重的是主持人社会角色的内在特性,而后者看重的是主持人角色的外在影响。两种角度不同的观点实则反映出人们对主持人角色定位的不同侧面的不同认识和不同期待。持前一种观点的崔永元在接受笔者的访谈时就反复强调自己的任务是为受众服务,希望受众多关注他的节目而少关注他本人。同时他也道出自己一直都以媒介工作者的标准来要求自己,基本上很少参加可能会使自己成为公众人物的活动,甚至连记者的采访也总是能推就推。相反,持后一种意见的人则认为主持人不仅是公众人物,应多参加社会公共活动,还应把自己作为公众人物的事实视为价值不菲的无形资产,在适当的时候将这种无形资产转化为传播的优势,以增强传播的效果。这种观点也得到了业界的积极响应,一些媒体的名牌战略和主持人包装策略其实正是看中和利用了主持人作为公众人物的这一特性。

因此,对主持人是普通工作者还是公众人物的争议比较公允的说法应该是:主持人既是普通工作者,同时又是一定程度上的公众人物。之所以说他是媒介工作者,是因为主持人毕竟是大众传播系统中的一员,其所从事的一切传播活动首先应遵循整个大众传播的原则,符合媒介工作者的要求,具有媒介工作者的职业精神,正如撒贝宁所说的那样,主持人应首先是"一个信息搜集者和传播者"。与此同时,也不可否认,主持人由于经常在公众前出头露面进行传播而很容易成为社会大众瞩目的焦点,并成为公众人物,尽管有时这种情况并非主持人主观所愿。如崔永元虽然口头上不承认自己是公众人物,也尽量不在公众面前亮相,不参加公众活动,但他实际上无法改变自己是公众人物的事实,更没有办法不让受

---

① 参见高贵武:《解析主持传播》,北京广播学院出版社2004年版,第79页。

众在大街上认出他来,他甚至无法使避免失眠这样纯属个人生活的消息被多家媒体报道。就算崔永元很少参加公众活动,但只要他参加,活动就可能会因为他的公众性而被关注。既然主持人事实上已是公众人物,主持人的社会角色其实就又有了许多新的含义,主持人除应具备媒介工作者的职业精神之外,更需要有公众意识,遵守公众人物的角色规范,符合社会公众的道德要求、注意维护自己的公众形象、"收缩一部分真我"、牺牲一定的个人空间等。《中国广播电视播音员主持人职业道德准则》也明确要求,要"确立正确的公众人物观念"(第十九条),"在工作和生活中要保持良好仪表和文明举止;自尊自爱,不参加任何有损于媒体形象、自身形象的组织和活动;要有公众人物的自觉意识,接受社会、公众和媒体较常人更为严格的监督"(第十八条)。否则,主持人即使完全符合媒介工作者的角色要求,如果违反公众人物的角色规范,同样也可能导致传播的失利。

通过对几种主持人角色定位的分析可以看出,虽然主持人的互动对象主要是受众,远没有社会学一般角色的互动对象那样多,但主持人的角色确实是比较复杂的,"节目主持人作为一种社会角色,具有多重属性,是一种复合性的角色"[1]。任何关于主持人角色定位的争议其实都是从不同侧面反映了主持人角色的复杂性和多元性,都是对主持人角色某一方面的强调和放大。主持人要科学认识自身的角色定位,就必须把所有的争议都包容进来,并根据传播的具体情境,适当收缩或放大主持人角色丛中的某个角色或某个角色的某一方面,否则,如果将这些内容颠倒,主持人的角色定位就可能出现所谓的"角色冲突",主持人在实际传播中也将无所适从。

## 二、主持人的角色功能

根据社会学的角色理论,任何角色,除具体的作用之外,"作为与某一位置有关的期待行为,角色无论对社会或对个人都有着十分重要的功能"[2]。这就是角色功能。既然主持人是一个确定的社会角色,而且是一种集多种角色于一身的复合型角色,那么,要达到对这种角色的充分认识,除了可通过考察其在传播活动中的具体作用外[3],还应对其与复合型角色相匹配的角色功能进行探究,而这正是接下来要探讨的问题。

(一)信息功能

作为大众传播组织中的一员,主持人角色与大众传播组织中的其他角色一

---

[1] 应天常:《节目主持语用学》,北京广播学院出版社 2001 年版,第 56 页。
[2] 周晓虹:《现代社会心理学》,南京大学出版社 1997 年版,第 365 页。
[3] 本书第五章第三节已有论述。

样,其首要的功能毫无疑问是信息功能,这也是由主持人作为教师、传播者、媒介工作者等复合角色的角色本质所决定的。所谓主持人角色的信息功能,就是主持人作为一个信息搜集者和传播者所具有的信息告知和信息整合功能,没有这个功能,主持人角色的其他功能也无从谈起。主持人角色的信息功能首先表现在主持人对于信息的传递上,这种信息的传递包括事实性信息的传递和意见性信息的传递,有时甚至还包括情感性信息和关系性信息。事实性信息的传递要求主持人能将有关社会变动的信息准确、及时地报告给受众,满足他们对新闻事实真相的了解欲;意见性信息的传递则要求主持人能就某个社会变动提供富有见地的观点和意见,满足受众了解事实前因后果的欲望,而且能对受众进行必要的引导。在一定意义上,受众对主持人角色的期望更多地集中在主持人信息功能的这个方面。除此之外,主持人角色的信息功能还体现在主持人对既有信息的整合上,即主持人在传播中通过组织、串联等方式对信息进行重新梳理,并以富有个性化的方式来传播,而这正是主持人角色的发明者发明这一角色的初衷。

以中央电视台曾播出的一期《实话实说》节目为例。在这期名为"天下第一"的节目里,主持人首先向受众介绍了一些吉尼斯纪录创造者的情况,即将某人何时创造了什么纪录等事实信息传递给了受众。其次,主持人在向受众介绍这些信息时也适当加入了自己的意见,对受众进行了适当的引导,如希望观众不要盲目学习有些人的做法等。最后,主持人并没有停留在信息告知的层次上,而是经过对信息的整合,调动各种方法并以他固有的轻松、幽默的传播风格将这些信息传递给了受众。

(二)情感功能

主持人角色功能中的情感功能,是指主持人在传播活动中具有引起受传者情感共鸣的作用。联系前面关于主持人定位的论述,能够看出主持人角色的这一功能与主持人作为朋友的角色定位是分不开的。朋友的最大好处恐怕不在于能够提供多大的物质实惠和帮助,而在于精神情感上的灵犀相通,能够给人带来某种情感上的慰藉。主持人朋友的角色定位,满足的正是受众的这种精神和情感需求,主持人因此又被称为受众的"心理医生""心灵伴侣"和"知心朋友"[①]。在一些主持人节目,尤其是广播的热线或夜话节目中,主持人角色的这种情感功能尤为突出。在一个个万籁俱寂的夜晚,主持人正是以朋友的身份向受众诉说着发生在周围的各种事情,像老朋友一样和受众分享着一天的心得,交流着关于人生、工作、健康等方面的经验,给受众带来了友情和关爱。如深圳电台"金话

---

① 参见陈廉:《发挥独家优势 拓展广播功能》,《声屏世界》1996年第12期。

筒"奖得主胡晓梅主持的《夜空不寂寞》,通过主持人人性化的主持"营造了一片仙乐飘飘、夜半轻轻私语的浪漫空间,以寄托广大移民青年和她自己寂寞漂泊的心灵"①。正是由于这个原因,有许多受众在情感上出现困惑或在生活中遭受挫折的时候,首先想到的不是自己的家人,而是某个节目的主持人,不愿将心事向家人诉说,而愿意通过写信、打电话等方式参加节目、和自己喜爱的主持人交流,并从主持人那里寻找安慰。

中央人民广播电台的《神州夜航》节目是个很好的例子,在一年多的时间里,先后有几个逃亡在外的犯罪嫌疑人,通过手机短信向从未谋面的原栏目主持人向菲倾诉了他们从不敢告人的秘密,以及他们多年来东躲西藏的不安和恐惧,并最终在向菲的陪同下到公安部门自首,这充分体现了主持人在节目中所具有的情感功能。

(三)娱乐功能

英国哲学家赫伯特·斯宾曾说,人在完成了维持和延续生命的主要使命之后,尚有剩余的精力存在,这种剩余精力的释放,就是娱乐。② 娱乐,作为人生存中对必需性劳动的一种调剂和补充,是使原本紧张的身心得以缓解与松弛、保持人的身心平衡、使人之所以为人的必要途径。娱乐是没有外在功利目的的,它所满足的是人内在的身心放松的精神需要。通过提供消遣和娱乐,帮助人们"逃避"日常生活的压力和负担,是 D. 麦奎尔等人早在 20 世纪 60 年代就已经证明的大众传播的效用之一。因此,作为大众传播的一种方式,主持传播的主体在角色功能方面同样不能忽视娱乐。英国学者尼古拉斯·阿伯克龙比在其《电视与社会》一书中指出:"电视主要是一种娱乐媒体,在电视上亮相的一切都具有娱乐性。"③作为在广播电视媒体中经常出现的角色,主持人不能忽视自身娱乐功能的发挥。

主持人角色功能中的娱乐功能主要是针对主持人作为表演者的角色定位而言。在文艺、娱乐类型的节目里,主持人除了要具备主持人角色的其他几个功能之外,更要重视娱乐功能。在这类节目里,主持人往往通过表演来为受众提供一定的娱乐。从目前的情况来看,这种类型的主持人在国外更为常见,如国外会有一些专门由喜剧明星担任主持人的搞笑节目。而在国内,由于娱乐节目出现的时间还不是很长,虽然也有许多由喜剧演员或相声演员担纲主持的节目,主持人

---

① 汤聪:《我国广播电视节目主持人的现状与努力方向》,《广东省广播电视学会第二、三届学术年会论文集(1992、1994)》。

② 转引自蔡尚伟:《影视传播与大众文化——文化工业时代的影视方法论》,四川大学出版社 2005 年版,第 142 页。

③ 〔英〕尼古拉斯·阿伯克龙比:《电视与社会》,张永喜等译,南京大学出版社 2002 年版,第 6 页。

也能为受众提供一定的娱乐享受,但似乎还缺少真正像样的娱乐节目主持人,或者说主持人的娱乐功能体现得还不够充分。国内目前较为成功的娱乐节目应该算是湖南卫视的《快乐大本营》。这档纯粹以娱乐为目的的节目能够在国内引领娱乐节目的大潮,并在全国娱乐节目的激烈竞争中保持不败,除了节目本身在环节设计上的娱乐色彩较浓之外,也与这档节目中几位年轻的主持人,如何炅、谢娜等人的娱乐表现密不可分。何、谢等人在每一期节目中,都会使出浑身解数,通过许多搞笑的话语和夸张滑稽的动作引得现场和电视机前的观众开怀大笑,使他们在一天的劳累之后在娱乐中得到放松。反过来,对于这类节目,受众往往也不太要求主持人的其他功能(除审美功能),而仅仅是看重他们的娱乐功能。由于这个原因,国内许多新开办的娱乐类节目在选择主持人的时候,也开始借鉴国外的做法从喜剧演员和相声演员中寻找能搞笑的主持人。但多少有些让人遗憾的是,可能由于国人还不太习惯娱乐或媒体自身对娱乐节目的重视不够,国内现在的原创娱乐节目多少都有些滑坡,甚至出现了主持人在娱乐节目中越来越边缘化的问题。究其原因,其实还是主持人不够娱乐化,正像崔永元说的:"娱乐节目的主持人自己就不够娱乐。"[1]

（四）审美功能

除了信息功能、情感功能,主持人角色还有一个重要的功能就是审美功能。主持人角色的审美功能一方面是由主持人作为一般社会角色所负有的,另一方面则是由主持人作为大众传播者和公众人物甚至表演者的角色定位决定的。从这个意义上来讲,主持人"不仅仅是一个辛勤的播种者、灌溉者、耕耘者,而且在受众心目中是一个审美主体,能为大家带来审美的愉悦感受"[2]。审美,作为人的一种高级精神需要,在人们的生活中是无处不在的。拿主持人来说,小到主持人的声音、相貌、言谈、举止,大到主持人的人品、道德无不体现着一定的审美价值。举例来说,当两个相貌相差很远的主持人同时出现在受众的面前,在他们没有开始进行传播活动之前,大多数受众的目光总是会被其中相貌较好的主持人所吸引,这就体现了人们对美的最一般意义的追求。而当两位主持人开口说话之后,假设那位相貌较好的主持人毫无风度魅力或者语言污秽、行为粗野,此时受众肯定会舍弃这位主持人转而喜欢那位相貌一般但富有理性魅力的主持人。再假设,随着人们对两位主持人的进一步了解,当受众得知其中一位主持人道德品质极为恶劣时,无论如何也不会再喜欢他。至此,主持人角色的审美功能似乎

---

[1] 参见高贵武:《解析主持传播》,北京广播学院出版社2004年版,第84页。
[2] 俞虹:《节目主持人通论》,杭州大学出版社1996年版,第10页。

已非常清楚。再从主持人作为公众人物的角色定位来说,由于经常处在受众的视野之内,更由于公众人物对社会大众具有的示范和引导作用,主持人更应时刻注意发挥出他的审美功能,这不仅要求主持人在服饰、行为、气质、人品上更加符合审美要求,给受众带来应有的审美享受,还要成为整个社会审美水平的提升者。从这个角度来说,"主持人的语言,应该是字正腔圆、清晰流畅,音质甜美圆润、浑厚沉稳,同时又富有节奏感;主持人的形象,应该是五官端正、形体匀称、举止大方;主持人的服饰应该是和谐得体、富有个性;主持人的风度、气质应该是潇洒、高雅的"[①]。

主持人的角色功能还不只这些,如主持人作为大众传播者还具有引导舆论、教育,甚至政治、经济等其他功能。这些功能或已融入上面所列的功能,或并不突出主持传播的独特魅力,而这里所列出的主持人的角色功能是主持传播最基本的功能,也是主持传播作为一种人格化大众传播最突出的功能。

## 第二节　主持人的素质及能力

素质,按照《辞海》的解释,是指"人或事物在某些方面的本来特点和原有基础,在心理学上,指人的先天的解剖生理特点,主要是感觉器官和神经系统方面的特点"[②]。因而,所谓人的综合素质,就是人们自身所具有的各种生理的、心理的和外部形态等方面的较为稳定的特点的总和。[③] 这种特点的形成,既有先天的因素,也有后天的养成;既有自然的、他人的因素,又有自身的因素。综合素质不仅决定了一个人能够从事什么事业或职业,而且决定了一个人从事某项事业或职业所能达到的最大高度和取得的最大成就。为了研究某类工作或职业所需的素质,国内外亦有许多人才测评和胜任素质的专门研究,其中,较为有名的是麦克利兰所提出的胜任素质冰山模型(见图5-2),该模型不仅梳理了胜任素质的构成要件,而且对这些要件在胜任素质中的地位进行了排序。

### 一、思想素质

思想,即思维活动的结果,相当于理性认识,一般也称为"观念"。它是指客观存在反映在人的意识中经过思维活动而产生的结果。具体到主持人的思想素

---

① 俞虹:《节目主持人通论》,杭州大学出版社1996年版,第12页。
② 参见《辞海》缩印本,上海辞书出版社1989年版,第1378页。
③ 参见庄驹:《人的素质通论(修订版)》,山东大学出版社2000年版,第19页。

图 5-2 麦克利兰胜任素质冰山模型

质,则是指主持人的思想见解、思想意识、思想水平及思想境界,再具体而言就是主持人的政治理论素质、职业规范素质和人格(或道德)素质、人文素养等一切与主持人的世界观、价值观、方法论有关的素质的综合,它们完整地构成了节目主持人思想素质的全部,也是一个主持人的基本素质。

## 二、政治素质

我国广播电视媒介中的节目主持人是服务于中国共产党领导的、中国特色社会主义广播电视事业中的一员,虽然主持人的传播具有个性化特色,传播中较多采用个人化和人际性方式,但是主持人工作的根本属性和"喉舌功能"不可有丝毫动摇。他们担负着通过大众传播渠道向社会与公众传播新闻信息、引导和坚持正确舆论导向、提供社会娱乐与服务的任务。主持人的工作和新闻记者、播音员一样属于意识形态的范畴,都是党的新闻工作者。

政治素质的基础是哲学素养和理论思维能力,其中包括马克思主义辩证唯物论、历史唯物论、毛泽东思想、邓小平理论、"三个代表"重要思想,习近平新时代中国特色社会主义思想理论和马克思主义新闻观。政治素质是理论化、系统化的世界观和方法论,其精髓是实事求是,它是指导思想的理论基础。

中华全国新闻工作者协会(简称中国记协)颁布的《中国新闻工作者职业道德准则》(2009 年 11 月 9 日修订)中明确规定:

> 中国新闻事业是中国特色社会主义的重要组成部分。新闻工作者要坚持以马克思列宁主义、毛泽东思想、邓小平理论和"三个代表"重要思想为指导,深入贯彻落实科学发展观,高举旗帜、围绕大局、服务人民、改革创新、贴

近实际、贴近生活、贴近群众,用马克思主义新闻观指导新闻实践,学习贯彻党的理论、路线、方针、政策,继承和发扬党的新闻工作优良传统,积极传播社会主义核心价值体系,努力践行社会主义荣辱观,恪守新闻职业道德,自觉承担社会责任,敬业奉献、诚实公正、清正廉洁、团结协作、严守法纪,做到政治强、业务精、纪律严、作风正。

原国家广播电影电视总局颁布的《中国广播电视播音员主持人职业道德准则》也开宗明义地提出主持人要"忠诚党的新闻事业,坚持党性原则,坚定执行党的路线、方针、政策"。

节目主持人只有加强理论修养,才能透过现象看本质,抓住主要矛盾,才能对各种利害得失做出正确的判断和选择,才能在遇到复杂紧急的情况时,做到头脑清醒,应对自如,否则就会迷失方向,出现各种错误。

### 三、职业素质

人的专业素质或职业素质,是人们对于从事某项工作和开展某项活动所需要具备的能力或品质以及由此产生的心态,它所反映的实际上是人的文化类别。从广播电视工作以及广播电视节目主持人岗位的独特性来看,广播电视节目主持人这一行业对其从业者所提出的职业素质要求至少应包括这样几个方面。

(一)语言素质

谁也不能否认语言对于主持人的重要性。作为传播的第一要素,语言是主持传播中最常用和最直接的传播手段。毫无疑问,一个口齿不清、说话存在严重缺陷的人是无论如何也不会成为一个好主持人的。在这个意义上说,良好的口语表达能力对于主持人而言就如同一个门槛,如果跨不过这个门槛,就很难胜任主持人的工作。国家广电总局发布的《播音员主持人持证上岗规定》在对主持人的基本条件做出要求时,便明确规定要"嗓音良好,具备较好的语言表达能力"[①]。而一些专门从事主持人培养的学校、机构也把训练主持人的语言表达能力放在了首位。一个优秀的节目主持人,尤其是优秀的电视节目主持人,具有较好的口语表达能力既是基本条件,也是凸显魅力的主要手段。语言品质作为主持人的一项重要职业素质,大体上包含以下几层内容。

1. 能说标准普通话

普通话是以北京语音为标准音、以北方话为基础方言、以现代白话文作为语

---

① 参见中央电视台内部资料《电视信息》2002年第4期。

法规范的现代汉民族共同语。要求主持人说普通话,既有普通话本身作为汉民族共同语言的原因,也有出于传播效果和传播者社会示范责任的考虑,更是出于履行国家法律所规定的推广民族共同语言的义务。《中华人民共和国宪法》(1982)第十九条规定"国家推广全国通用的普通话"。2001年起施行的第九届全国人民代表大会常务委员会第十八次会议通过的《中华人民共和国国家通用语言文字法》第十二条规定"广播电台、电视台以普通话为基本的播音用语",第十九条规定"以普通话作为工作语言的播音员、节目主持人和影视话剧演员、教师、国家机关工作人员的普通话水平,应当分别达到国家规定的等级标准;对尚未达到国家规定的普通话等级标准的,分别情况进行培训"。由于有了这个规定,中央电视台,包括省级电视台在选择和录用主持人的时候,要求主持人必须持有关部门颁发的普通话"一级甲等"证书,否则就不能走上主持人的工作岗位。

　　主持人说标准的普通话,既是主持人文化修养的体现,也是信息传播和接收的需要。传播学研究表明,"意义的交换有一个前提,即交换的双方必须要有共通的意义空间"①,只有使用合乎规范、能被传受双方正确理解的标准语,才能使信息的传播者和接收者之间因存在共同的意义空间而对信息的理解达成一致,否则,主持人满口方言、"港普""台普"或洋泾浜式的英语,就有可能使受众和主持人之间因为缺少对这些语言的共同理解而不明所以,更为严重的是这种语言趋势影响了年轻一代,不利于祖国语言的健康发展。正是出于这种考虑,国家广电总局在2004年5月发布的《广播影视加强和改进未成年人思想实施方案》中再一次明确要求:"除特殊需要外,节目主持人必须使用普通话,不要以追求时尚为由,在普通话中夹杂外文,不要模仿港台语的表达方式和发音。"②《中国广播电视播音员主持人职业道德准则》第二十一条规定:"广播电视播音员主持人要积极推广、普及普通话,规范使用通用语言文字,维护祖国语言和文字的纯洁,发挥示范作用。"

　　近几年随着电视民生新闻和本地新闻的兴起,一些广播电视机构中开始出现某些主持人以当地方言来从事传播的情况,并且似乎很受当地受众欢迎。如果单纯地从新闻学原理中的地理接近性与心理接近性来解释和理解这种现象似乎无可厚非,而从规范祖国语言、主持人负有推广普通话的责任以及扩大传播效果来看,这种做法并不可取。如果剥离掉方言这层语言的外壳,这些新闻产生影响的核心还在于其内容的精彩和接近性。

---

① 郭庆光:《传播学教程》,中国人民大学出版社1999年版,第53页。
② 参见国家广播电影电视总局网站。

2. 表达清楚

主持人在将有声语言作为一种传播手段和策略运用时还有一种情况：主持人的语言在某种程度上没有超出现代标准汉语的规范，其语言中也不存在所谓的冗余信息，但受众有时依然抱怨无法听懂主持人的话，主持人的传播效果并不理想。

出现这种情况的原因主要有三：一是吐字发音习惯层面的，表现为发音含混，吐字不清，容易造成观众接受的障碍和干扰。二是理解表达能力层面的，比如有的主持人说串联词不走脑，不过心，对稿件理解不准或理解不深，只停留在字形到字音的简单转换上，甚至形成了某种与内容、服务对象脱节的固定腔调。加之有的主持人语速过快，完全不考虑观众的接受理解，只图自己说得痛快，或误以为语速快是时尚的主持"风格"。三是语言运用层面的，表现为有的主持人使用的语言往往过于抽象、晦涩，不善于把书面语转化为适于听觉接受的口语，超出了受众借助听觉理解语言的能力范畴。传播学者施拉姆曾经说过："有效传播的一个秘密是把一个人的语言保持在听众能够适应的抽象程度上的能力，以及在抽象范围内改变抽象程度的能力，以便在具体的基础上谈论比较抽象的内容，使读者或听众能够不感困难地从熟悉的形象转到抽象的主题或概括上来，并在必要时能够回到原来的形象上去。"①施拉姆的这段话可以用来解释受众为何无法理解主持人的语言，也向主持人提出了说话要具体、形象，通俗易懂，深入浅出，不能超出受众所能理解的抽绎层次的要求，否则，主持人满口术语和专业名词，满口佶屈聱牙的贵族式语言，不仅会使语言发生死线抽绎，阻碍受众理解，也会导致传播失败。

3. 感染力强

中国近代著名报人梁启超曾写文章，尤其是针对写论说文提出过两点意见，一曰"动听"，二曰"耐驳"。今天看来，这两点意见不仅对写文章的人大有裨益，对主持人有声语言的运用同样不无启示。

在主持传播中常有这样的情况，同样的内容让两位不同的主持人来传播，一位主持人因为语言生动有趣而让观众欲罢不能，而另一位主持人则因为语言的枯燥呆板而让观众昏昏欲睡。对于电视节目主持人来讲，由于在很大程度上要借助有声语言作为信息传播的载体，在某种意义上说，主持人是"嘴力工作者"，其有声语言的表现力、感染力十分重要。造成主持人语言不生动、缺乏吸引力的

---

① 〔美〕威尔伯·施拉姆、威廉·波特：《传播学概论》，陈亮、周立方、李启译，新华出版社1984年版，第113页。

主要原因则是主持人的语调平淡、缺乏激情,语言空洞、形象不够,以及主持人的语言呆板沉闷、不够鲜活、迟钝木讷、不够机智等。

对于这一点,一些著名的主持人也深有体会,如白岩松就发现"人们只有感受到了你的真情,他们才会被你的语言内容真正打动"[①]。而水均益则明确表示:"所说的'口语化'绝非指'淡而无味',对于主持语言要求:第一,平常但不能平淡,要精彩;第二,平常要有内容,每一句话力争做到'言之有物、言之有趣、言之有益'"[②],这里的言之有趣从某种意义上来说便是主持人的语言感染力要强。综艺娱乐节目主持人更应善于通过声情并茂的语言渲染气氛,调动观众积极性。

(二) 传播素质

1. 具备信息能力

信息能力是指主持人收集信息、接受信息和处理信息的能力。无论对哪种类型的节目的主持人来说,富有较强的信息能力都是一项必不可少的职业素质。

现代社会是信息社会,由于通信技术日益发达,人们传送和获知信息的能力不断增长,手段不断增多。技术的进步与信息的极大丰富固然是好事,但信息过多就容易造成所谓的信息爆炸或信息泛滥,而一旦信息传送的量超过人们接收信息的能力时,丰富的信息不但无益而且有害。这其实也是以传播信息为己任的大众传播媒介面临的新课题和新任务,即大众传播媒介和媒介工作者要能够在浩瀚的信息海洋中甄别和滤取有价值的信息并传播给受众。作为主持人,具备这样的信息能力便成了其职业素质中的应有之义。

作为一项必备的职业素质,信息能力既是现代信息社会对作为职业传播者的主持人提出的时代要求,也是广播电视主持人造就个人魅力的必备前提。在主持人个人魅力的构成层次中,思想魅力居于非常重要的位置,而思想魅力的源泉在某种意义上体现的正是主持人的信息能力。一般而言,只有掌握了足够的信息,才能够通过对信息的消化生发出一定的观点,而一定的观点只有建立在充分的信息支撑之上,才更能显出其精深和全面。较好地完成了伊拉克战争直播任务的主持人鲁健就是很好的例子。据介绍,为了顺利完成直播任务,鲁健很早就开始了关于伊拉克战争的资料准备工作,自己动手搜集和消化资料,央视海外中心还请专家为其补课。由于掌握了足够的信息,鲁健在进入直播状态以后,提问和点评都表现得比较专业,最终赢得了社会的一致好评。

主持人只有具备很强的信息采集和处理能力,才能够将这些信息转化为观

---

① 白岩松:《我们能走多远——关于主持人话题的思考》,《现代传播》1996年第1期。
② 水均益、赵俐:《个性展现的基础》,《现代传播》1995年第4期。

点,也才能够在自身的文化素质、思维品质等方面有所提升,获得一定的话语权和对话资格。这也是许多电视节目主持人,尤其是新闻节目主持人的成功经验,如凤凰卫视的主持人董嘉耀就明确表示,当一件大事发生时,主持人需要做的就是立即把纷乱的信息有逻辑、有条理地整理出脉络,再把重要信息依次告诉你的观众。江苏电视台的主持人孟非则表示,他主持《南京零距离》时一般每天上午都在看报纸,与此同时,选择哪些事情是想说的,以及怎么说等,这其实说的也都是主持人的信息能力。

2. 熟悉媒体传播规律

广播电视媒体(包括新兴的网络媒体和自媒体)是一种独特的大众传播媒介。除具有一般媒体共同的传播规律之外,由于其自身传播介质和传播特性与众不同,也具有许多独特规律,比如它是一个多工种和多工序有机配合的协作团体、它以电子波作为载体、对主持人语言的口语化要求较高等。

要想成为一个优秀的电视节目主持人,除了要具备媒体工作人员所要求的一般职业素质,如采访、编辑、写作、策划的知识和能力之外,还需要熟悉电视规律,熟悉电视的采访、摄录、编辑等各个工作流程,熟悉电视的画面、声音等电视语言的运用,熟悉电视的灯光、色彩以及化妆、着装等各项电视工作的规律,甚至在必要的时候能够不同程度地参与到相关业务中去。这一点在著名主持人崔永元对主持人的定义上也可得到验证,即"所谓主持人,应该是熟练掌握了各种电视手段和技能的职业记者"[①]。网络媒体的主持人则需要充分理解新媒体的特性。

这里,并非要求主持人拳打脚踢"练全活儿",而是要懂得广播电视和新媒体的传播规律,从而有更到位的发挥和更好的合作。否则,主持人不注意业务的拓展和能力的提高,久而久之,便真的成了编导手中的一项工具,不能充分发挥主持人应有的能动作用。所以,熟悉电视规律不仅是电视节目主持人一项应有的职业素质,同时是电视节目主持人其他素质得以展现和发挥的基础。

3. 镜头(话筒)前适应能力

在镜头(话筒)前讲话是主持人的主要工作状态,很多情况下,主持人面前只有一个镜头(话筒),并没有真正的观众存在,这正是主持传播不同于日常工作或生活交流的"虚拟交流"状态。因此,主持人在镜头前状态积极自如,与观众的"虚拟交流"真实、自然,也就成了电视主持人所不可缺少的职业素质。主持人的镜头感多少类似于现在生活中一个较为流行的语汇"秀",即主持人要善于在镜

---

① 参见高贵武:《解析主持传播》,北京广播学院出版社2004年版,第79页。

头前展现(show)出自己极富魅力的一面。

现实中常有这样的情况:一是,有的主持人尽管可以在台下或主持现场之外谈笑风生、妙语连珠,状态非常积极自如,也极富有个人魅力,但上台后,聚光灯一照,电视摄像机的红灯一亮,就好像换了个人似的,一下子全然没有了感觉,还会出现局促紧张、语无伦次、张口结舌等局面;二是,有的主持人在生活中说话状态就不太积极,或表达习惯很"低调",在面对镜头或进入主持现场的时候,仍然保持自己的一贯作风,显得漫不经心或是提不起精神,而且很难适应在镜头前与人交流的状态。如果主持人无法克服这些障碍,使镜头前的状态积极自如,该松弛时无法松弛下来,该兴奋时无法兴奋起来,其实很难胜任这项工作。主持人之所以会出现这种"晕镜头"的现象,一方面是由于主持人的内心紧张、有杂念的干扰,另一方面则是因为主持人缺乏良好的镜头感,无法用镜头感来调整自己的传播状态。当然,这也再次证明在镜头前达到积极自如的状态,或"秀"觉发达是主持人一项重要的职业素质。

### 四、文化素质

文化是人类社会在适应自然和改造自然的过程中不断积累的一切文明成果的总和。文化素质,顾名思义就是人们对这些文明成果的掌握程度以及由此而产生出的心态。

通常所讲的文化素质,一般而言有广义和狭义之分。狭义的文化素质,一般是指某个人所掌握的以书本为载体的文化知识的多少,而广义的文化素质则泛指人们在社会生活中所表现出的任何契合该社会主流文化价值取向的方面,其至包括人的行为举止、穿衣打扮、生活阅历等各方面。因此,说到节目主持人的文化素质,较为理想的构成应该至少包括以下几个方面。

(一) 受教育经历

人的文化素质同人们在学校中所受的教育程度密不可分,这与文化的狭义含义吻合。学校教育不同于家庭教育和社会教育,它是按照一定的要求,有目的、有计划、有系统地向年轻一代传授文化知识、技术技能的,所以学校教育尤其是学校中的文化知识教育,对一个人的文化素质的形成,起着重要的作用。正因为如此,具有一定程度的教育背景或受教育水平便成为主持人必不可少的素质项。从现实的情况来看,要成为一名节目主持人,受过正规的高等教育、具有本科以上的学历应是必要条件之一。

从我国节目主持人的整体教育背景来看,目前绝大多数主持人都接受过正规的高等教育,具有本科以上学历(其中有些是"专续本"或"函授""自考")。由于历史原因,主持人队伍中虽然还有一些没有上过大学、学历不高的主持人,但一些用人单位现在都把具有本科以上学历作为招收和录用新生代主持人的一项基本标准。原中央电视台人事办负责录用和管理主持人的处长晋延林就表示,央视在当前的情况下,要求主持人的学历都要在大学本科以上。香港电视广播卫星有限公司(TVB)总经理梁志文也表示,他们"聘用主持人的最起码的条件一般是要有大学毕业的水平"①。这也可以算是业界对于主持人综合素质中教育背景重要性的肯定和重视。

(二) 知识结构

知识结构,指的是各种学科知识在人的头脑中的组织方式,包括这些学科知识的配置比例、内部联系和协同关系,主持人的知识结构就是指从事主持人工作的人员所掌握的知识的组合构架情况。一个合格的主持人在其知识结构的构成上应该至少包括三方面的内容。(1) 基础知识。主要指文、史、哲及自然科学等基本知识。(2) 百科知识。指包罗万象的常识,这种知识不限于一两个领域或专业,而是社会生活中无所不包的常识,例如涉及天文、气象、地理、历史、生物、化学等方面的常识。(3) 专业知识。专业知识由两部分组成,一部分是主持人作为新闻传播者所应具备的新闻传播学的理论知识与业务知识,另一部分是主持人所面对的报道和主持领域所要求具备的专业知识,如财经或法制类节目的主持人除具有新闻传播学知识外,还需要掌握一定的财经或法律专业知识。

实际上,在主持人所招致的非议和指责中,"没有文化""不知所云""一窍不通"可能要算最多,也最常见的字眼。出现这种状况大多数时候不是因为主持人学历不够,而是因为主持人对自己所主持的节目缺乏必要的专业知识储备。

由于缺乏必要的专业知识,主持人无法保证对所主持的话题具有专业意见,而专业知识,无论是从传播效果的角度——传播者的内行性可以增加传播内容的可信性,还是从主持人招人喜欢的角度——智力性因素比社会性因素更能赢得尊敬——来说,都是必不可少的,"观众希望在屏幕上见到的主持人必须是学识渊博的,即便是主持人不熟悉的领域的话题,也应该掌握较全面的材料,否则很难谈到问题的症结上去"②。

没有与所主持节目相关的专业知识,主持人很难受到喜欢,缺少专业知识的主持人不仅无法对传播内容进行整合,与受众的期待相去甚远,甚至连与嘉宾和观众对话的资格都难以获得。

---

① 参见吴郁等:《电视节目主持人的综合素质研究》,中国广播电视出版社2007年版。
② 时间、乔艳琳主编:《实话实说的实话》,上海文化出版社1999年版,第416页。

**(三) 生活阅历**

生活阅历是指一个人在生活中所有经历的总称以及从中所得的社会经验[①],生活阅历既与一个人的年龄有关,也与一个人生活内容的丰富程度有关。

生活阅历丰富、见多识广的人由于生活的积淀和文化积淀较厚,往往对社会事务和现象、对社会文化较之生活阅历浅的人更有体悟,文化见解也更为深刻,在处理突变情况时也显得更为老练和得心应手,因而更容易赢得人们的信赖和尊敬。从这个角度而言,生活阅历丰富也就成了主持人必备的一项文化素质,甚至有人直接提出,"对于主持人而言,学历与经历同等重要"[②]。

生活阅历不足,缺少文化积淀,主持人在碰到不熟悉的领域时甚至听不懂嘉宾话语中的具体含义,更无法及时捕捉嘉宾思想和话语中灵光闪现的火花,将其发展为有价值、可深入的话题。更有甚者,嘉宾还会因为和主持人之间缺少"共同语言"而拒绝与主持人深入对话。境外一些著名的电视机构都会录用一些两鬓染霜、满脸沧桑的人主持节目,如美国的克朗凯特、丹·拉瑟,日本的筑紫哲也,原凤凰卫视的曹景行、阮次山、杨锦麟等。这些电视机构看中的不仅仅是他们的年龄,也是他们身上丰富的生活阅历。

**五、身心素质**

在人的诸种素质中,人的身体素质和心理素质是基本的素质,其中人的身体素质又是最基本的。如果把人的综合素质比作一座大厦,人的身体素质就是这一大厦赖以存在的基石,没有健全的体魄、健康的人格和良好的心理素质,人就失去了成就事业的最起码的条件。正如生活中人们常把事业、金钱、名誉等比作是"0",而把人的身体健康比作"0"前面的"1",没有"1",再多的"0"也终归还是"0"。这里所讲的身体素质和心理素质还只是在一般意义上而言,由于职业内容和特点不同,对人的素质要求也会有所不同,就电视节目的主持人来说,除了应符合一般要求之外,还应体现出与职业特性密切相关的因素。

**(一) 身体素质**

在媒体视觉时代,主持人的形貌常常成为观众首先挑剔的因素。要成为一个受人喜欢的主持人,首先要在外部条件方面具有吸引力,在相貌和声音等方面具备一定优势,能够达到赏心悦目的程度。这其实也是某些思想内涵缺乏而外

---

① 参见《辞海》(缩印本),上海辞书出版社 1989 年版,第 993 页。
② 参见蔡尚伟主编:《影视传播与大众文化——文化工业时代的影视方法论》,四川大学出版社 2005 年版。

貌出众的人敢于去挑战主持人这一职业的原因。

从崔永元、白岩松等成功主持人的例子中也能看到，外在条件固然是招人喜欢的重要条件，却并非全部和必然如此，"随着认知的深入，认知客体的人格特质将逐渐成为印象形成的决定因素"①，随着受众对崔永元、张越等人人格特质的逐渐了解，受众更看重的还是他们的内在修养而不只是外部条件。

主持人良好的身体素质也是身心素质要求的内容之一。主持人的工作没有"朝九晚五"的规律，经常是连续两天录制四五场主题完全不同的节目，有突发新闻时"连轴转"，直播节目时高负荷的体力、精力的消耗，没有强健的体魄和充沛的精力是难以胜任的。

（二）心理素质

在对节目主持人素质的研究和探讨中，心理素质在很多时候容易被人忽视，用白谦诚的话说就是："主持人的心理素质也是非常重要的一个方面。现在大家重视得还不够。"通常，人们习惯上将人的心理素质进一步划分为心理动能素质、心理智能素质和心理复合素质三大部分。其中，心理动能素质包括需求品质、情感品质、注意品质，心理智能素质包括认识能力、运筹决策能力、行为能力等，而心理复合素质作为心理动能素质和心理智能素质相结合渗透的产物，又包括意志品质、审美品质、气质品质、社交品质等项内容。②

为简便起见，这里只对节目主持人心理素质中的需求品质、意志品质、性格品质和气质品质等略作论述。

1. 需求品质

"兴趣是最好的老师。"只有充满浓厚的兴趣，行为人在主观上才会产生进一步研究和尝试的动机，也才能主动去努力实现目标。

在调查中不难发现，成功的主持人正是因为对自己所从事的工作或专业有着浓厚的兴趣，才在专业方面有比别人更多的积累。张斌、刘建宏等人之所以能够成为受欢迎的体育节目主持人，恰恰是因为他们对体育、对足球足够痴迷。据张斌介绍，他对体育的兴趣从上初中的时候就开始了，从初中时就有意识地做着准备，最终，他不仅实现了自己的体育记者梦，而且在主持人的岗位上亦有着精彩的表现。

2. 意志品质

意志是人们根据目标支配和调节行为、克服困难实现预定目标的心理过程。

---

① 高玉祥等主编：《人际交往心理学》，中国社会科学出版社1990年版，第57页。
② 参见庄驹：《人的素质通论（修订版）》，山东大学出版社2000年版，第87页。

意志对行动的支配作用表现在两个方面:一是发动,即推动和激励人们为达到预定目的而行动;二是克服,即制止、放弃与预定目的相矛盾的行动。二者在实际活动中相互关联。人的意志最初导源于人的需要、动机和注意等诸种品质,但它的基本内容则主要是由人的自信心、好胜心、事业心、信念与信仰等诸多因素构成的。① 根据调查发现,主持人工作对主持人所提出的意志品质要求主要体现为:主持人要有足够的承受力和自制力。

主持人的工作是一项压力非常大的工作,这种压力体现在:不仅主持人要成年累月地面对政治导向、工作强度的压力,而且要承受面对镜头进行直播、不断创新、同行之间竞争和个人升迁或业务提升的压力,以及主持人作为公众人物面对观众批评和其他媒体炒作的压力。因此,不管从什么角度看,主持人的工作都是对人的身心的巨大挑战和考验,对主持人提出的最直接的要求就是要有足够的承受力。主持人不仅要承受来自领导的监督、观众的批评,还要承受工作劳累和失败所带来的身体不适和思想煎熬,否则就不得不离开这个工作岗位。

由于处在传播的最前沿,加之电视媒介的强大势力,主持人,尤其是在知名媒体黄金时段主持节目的主持人很容易在短时间内获得高知名度。有了一定的知名度之后,一些主持人不免有些飘飘然,变得日益浮躁乃至"自我膨胀",经不起名利的诱惑。浮躁也是许多主持人的通病。名主持人白岩松曾经说过一句话,电视就是个名利场;主持人刘建宏进一步补充说,在这个名利场里的人应该做到不要太浮躁。而要在这个名利场中很好地把握自己,力戒浮躁,没有一定的自制力显然是不行的。主持人的自制力也体现在主持人主持节目时的情绪控制上——主持节目时既不能毫无激情,对任何人与事都无动于衷,也不能毫无节制地流露自己的情绪,甚至走入煽情的误区。笔者所做的调查发现,当问到主持人的心理素质要素,并要求被访者为这些要素排序时,善于控制自己的情绪仅次于临阵不乱,足见自制力在主持人心理素质中的重要性。

3. 性格品质

社会心理学根据人的行为和心理特征证明了人的合群性的存在。如果对主持人的合群性略作分析,就会发现,主持人,尤其是优秀主持人身上也有着某种强烈的合群倾向,并伴有开朗的性格和高超的交际能力。道理非常简单,性格开朗、喜欢交往的人更容易保持真诚、热情的品质,也更容易接近不太熟悉的人,并很快赢得信任。反之,性格内向、不爱交往、见到生人就脸红心跳、不知所措的人,很难让人产生喜欢和信任的感觉。在某种意义上,受众就是主持人原本不认

---

① 庄驹:《人的素质通论(修订版)》,山东大学出版社2000年版,第171页。

识或不熟悉的人,获得受众信任并很快与之成为朋友既是主持传播对主持人的要求,也是主持人从事这项工作首先遇到的挑战。如撒贝宁所说,正是因为酷爱打篮球而养成的开朗,并能很快与陌生人混熟的性格为他的主持工作帮了不少忙,一场节目主持下来,原本不认识的观众和嘉宾也就成了实实在在的朋友。①正是凭着这种"自来熟"的个性,他才能在主持节目的时候很快消除与观众和嘉宾之间的陌生感,带领嘉宾和观众进入正常的传播状态,并显示出较强的观众缘和亲和力。

4. 气质品质

电视直播节目越来越多,电视节目主持人通常需要在节目中应对意想不到的情况,于是机敏、活跃、反应迅速、有朝气等气质也就成了优秀电视节目主持人必不可少的心理素质。在笔者进行的访谈和调查中,不管是主持人,还是专家、制片人和媒介领导,对主持人的这项心理素质都格外看重。

主持人马东的一段话非常有意思:"我自己老说,什么人都可以当主持人,主持人是什么人?主持人是饭桌上说话最多的那一个,讲笑话所有人都爱听的那一个,宿舍里的那一个话篓子,班里不是那个班长,但是暗地里的那个领袖。一群人里面,他永远是话语中心,他有表现欲,见多识广,爱读书,阅读范围很广,不可能是某方面的专家,但是他善于和各种各样的人打交道,善于交流、表现自己,同时也善于去挖掘对方。善于沟通,善于控制现场,善于组织观众和嘉宾之间的交流,这种人就是主持人"②。马东从现象方面对主持人的心理素质做了注解,其中包括主持人语言方面的素质、知识方面的素质,当然也包括主持人的机敏与活跃。

### 六、主持人素质构成要素间的关系

(一)主持人综合素质的"塔形结构"

在节目主持人的各项素质中,每个分项在主持人综合素质中起的作用绝不是平均发力,也并不处在同一个层面,而是呈现出如同麦克利兰胜任素质冰山模型(图5-2)的塔状结构特征(如图5-3所示),其中既有处在底层、决定主持人能否进入该行业的一般性素质,如主持人的身体素质、语言素质、心理素质等,也有处在较高层次、决定主持人优劣的特殊性素质,如主持人的职业素质、文化素质等,更有统领全局、决定一个主持人最终能走多远、能达到何种高度的核心素质,

---

① 参见高贵武:《解析主持传播》,北京广播学院出版社2004年版,第134页。
② 参见吴郁等:《电视节目主持人综合素质研究》,中国广播电视出版社2007年版,第74页。

如人格素质等。正如主持人白岩松所言:"主持人拼到最后拼的是人格。""对于任何一个主持人来说,只有先拥有一个大写而丰满的人,才能派生出一个被观众认可的主持人形象。"①

图 5-3　主持人综合素质的"塔形结构"

(二) 成为主持人的"天赋"

除上述素质之外,也不能忽略另一种素质,即天赋。这里的天赋不是指主持人身上与生俱来的天赋条件,如容貌、声音等物质性的先天条件,而是类似于通常所讲的天资一类的东西。主持人的天赋更多的是指理解和适应职业所具有的过人的"悟性",比如:能讲一口准确流利的普通话,吐字清晰,语言表现力强,语感好,口才好;能很快适应主持工作的各种情境,面对镜头兴奋、投入;掌握主持人工作的规律、深入浅出的语言特点,领悟能力强,善于举一反三,工作中上手快,进步大,职业化过程迅速、高效,并有创新意识和能力;人格特征与职业需要匹配,对人、对事物、对世界充满好奇心,热情、开朗,大方自然、可信可亲;等等。

如果不具备这些天赋,虽说通过后天努力,主持人也能够具备某些素质,但这样的主持人充其量也就是合格,离优秀的主持人还有很大距离。如果具备了这些天赋,再加上有较好的文化素质和人格素质,主持人就能走得更远,就能发展成为优秀的主持人。由于天赋无法用准确的语言来描述,也无法用具体的指标来界定,主持人有无天赋有时甚至连自己也无法判断,只能由有经验的伯乐来发现或者到实践中去检验。

(三) 主持人的素质是一个动态概念

从主持人综合素质的构成来看,思想素质、文化素质、职业素质、身心素质缺一不可,是反映主持人综合素质固有规律的,相对静态、稳定的构成体系,但其下

---

① 白岩松:《我们能走多远——关于主持人话题的思考》,《现代传播》1996年第1期。

位的素质基因并非一成不变。正如《辞海》对素质一词的解释,素质虽"是人的心理发展的生理条件,但不能决定人的心理内容和发展水平,某些素质上的缺陷可以通过实践学习获得不同程度的补偿"[①]。主持人的综合素质是一个动态的概念,这主要体现在三个层面。

第一,主持人综合素质构成体系有动态的变化。社会、时代的发展变化会对主持人的素质提出新的期望和要求,整个传媒市场的变化会对主持人的素质提出新的挑战和标准,如时代的前进、科技的进步、传播环境的变化、主持人节目类型的发展和节目形态的丰富,都会使主持人的功能、作用发生变动,这些变动理所当然会对主持人的综合素质提出新的要求。

第二,主持人的个体综合素质也存在动态变化。素质中固然有一些先天的不可改变的因素,但素质总体是可以改变的,主持人综合素质的变化实际上会朝着积极、良性或消极、恶性两个方向发展。一方面,主持人可以在实际的工作中、在理论的指导下减少不适应或不符合主持传播规律的素质因素,弥补自身素质构成的缺陷,以达到工作的要求;另一方面,主持人的综合素质在发展中也有可能出现某些异化和失控的情况。

第三,素质的动态发展是主持人自身活动的结果,亦会受到外部因素的影响和制约。主持人工作团队的思想、业务水平及氛围,栏目组对于主持人参与节目创作的意识,编导、摄像等工作伙伴的支持程度,栏目为发挥主持人传播素质和作用所提供的平台,领导对主持人使用及发展的重视和激励等都是主持人综合素质培养必须考虑的问题,也是主持人及其管理者必须时刻注意的。

## 第三节 主持人的形象及管理

### 一、主持人形象的内涵

形象,按照《现代汉语词典》的解释,是"能引起人的思想和感情活动的具体形象或姿态"。在英文中,与汉语"形象"一词相对应的词不止一个,除"image"外,还有"figure""form""identity"等。其中"image"一词,按《韦氏大百科辞典》的权威解释,最基本的含义是:第一,通过照相、绘画、雕塑或其他方式制作的人、动物或事物的可视的相似物;第二,通过镜子反射或光线折射而成的物体的图像;第三,大脑的反映、观念或概念。西方学者科特勒则认为,形象就是指人们所

---

① 《辞海》(缩印本),上海辞书出版社1989年版,第1378页。

特有的关于某一对象的信念、观念和印象。按照以上解释,主持人的形象,是指人们对主持人总体的信念、观念和印象,是受众对主持人产生认识和评价的开始。主持人的形象也绝非单纯的外在物质形象,而是包括信念与观念等内在的抽象内容。当然,要科学、准确地理解形象概念,还得从主体、客体、主客体关系三个维度来对其进行界定。从这个意义上考虑,主持人的形象在构成上至少包括局部形象与整体形象、外在形象与内在形象、物质形象与精神形象、感性形象与理性形象、个体形象与集体形象等几个部分。

(一)局部形象与整体形象

与一切个体和社会组织的形象一样,主持人的形象也是由多种要素构成的系统,也存在局部形象和整体形象。整体形象在各个局部形象有机综合的基础上形成,局部形象只有通过整体形象才能发挥其功能,也就是说,形象的整体性与形象的局部性是密不可分的。对于主持人来说,其形象既包括形体形象、服饰形象、礼仪形象、语言形象、能力形象、气质形象、道德形象等局部形象,也包括由这些局部形象构成的系统整体形象。主持人的局部形象与整体形象也体现在不同的情境和时空条件之下,即主持人形象在某时某地的体现从整体来看不过是个局部,而主持人的整体形象是一个长期积累的过程。

(二)外在形象与内在形象

古人云:"有诸形于内,必形于外。"万物皆有内外之别,形象亦有内外之分。内在形象与外在形象须臾不可分离。外在形象是内在形象的外化形式,内在形象则是外在形象的灵魂内核,内在形象的塑造始于外在形象,并最终建立在外在形象的基础之上,外在形象的建立很大程度上取决于内在形象。所谓外在形象,是指人的内在素质的外在表现形式。外在形象包括三个方面:仪表风度、谈吐举止、服饰穿戴。对主持人而言,其外在形象是由其外表和行为构成的,包括主持人的容貌、形体、体态以及主持人的着装、化妆等。所谓内在形象,则是指人的生理机能、心理特点与知识积累、实践经验及智能锻炼等状况的综合表现,即人内在素质的总和。就主持人来说,则是主持人能力、气质、风度、品格或其精神境界、道德风范、文化修养、才情趣味的综合表现。

(三)物质形象与精神形象

物质与精神,是哲学的一对基本范畴。物质决定精神,精神反作用于物质,二者密不可分。物质形象与精神形象的关系与此既类似又有所区别。按照钱穆的说法,物质是目可见耳可闻、皮肤手足可触摸的东西,而精神则是不可见、不可闻、不可触摸的,只有用人的内心去觉知与体验。由此可见,物质形象乃是由具体可感的物体,如人的身体、五官、服饰、言语、行为等所呈现出来的形象,而精神形象则是存在于人内心的观念、意识通过人或组织的行为或物质载体而呈现出来的形象。就主持人而言,其物质形象是通过相貌、语言、举止等具体可感的元素在受众心目中留下的印象,精神形象则是其精神面貌、道德品质等元素在受众心目中留下的印象。当然,把形象分为精神形象与物质形象两个方面,不过是为了分析和说明问题的方便,实际上并没有脱离物质形象的精神形象,也没有脱离精神形象的物质形象。主持人在受众心目中的形象塑造只有通过物质手段才能体现出来,但也不可能只通过物质手段就能实现。

(四)感性形象与理性形象

感性形象,与外在形象和物质形象有些近似,是指主持人通过其相貌、声音、仪表、风度等可视、可感的介质在受众心目中留下的综合印象。感性形象强调的是受众仅凭个人的感性认识而对主持人个人形象所做出的判断和评价。主持人的理性形象是受众基于对主持人的理性认识而做出的综合性评价。人的感性认识与理性认识存在着一定区别和差异,受众对主持人的感性形象与理性形象的认识也存在着一定的区别和差异。一般而言,感性认识较之理性认识多少会显得表面、短暂,在人的认识体系中虽然直接但有时并不可靠,理性认识因为经过深入的理性观察和分析,在评价与判断上更接近于事物的本质,在人的认识体系中更持久也更牢靠。从主持传播的角度来看,感性形象往往决定着初始阶段,尤其是主持人与受众初次见面时的受众评价,而理性形象则决定着主持人最终在受众心中的印象如何,决定着主持人究竟能走多远。

(五)个体形象与集体形象

如果说关于局部形象与整体形象、外在形象与内在形象、物质形象与精神形象、感性形象与理性形象还局限于主持人的个体形象,即主持人作为独立的个体出现在受众面前并由受众对其形象做出的评价,那么由于主持人角色的复合性,主持人形象同时又是一个复合的概念,即主持人的个人形象除影响主持人个体在受众心目中的地位及受欢迎度之外,也直接影响着主持人所在栏目及媒体在受众心目中的地位及影响,属于栏目、媒体等集体形象不可分割的一个组成部分。因此,主持人的个体形象不能不受到栏目媒体形象的制约,如中央电视台主持人与凤凰卫视主持人的个人形象中都具有鲜明的集体形象印记。凤凰卫视出于主持人整体形象管理的需要,还设有专门机构对主持人形象进行包装和设计,中央电视台也有专门的出镜指导委员会负责主持人的屏幕形象把关和监审,对主持人的形象进行指导,有屏幕形象设计工作室,对播音员、主持人进行专业素质、屏幕形象等方面的专业策划、指导、培训和屏幕形象包装。① 反过来，主持人的个人形象也直接塑造和影响着栏目和媒体的形象，任何有损主持人个人形象的举动都可能会使栏目和媒体形象遭受更大的损害。

## 二、主持人形象的价值

在现代社会，形象对个体和社会组织的生存、发展具有越来越重要的影响和作用。美好的形象既可以给人带来自豪感和幸福感，也可以引起人的感官快适、心灵愉悦。对个体而言，塑造良好的形象，可以缔结、改造和提升与他人之间的关系，获得他人、社会的信任和支持。大量的实例证明，在现代社会，具有良好形象的人，能获得更多的发展机遇和更大的发展空间，也更容易取得成功。形象就是生产力。作为类人际传播的主体，主持人的美好形象同样对其传播活动具有不可低估的价值，这种价值概括起来有以下几个方面。

（一）可以增加主持人的受欢迎度

对个体而言，塑造良好的形象，不仅可以缔结、改造和提升关系，还能获得他人、社会的信任和支持。主持人具有良好的个人形象同样可以增加主持人在受众中的受欢迎度，从而赢得受众更多的喜欢和信任。当然，这里所指的良好形象是一个完整意义上的形象概念，除了包含主持人的外在形象，同样包含主持人的内在形象，是包含上文所列诸种形象的综合体。那些将更多精力放在化妆与穿衣上、力图只通过外在形象来提升主持人形象的做法必然是徒劳的。

（二）可以提升媒体整体形象

不管个体还是组织，其整体形象都是由不同的局部形象构成，局部形象反过来又会影响和制约整体形象。就媒体来说，主持人的形象无疑是媒体整体形象构成中的重要分子，对媒体形象有着制约作用。如果一个女主持人半裸身体为某产品做的流动广告出现在大街小巷，虽然大多数社会大众可能记不住那位主持人的名字，却记住了那位主持人所在的媒体，而其所在的媒体出于维护自己形象的需要最终也不得不辞退主持人以向社会公众交代。

（三）可以增进主持传播效果

形象学研究中有个论断，即"形象就是实力"。实力与形象之间存在着相克相生的辩证关系，实力首先是主体综合素质的反映，而形象作为公众对主体的评价和印象，内在包含着实力的因素。形象作为一种无形资产，可以激活主体的有形资产，从而创造并增强主体实力。研究表明，一个受众喜欢、给受众留下美好

---

① 杨晓民：《构建央视人力资源管理新体系》，《电视研究》2005 年第 10 期。

印象的主持人,其主持的节目不仅视听率更高,节目中传播的观点也更容易让受众理解和接受。反之,一个在受众心目中印象不佳、不讨人喜欢的主持人,在稳定节目视听人数上就已存在问题,更谈不上节目会有好的传播效果。因此,即使是"为了使受众对自己有较好的印象,从而获得比较理想的传播效果,主持人也需要进行必要的印象整饰"①。正如施拉姆所说:"最可能改变一次传播的效果的方法之一,是改变传播对象对传播者的印象。"②

（四）可以提升社会审美水平

形象学的研究还有一个耐人寻味的论断:"形象塑造作为人类的基本活动,本质上就是对真、善、美的追求"③。作为主持人,由于在角色定位上的公众人物取向及角色功能上的审美取向,具有良好的形象不仅体现了个体对于真、善、美的追求,还会对全社会追求真、善、美产生极大的引导和示范意义。主持人身为公众人物,其形象时刻受人关注,加之社会上崇拜心理的存在,主持人的形象,包括主持人的衣着、谈吐、风度、品位、人格等都是社会大众,尤其是其忠实受众争相学习和仿效的对象,对于提升大众审美水平有着不可低估的作用。当然,这也是由主持人身处大众传播媒介、肩负媒体传承文化教育的功能所决定的。

### 三、主持人的形象管理

形象管理,或曰印象管理,也叫印象整饰,是指"行为主体有意地去控制别人对自己印象的行为",通俗地说,也就是一个人如何来影响或改变他人对自己的印象,使别人对自己有个好印象,或是一个人为树立和塑造自己的美好形象而做出的诸种努力。印象管理的研究最早可以追溯到马基雅维利在《君主论》里有关如何控制人类行为的见解,但真正对印象管理有深入研究并对印象管理研究有较大影响的是美国现代著名的社会心理学家欧文·戈夫曼。在其享誉世界的《日常生活中的自我呈现》一书中,借着莎士比亚剧本《皆大欢喜》里的一句台词:"全世界是一个大舞台,所有男男女女都不过是一个演员",戈夫曼提出,人生其实也是个大舞台,人与人之间的互动有如演员相互配合的演戏,而他们的演出又受到互动双方的制约,因此,要使互动能够顺利进行,互动的双方都应该有能力运用某种互动的技巧对自己的印象进行控制、管理或整饰。从社会学的角度来说,印象管理既是人际交往顺利进行的必要策略,也是人类社会互动良性发展的

---

① 郑兴东:《受众心理与传媒引导》,新华出版社1999年版,第256页。
② 〔美〕威尔伯·施拉姆、威廉·波特:《传播学概论》,陈亮、周立方、李启译,新华出版社1984年版,第225页。
③ 秦启文、周永康:《形象学导论》,社会科学文献出版社2004年版,第15页。

重要保证,更是人类社会化程度较高的一个重要标志。"在现代社会里,一个不懂得对自己进行印象管理的人,不仅无法获得别人的好感,而且往往会使正常的人际交往无法有效、顺畅地进行,因而是不能适应社会发展需要的。"①

(一) 主持人印象管理的必要性

如果说印象管理在正常的社会交往中必不可少,那么,印象管理对于传播的意义更是非同寻常,无论是人际传播还是大众传播,传播者在传播对象心目中的既有形象,对于传播效果的影响都是明显的,因而也是不容忽视的。如果说印象管理对于传播者来说意义非同寻常,那么对于处在类人际交往状态、缺少即时互动的主持传播来说,则显得更为重要和必要,良好的印象管理不仅是节目主持人获得受众认可和喜欢的关键,更是节目取得良好社会效果的前提条件,是衡量一个节目主持人成功与否的重要标准。从某种意义上来说,节目主持人以及整个主持人节目的传播效果正是由节目主持人是否受欢迎以及主持人在受众心目中的形象来决定的。

主持人进行印象管理之所以必要,还有一个重要原因是主持人在受众心目中的印象不是一成不变的。从受众的角度来说,一方面,谁也不能保证,今天在受众中印象良好、受人喜欢的主持人,明天受众还会对他们保持喜欢、保持已有的良好印象。另一方面,出于人类共有的喜新厌旧的本能心理,受众在与主持人的互动交往中,会对主持人的印象不断地产生新的期待,对主持人不断提出新的印象管理要求。这时主持人如果还是采取以不变应万变的策略,只是努力维持他们在受众中的原有印象,不进行积极有效的印象管理,就很有可能让受众失望,让受众觉得枯燥乏味,产生审美疲劳而逐渐失去原有的良好印象。这也是一些主持人在主持节目一段时间后便急着跳槽去主持新节目的原因。积极有效的印象管理也是主持人自身永葆魅力的必然要求。主持人一旦获得受众的正面评价就停止自己的印象管理,不再根据受众的新期望和要求进行必要的印象整饰,其工作动力也会失去,最终必然落在时代的后面,也谈不上再让受众喜欢。这也是主持人需要努力超越自己、不断充电的原因。跳槽也好,充电也罢,主持人都是为了让自己在受众心目中的印象更好,都是在进行印象管理。

主持人印象管理的必要性同时也是由主持人作为公众人物的独特角色定位所决定的。公众人物,由于经常出现在公众面前,是公众关注和追逐的焦点,大多数人认识公众人物也是从他们的公众形象开始,公众人物的公众形象好坏直接影响着社会大众对他们的好恶。主持人,由于处在媒介最前沿,常常也是社会

---

① 参见余丽琳:《人际交往心理学》,光明日报出版社1989年版,第29页。

大众追捧的对象,因而是名副其实的公众人物。是公众人物就存在公众形象的问题,公众形象维护得不好,不但有损主持人在受众心目中的个人形象,而且影响主持传播的传播效果,甚至影响主持人所在媒体的整体形象。毕竟,传播者的形象是影响传播效果的重要因素之一。作为个人,主持人必须学会塑造自己,以适应媒介的需要。

(二) 主持人印象管理的内外空间

公众人物,因个人空间的相对缩小,公众空间必然随之增大,这意味着公众人物从事印象管理的空间也会相较一般人更加广阔。作为公众人物,主持人的印象管理空间可以说无处不在。主持人不仅需要在主持节目时,也就是在正式进入传播状态时进行必要的印象管理,而且需要在节目之外的一切场合进行必要的印象管理。实际上,有些主持人在主持节目的时候,的确非常注意自己的形象问题,也很在意印象管理,如一些主持人不仅笑容可掬,谦恭有礼,而且对着受众一口一声"朋友",很容易给人留下真诚、热情、尊重受众的良好印象,而一旦下了节目就如同换了个人一般,对受众不是置若罔闻,就是冷若冰霜,甚至对受众冷嘲热讽。更有甚者,即使是在主持节目的时候,每当镜头切向主持人的时候,主持人的脸上马上堆满笑容,而当镜头刚准备切还没切走的时候,主持人的笑容又会像受机器控制一样立即消失殆尽。对这样的主持人,受众很难对其留下什么好的印象,更难对其传播活动产生喜欢和信任之情,如有的受众就曾专门撰文恳请主持人能否将他们的笑容坚持到镜头完全切走。

如果说主持人在主持节目、面对镜头或话筒的时候还知道对其形象进行维护的话,那么主持人印象管理出现问题的情况更多的是在他们不主持节目的时候,这时其实更需要主持人的印象管理。中央电视台第三套节目曾有一档由著名主持人王刚主持的栏目——《朋友》。在2001年10月7日播出的一期以著名主持人赵忠祥为中心嘉宾的节目里,以赵忠祥的朋友身份来参加节目的同时还有许多知名的主持人。在那期节目里,早已是"名嘴"的主持人个个以赵忠祥的徒弟自居,对赵忠祥大加赞赏,不仅开口闭口"赵老师",而且称赵的声音和主持水平为全国一流乃至世界一流。节目中,主持人尽管使赵忠祥高兴得甚至有些不自在,但他们没有想到他们自己连同赵忠祥的形象在受众心目中已经打了折扣。节目播出不久,就有受众直接向中央电视台的领导表达了他们的反感之情,甚至还有人在网络、报纸杂志上公开发表文章,提醒《媒体,千万别自吹自播》。至此,这些主持人不仅损害了他们自己的形象,而且直接损害了中央电视台的形象,就连中央电视台的领导也不得不在台里的各种会议上一再强调,主持人一定要时刻注意自己的个人形象及媒体整体形象。

主持人在不主持自己的栏目时同样需要进行印象管理。如果说主持人的这种印象管理空间还没有走出节目圈子的话,那么,主持人在节目之外不注意印象管理的情形就更多了。如有的主持人靠走穴、拍广告大捞外快,有的主持人闯红灯或酒后驾驶,有的主持人走在大街上被受众认出时假装不理或大摆明星架子……这样的主持人,受众无论如何不会喜欢和信任,即使他们摇身一变,笑容可掬地坐在镜头或话筒前分外亲切地传播,受众同样会因为对他们已有了不好的印象而怀疑或拒绝接受其所进行的传播。这就是社会心理学上所谓的印象形成时的加权模式,即"人们在形成整体印象时对负性信息比正性信息给予更多的注意,即在其他条件相等的情况下,负性特质对印象的形成比正性特质作用大"[1]。用戈夫曼的理论来解释,就是"即使最富有同情心的观众,也会因发现呈现在他们面前的表演印象中存在着某种不一致现象而暂时感到不安与震惊,对表演者的信念也会因此而暂时受到削弱"[2]。因此,主持人的印象管理绝非一时一地能解决,而是随时随地存在的长期积累的过程。正因此,美国的沃尔特·克朗凯特、丹·拉瑟等人才会几十年来一直尽力保持着他们稳定、和蔼、成熟甚至苍老的形象,而国内的鞠萍甚至也一直不敢改变她一贯的发型和形象。

(三)主持人印象管理的基本策略

美国社会学家戈夫曼不仅提出了关于印象管理的拟剧理论,而且在其理论体系中还对印象管理的策略提出了自己的看法。从节目主持人的传播实践外在来看,主持人印象管理可以通过以下策略实现。

1. 通过物理手段塑造良好外在形象

受众最先对主持人形成印象是从主持人的外在形象开始的,因而主持人通过外在的物理手段塑造自己的良好外在形象也是主持人进行印象管理的第一步,毕竟传播者的风度、仪表甚至服饰也是影响受众是否喜欢他(她)的因素。这里所说的物理手段相当于形象构成中的物质形象部分,一般包括主持人的声音、容貌、服饰、发型、化妆甚至表情、姿势等。在这些物理手段中除了声音中的音质、音色及容貌属于先天遗传难以改变(亦非绝对不能改变)外,其他因素皆可改变,这就为主持人的印象管理提供了很大的余地和空间。而即使在声音方面,虽说音质、音色无法改变,但声音的音量以及有声语言的音调,仍是可以通过后天的学习和培养而得到矫正的,这就要求主持人从维护自身形象的角度出发来有意地练习发声、吐字归音、气息的运用以及普通话的表达,同时要学会说清楚、明

---

[1] 余丽琳:《人际交往心理学》,光明日报出版社1989年版,第32页。
[2] 〔美〕欧文·戈夫曼:《日常生活中的自我呈现》,徐江敏译,北京大学出版社2008年版,第35页。

白、文明、生动的标准语言。否则,很难想象,一个声音艰涩、刺耳,满口污言秽语的主持人会给受众留下什么好印象。再说主持人的服饰、发型、化妆、表情与姿势,且不论这些内容作为传播的非语言符号在主持传播中所具有的信息功能,仅记其在为受众留下良好印象方面的作用也不容小觑。

主持人在节目里如果太关注自己的服饰、打扮或在服饰打扮上用心过多,同样有损主持人的形象。因此,主持人在通过物理手段塑造个人形象、进行印象管理的时候,也要掌握适度的原则,即笛卡儿所谓"最美的服装应该是一种恰到好处的协调和适中"①。在这方面,笔者以为公关礼仪中的 TPO 原则不无参考和借鉴意义。所谓 TPO 原则,T,即 Time,是指服饰要适应时代、季节和自己的年龄;P,即 Place,指服饰应适应特定的语境、切合自己的职业和身份;O,即 Object,指服饰要为某种交际目的服务。通俗地说,就是主持人在穿衣打扮的时候,要充分考虑到时间、场合、目的等因素。例如当主持人出现在少儿节目中时,就可以在服饰上适当艳丽、活泼一些,而当主持人出现在老年节目中时,则应在服饰方面表现得朴实、大方一些。如若置 TPO 原则不顾,就可能给受众留下不良印象,甚至闹出笑话来。

2. 通过自我暴露缩短传受距离

按照戈夫曼的理论,只要在舞台上演戏,就必然存在前台和后台两个区域。所谓前台是个人在台上通过表演展现在观众面前的公开部分,而所谓后台则是个人在舞台之后不在公众面前展现的私人部分。与上台演出时的情景一样,当个体处于前台,即公众(也可能只是一个人)面前时,所表现出的所有行为一般都会更加符合戏中对角色的要求和规范,也更符合社会对这一角色的期待,而在后台,个体则往往比较放松,所作所为不一定合乎角色规范,却更接近于自然真实状态。自我暴露便是行为主体有意将本该在后台展示的东西拿到前台展示的行为。具体到节目主持人的印象管理,适当地自我暴露就是主持人在镜头或者话筒前面对受众时,有意表露出一些属于私人的东西。人际交往心理学研究表明:"自我暴露会增加喜欢,即人们总是喜欢那些自我暴露的人,而不喜欢自我隐蔽的人。一个从来不做自我暴露的人,就不能与他们建立任何亲密的有意义的关系,那些让别人'看不透'的人,或者看起来完美无缺的人,只能让别人敬而远之。"②美国著名人际传播学教授唐·库什曼则认为:"人际沟通是人们彼此变为好朋友或知己的中介,包含着有关人员的独特自我观相互渗透的过程。为使这

---

① 转引自应天常:《节目主持艺术论》,北京广播学院出版社 1999 年版,第 366 页。
② 佘丽琳:《人际交往心理学》,光明日报出版社 1989 年版,第 164 页。

种渗透成为可能,参与沟通的每个人都必须表露有关自己的独特自我形象的信息。"①因为这个缘故,当美国著名的黑人女主持温芙瑞在节目中道出她幼年时曾遭强暴、杨澜在节目中道出她小时候尿床的经历时,受众不但没有轻视或嘲笑她们,反而因为她们的坦诚、因为她们所表露出的普通人平常的一面而更加喜欢她们。

中央电视台《实话实说》节目主持人崔永元算是一个自我暴露相对多的主持人。在一期名为《老师,对不起》的节目里,当嘉宾动情地回忆起心酸的往事时,不仅在场的观众个个动容,崔永元自己也一次次泪流满面、泣不成声。对于自己的这种自我暴露,崔永元是这样说的:"我听嘉宾讲他们曲折的经历,会被打动得掉眼泪。我相信很多主持人在这种时候会很忌讳自己掉眼泪,因为掉眼泪的样子确实很不好看。我在哭的时候、在掉眼泪的时候,脑子里没有这些杂念。包括我想开口大笑的时候,我就笑,我笑起来的表情很难看,我自己知道,但是我不在意。这就是我的自信所在。我说话没说好,说结巴了,我的形体不好看,服装搭配不合理,各种各样男人的毛病,都可以在屏幕上被放大、被展现出来,我在心理上可以接受它。我希望大家看到的这个《实话实说》的主持人,就是这样,不是个完人,身上有很多毛病,也有很多可爱之处,他一看我,就想到他的一个兄弟,想到插队时的一个战友,想到当兵时同班的一个战士,想起邻居大妈的一个儿子。我的自信就是建立在这个地方。"②崔永元之所以有这样的自信,与他的自我暴露不无关系,是他的自我暴露让受众觉得他不是一个完美无缺的人,而是一个真诚的人,是一个值得亲近和信赖的自己人。这恰恰是社会心理学所指出的增加喜欢的关键因素,假如一个十分出色的人能够适当地表现出一点他作为普通人的那一面,那么会增加别人对他的喜爱。

在论述自我暴露策略的时候,戈夫曼及其他学者进一步提出,自我暴露必须遵循对等和渐进的原则,即"自我暴露仅仅在精心对待暴露速度的条件下才会引起喜欢。自我暴露必须缓慢到足以使双方都不能感到惊奇的速度,如果它过早涉及太多的个人亲密关系,会惹起忧虑和自卫行为"③。就主持人的自我暴露来说,处于非对称关系中的主持人虽然不太可能即时感知对方(受众)自我暴露的进度,但主持人仍需要注意自身的自我暴露进度问题,一点都不暴露或暴露太多太快都可能引起受众的负面反应,不利于主持人的传播效果。主持人在运用自

---

① 〔美〕唐·库曼、杜·卡恩:《人际沟通论》,宋晓亮译,知识出版社1989年版,第146页。
② 转引自郑兴东:《受众心理与传媒引导》,新华出版社1999年版,第258页。
③ 〔美〕J.L.弗里德曼等:《社会心理学》,高地、高佳等译,黑龙江人民出版社1984年版,第221页。

我暴露的印象管理策略时,一定要注意把握分寸,不能为了暴露而暴露,不能为了暴露而在节目中占用大量时间大谈自己的生日、爱好等,更不可过分炫耀自己。就像吴郁所说:"某些主持人把手段当目的,津津乐道于'自我显露',模仿包装歌星的做法,热衷于'自我形象'的'塑造',见缝插针地把'我'的生日、爱好、身体、心情、穿衣戴帽等与节目无关的、顾影自怜的'小我'拿到节目中炫耀,此种坐上主持人位置便'自我膨胀'、把它视作个人'自由讲坛'的做法,违背广播电视传播工作者的纪律,违背主持人的职业道德,与有关的传播理论也是相去甚远的,毋庸置疑,是应该坚决摒弃的。"①

3. 通过社会渗透树立公众形象

与自我暴露紧密相关的另一个概念是社会渗透。所谓社会渗透,按照社会心理学家阿特曼和泰勒的解释,就是指人们之间逐渐相互接近和变得亲密的过程。因此,如果说主持人自我暴露的目的是期望借助树立真诚、坦荡的形象来达到印象管理的目的,那么社会渗透的目的则是通过与受众的亲密接触以争取"脸熟"来实现印象管理的一种策略。主持人原本只是社会分工中的一个特定角色,但由于前台工作的特殊性质以及大众传播的社会影响力,主持人往往很容易一夜成名,成为社会公众人物。成为声名卓著的社会公众人物固然对主持人的传播效果有利,但成为社会名人之后,也容易使主持人与受众之间产生明显的鸿沟,主持人也往往会开始有意或无意地疏远受众。这样,一方面是主持人在前台努力通过自我暴露经营自己的印象管理,而另一方面,主持人在后台却通过反社会渗透而破坏着自己的印象管理成果。已成为公众人物的主持人如果依然能够与受众保持某种密切的接触,依然会耐心聆听每位受众的电话,依然会亲自回复每位受众的来信,依然会为满足受众一个小小的要求而孜孜不倦,就会通过社会渗透的方式巩固自己的印象管理成果。张穆然是一个15岁的花季少女,本该充满青春活力的她不幸患上了绝症。这个勇敢乐观的小姑娘临终前最大的心愿就是想和自己喜欢的主持人崔永元主持一次《实话实说》。听到这个消息后,崔永元立即答应而且着手准备要和张穆然一起主持节目。虽然小姑娘并未能参与这期名为《感受坚强》的节目,但看了那期节目的观众无不动容,人们不仅为节目的主人公张穆然的坚强、乐观以及她的早逝而痛心,更为主持人在节目中表现出的一片爱心而感动。崔永元通过这样一个感人至深的社会渗透事件为他的印象管理挣得了一个高分。

然而,节目主持人毕竟大多数时候都是以主持节目的方式与受众见面的,因

---

① 吴郁:《主持人的语言艺术》,北京广播学院出版社1999年版,第120页。

此节目主持人通过直接与受众接触的社会渗透方式来进行印象管理终究是有限的,这就要求主持人将社会渗透的内涵进一步扩大。上面所举的张穆然一例似乎验证了前面提到的一个结论,即主持人的印象管理不仅在节目之内,更在节目之外。有时候,虽然主持人不是在屏幕或话筒前,但他们并没有离开公众的视线,他们所做的每一项社会或个人事务,都会成为受众对其形成印象的依据,这意味着主持人的印象管理是一个永无休止的动态过程,是一个无处不在的话题。尽管主持人的社会渗透不能完全通过与受众的直接接触来实现,但至少可以通过主持人热心参与社会公益事业的方式来实现。心理学的研究结果表明,"喜欢别人的人最受别人喜欢",更极端的理论甚至认为:"一个不关心别人、对别人不感兴趣的人,他的生活必遭重大的阻碍、困难……"[①]主持人热心参与社会公益事业,不仅能体现其关心别人、热爱生活的一面,而且可以通过与社会公益的接触来弥补与受众个人接触的不足,获得以一当十的效果。正因如此,崔永元为完成张穆然遗愿而主持的节目,感动的就不仅仅是和张穆然有关的人,而是整个社会,因为正是这件事体现了崔永元对生活、对别人,乃至对整个社会的热心关爱。其他诸如崔永元将打官司所得的 10 万元补偿全部捐给延吉的失学儿童、吴小莉担任爱心形象大使、倪萍被评为"爱心妈妈"、奥普拉每年将自己收入的 10% 用作慈善捐助等一系列活动、库瑞克启动和资助国家结肠癌研究等,是主持人的一种社会渗透。在这种社会渗透中,虽然主持人没有与更多受众进行直接的亲密接触,却通过间接的社会渗透赢得了更多受众的喜爱,在更多的受众心目中留下了良好的印象。与之相反,一些成名后的主持人终日忙着参加商业演出,对社会公益毫不热心,虽然在某种程度上他们也是在进行社会渗透,但这种社会渗透都会作为印象管理的负面因素而破坏主持人在受众心目中的形象。国家广播电影电视总局也因此在正式出台的主持人资格暂行管理规定中明确提出:"鼓励广播电台、电视台组织播音员、主持人参加各类公益活动,参与公益广告宣传,树立良好的公众形象。"[②]

当然,主持人通过社会渗透与受众之间形成亲密关系而实现有效印象管理的方式也绝非仅有参加社会公益活动一种。为了达到社会渗透的效果,主持人还可以通过参加其他社会活动,如主持社会性活动、参加影视剧或公益广告的演出、在其他栏目露面、在别的媒体上开专栏、出书,甚至直接与受众见面来让更多

---

[①] 参见卡耐基:《人性的弱点》,童龄译,新疆人民出版社 1999 年版,第 55 页。
[②] 参见国家广播电影电视总局:《广播电视编辑记者、播音员主持人资格管理暂行规定》,2004 年 6 月 15 日。

的受众认识自己,并与他们保持亲密的关系等。广播节目的主持人虽然与听众几乎天天"见面",但其在听众心目中的印象并非来自面对面的交往,而是主要通过由电波传送的声音和语言来塑造。这种塑造形象的方式固然可以给听众留有足够的想象空间,有因距离而产生的神秘感,使主持人的形象保持完善,但"百闻不如一见"的好奇心仍会驱使听众产生与主持人见面的渴望,大量"追星族"的存在便是有力的证明。在听众熟悉了广播节目主持人的"音容"之后往往忍不住想要一睹主持人的"笑貌"。因此,广播节目主持人有必要在与听众进行一段时间的"神交"之后,通过适当的方式和途径与喜爱和支持自己的听众见面,建立和培养与听众之间的情感。而与受众的直接见面,一方面能够满足受众的好奇心;另一方面,也会给受众留下主持人平易近人、亲切热情的印象。如我国台湾地区知名广播主持人陈美伦在从事广播主持人工作 10 年之后便发现,走出播音间,和听众相处,事实上有助于提高收听率。[①] 而在大陆,这几年也不断涌现出所谓的"看得见的广播"。通过各种方式,让听众不只对主持人"闻其声",而且能够"见其面"。这种与主持人的见面有时可能也会给受众带来某些失望和失落的感觉,但只要主持人能够在受众的情绪中主动把握自己,一如既往地与受众交往,时间久了,听众的这种消极情绪就会自然消失。毕竟,任何人的形象都不仅仅停留在表面,任何一个理智的人都不会因表面对人妄下结论。

与主持人的适当自我暴露一样,主持人的社会渗透也必须注意度的把握。在这个问题上,戈夫曼曾经提出过一种神秘化表演的印象管理策略,即通过与别人保持一定的距离,使别人产生一种崇敬的心理。虽说主持人未必要追求受众崇敬的效果,但为了自己的形象,为了大众传播的效果,仍需在社会渗透的量上有所把握。适量的社会渗透固然能增强主持人与受众之间的亲密关系,但主持人过多的社会渗透同样会使受众对主持人产生"不务正业""动机不纯"等不好的印象,也会在一定程度上弱化主持人的精神人格,如有的主持人就因为经常拍广告而使受众对其产生反感,并因此对其传播活动产生了一定的信任危机。

### 4. 通过收集反馈进行及时整饰

反馈,又称"回馈",源于电子工程学,一般是指通过监测受控对象的实际运行情况,把输出变量的信息反向传送到输入端,与体现目标要求的控制变量进行比较,形成误差,根据误差的性质和大小决定控制指令,去改变对象的运行状况,逐步缩小并最后消除误差,以控制目标。反馈在传播学中则是指"传播者获知关

---

[①] 欧银钏:《广播人促销有术亮出自己》,载《主持人》第 5 辑,中国广播电视出版社 1995 年版,第 487 页。

于其预期的接收者是否和如何真正接受了信息的过程,传播者获得的这种信息有助于其修正当前和未来的传播行为"①。在社会心理学方面,美国社会心理学家库利曾经提出过一个"镜中我"的概念。库利认为,人的行为在很大程度上取决于对自我的认识,而这种认识主要是通过与他人的社会互动形成的,他人对自己的评价、态度等,是反映自我的一面"镜子",个人透过这面"镜子"认识和把握自己。对于主持人来说,他人对自己的评价、态度这面"镜子"似乎更为重要。主持人的印象管理是一个永无休止的动态过程,而主持人大多数时候和受众实际上处于一种非对称的互动传播中,不管是主持人的自我暴露还是主持人的社会渗透,实际上都缺乏即时的反馈,主持人没有办法在当场通过互动方的反馈这面"镜子"来及时判断和检验每一次印象管理的实际效果。这意味着主持人在传播之后必须及时主动地收集各方面的反馈意见,尽可能通过"镜子"及时对自己的印象管理策略进行调整。已故著名播音员齐越就格外重视来自受众的反馈,齐越反复强调的一个问题是:"听众是我的宣传对象,服务对象,也是我的良师益友。"因此他倡导播音员走出播音室,"到群众中去,到服务对象中去,拜他们为师,和他们交知心朋友;倾听他们的意见,广泛吸收营养,努力充实自己,使自己的思想感情和群众的思想感情融为一体"②。齐越的话如果用戈夫曼的话说就是:"表演者必须十分敏感地意识到并接受暗示,因为观众正是用暗示来告诉表演者:他的表演是人们不能接受的;如果他要挽救情境,最好迅速地调整表演。"③

著名主持人崔永元在这方面也有较典型的经历。作为以平民化定位的主持人,崔永元受人喜欢的原因在很大程度上是他说话比较自在、轻松、幽默,甚至有些随便。也许是受到这方面反馈的影响,崔永元在节目中也有意无意地追求着这种风格。如在一次主持节目时,一位患有口吃症的嘉宾在费力地讲述自己因左手书写不利给高考带来不便的经历时,主持人崔永元在一旁随意地说了一句"考播音系呀!"这句话虽然引起了现场观众的一片笑声,却极大地伤害了那位嘉宾的自尊。这位嘉宾后来愤愤不平地专门写了一篇文章批评崔永元把刻薄当幽默。在看到那位嘉宾被自己无意伤害之后,崔永元深感内疚,除了在他的《不过如此》一书中撰文公开向那位嘉宾致歉,也开始在节目中注意对自己说话方式的调整,正如他自己所说:"《实话实说》是即兴谈话,脱口而出,为了不出口伤人,我在日常状态中磨炼自己,绝不讲黄色笑话,绝不开过火的玩笑,这样久而久之,才

---

① 〔英〕丹尼斯·麦奎尔、〔瑞典〕斯文·温德尔:《大众传播模式论》,祝建华、武伟译,上海译文出版社1987年版,第6页。
② 张颂:《语言传播文论》,北京广播学院出版社1999年版,第89页。
③ 〔美〕欧文·戈夫曼:《日常生活中的自我表演》,徐江敏译,云南人民出版社1988年版,第208页。

能让自己处在自然通达的状态。"①

不断收集反馈信息,通过照"镜子"及时进行印象整饰还可以有效地避免矫枉过正的情况。社会心理学研究表明,一个人"自己的表现,一方面是个人的意志决定,是由个人来表现的;另一方面,又是被对方规定着的。因此,在人际交往中,为了取得自己同对方的协调关系,就必须不断地自我认知,不断修正自己对自己的看法和表现;同时,又必须不断地了解和认知对方对自己的看法,以便修正自己的表现"②。在实践中,有些节目主持人非常谦虚,一听到某方面的反馈意见,便会马上进行调整。如有人说他过于严肃,他马上便会在下一次节目中变得笑容可掬;有人说他语气不够自然,第二次主持节目时,便可以看到他在那里嘻嘻哈哈。为了防止在印象整饰时出现这种非此即彼的极端现象,主持人同样需要及时收集反馈信息,如果受众对主持人由严肃改成的笑容可掬,由不够自然一下子改成的嘻嘻哈哈更不能接受,主持人就应该继续朝着受众的喜好循序渐进地进行印象整饰,而不能将先前的印象管理成果全部推翻,正如张颂所说:"不重视反馈只是一厢情愿,满足不了期待感。把反馈奉为圭臬,全部照办,也会走向片面,从而失去主动性和创造性。"③就像崔永元一样,他虽然在自己的印象管理中采取了相应的措施,但并没有就此失去个性,观众看到的依然是一个在谈话中充满了机智和幽默的主持人。

5. 通过加强修养建立道德信誉

虽然主持人出现在受众面前的时间相对有限,但受众在有限的时间里对主持人形成的印象却是相对全面和立体的。正因为主持人出现在受众面前的时间有限,受众对主持人出现在屏幕上或电波中的形象要求也就更高。从这个意义上来说,加强自身修养也是主持人印象管理的必要策略。主持人的自身修养大体包括两个方面,一是学识上的修养,二是人格道德上的修养,其中人格道德修养更加重要。塞弗林、坦卡德等在《传播学的起源、研究与应用》一书中明确提出:"那些看来对自己所谈问题一无所知的人,其意见是很难受到注意的。"④实际上,一个外形看起来不错的主持人,如果其对所谈的内容一无所知或所知甚少的话,其意见不但难以引起受众的注意,其内在形象,或其在受众心目中的印象也难以得到有效管理,大多数受众都会因为他们的浅薄、无知而对他们产生不信

---

① 参见崔永元:《不过如此》,华艺出版社2001年版,第186—189页。
② 沙莲香:《社会心理学》,中国人民大学出版社1987年版,第165页。
③ 张颂:《语言传播文论》,北京广播学院出版社1999年版,第35页。
④ 〔美〕塞弗林、坦卡德:《传播学的起源、研究与应用》,陈韵昭译,福建人民出版社1985年版,第35页。

任、不喜欢的心理感受。因此,不断丰富学识,增加自己在专业方面的权威性,也是主持人进行印象管理、赢得受众青睐的必要途径。

丰富的学识是形成主持人良好印象的有利条件,但并非有丰富的学识就必然能形成良好的印象。一个主持人,尽管他(她)可能有着迷人的外貌、如火的热情和丰富的学识,但如果在人格或道德上有瑕疵的话,这个主持人在受众心目中也很难树立起良好的形象,毕竟,道德或人格魅力才是主持人在受众中形成良好印象的关键。正如有些研究者所指出的那样:"一般来说,社会性的特质会影响人们对一个人的喜好程度,而智力性的特质会影响人们对一个人的尊重程度。由于人们在观察他人时,最初是根据自己的好恶来考虑的,因此社会性特质相对来讲是更加重要的特质。"①著名主持人赵忠祥也说:"你在人际关系上一塌糊涂,你的人品极次,说你节目主持得极好,有这种反差,我就不信。"②如果单从专业技术的角度来说,或许人品不佳而节目主持得好的情况也会存在,但只要考虑到主持人节目传播效果在很大程度上取决于受众对主持人的印象评价,这种局面确实就很难维持了。因此,无论是从提升节目的传播效果角度来说,还是从主持人印象形成的实质角度而言,不断加强思想道德修养,都是主持人印象管理的重要策略。"对于任何一个主持人来说,只有先拥有一个大写而丰满的人,才能派生出一个被观众认可的主持人形象。如果不巧把这种关系搞反,也许会有一时之利,但路遥知马力,水无法最后被包装成酒。"③

(四)主持人印象管理的适度原则

由于节目主持人的印象管理是主持人有意地去控制别人对自己印象的行为,所以难免有人认为这多少有表演或造作之嫌,与主持人在公众面前应该保持真实、真诚的观点相悖,实则不然。印象管理尽管会因管理者的有意为之,出现人为雕饰的痕迹,但这并不构成对管理者真实性的否定。在一个社会化程度较高的社会里,社会对每个处于特定位置的人都有相应的要求。任何社会角色都有相应的角色期待,当一个社会角色为了适应和满足相关的角色期待而做出努力时,其努力的真实性并不会受到质疑。正如一位父亲为了努力扮演父亲的角色,专门到几十公里外去为儿子挑选其爱吃的橘子一样,其努力的真实性是不会被怀疑的,"形象塑造作为人类的基本活动之一,本质上就是对于真、善、美的追求"④。印象管理的关键在于目的,主持人印象管理是一种正常的角色投入,是

---

① 参见余丽琳:《人际交往心理学》,光明日报出版社1989年版,第19页。
② 赵忠祥:《赵忠祥谈艺录(五)》,《中国广播电视学刊》1995年第7期。
③ 白岩松:《我们能走多远——关于主持人话题的思考》,《现代传播》1996年第1期。
④ 秦启文、周永康:《形象学导论》,社会科学文献出版社2004年版,第15页。

为了建立良好的传播互动关系、强化传播的社会效果,因此没有理由来抵制和反对印象管理,反对主持人为这项"形象工程"所做的努力。而那些以"主持人不应表演"为由反对主持人进行印象管理的人,实际上反对的不是主持人的印象管理,也不完全是主持人的表演,而是主持人的虚伪与矫情,是主持人的不真诚。形象是一把双刃剑,印象管理如果违背了适度原则,就会因"过于追求印象整饰可能失去自然,使人感到矫揉造作,一味哗众取宠,更可能使印象整饰步入歧途,招来负面的传播效应"[①]。

## 思考题

1. 主持人在角色定位上有什么特点,其角色功能体现在什么地方?
2. 要成为一个优秀的节目主持人须具备哪几方面的素质?
3. 印象管理对主持人及主持传播的价值体现在哪些方面?

---

① 郑兴东:《受众心理与传媒引导》,新华出版社1999年版,第258页。

# 第六章
# 主持传播的对象

即使在最简单的传播系统,如美国数学家申农 1918 年提出的通信模式(如图 6-1)之中,①受众(信宿)也是同传播者(信源)一样重要而不可或缺的元素。实际上,受众研究一直是大众传播的重要课题,从 20 世纪早期的"魔弹论"到 40—60 年代的"有限效果论",再到 70 年代以后的"宏观效果论",人们不仅越来越清晰地认识了大众传播的效果,也一步步地认识了大众传播的受众——从作为"大众"存在的受众,到作为"社会群体成员"的受众、作为"市场"的受众,再到作为"权利主体"的受众,受众的地位和作用在一步步地突出,整个传播过程也在向着"受众本位主义"转移。

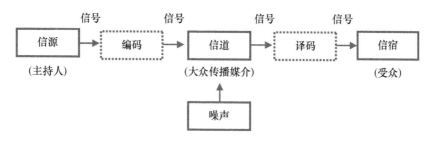

图 6-1 申农通信模式

## 第一节 受众的类别

受众,即印刷媒体的读者和广播电视媒体的听众、观众以及网络媒体的全体网民的总称,在一般大众传播中指的是社会大众中"不确定的大多数"。由于在数量和身份上的不确定性,受众在传统的大众传播过程和传播者的眼中始终处于隐身状态,模糊不清。这一状况既增加了传播的难度,也在一定程度上影响和

---

① 参见沙莲香:《传播学——以人为主体的图像之谜》,中国人民大学出版社 1990 年版,第 3 页。

制约着大众传播的效果,毕竟效果是因为受众的认识、态度乃至行为的转变才存在的。虽然受众在数量和身份上是个模糊的概念,但总体上又是清晰可见的,也是可以区分出不同类型的。

## 一、根据受众的受传行为状况分

受传行为的产生需要具备一定的主客观条件,就受众本身来说可能包括一定的物质条件、时间条件、文化条件以及心理条件等。根据受众受传行为的状况和受传行为的条件,可以将主持传播的受众划分为潜在受众和实在受众。

1. 潜在受众

即目前尚无受传行为而在一定时间内可能成为受众的人。在一个主持人进行主持传播的时候,如果有50个人在视听其传播,而在同一时段收听收看广播电视节目的人是100个,这意味着另外没有收听收看此主持人传播活动的50个人就是潜在的受众。当这些受众自身的某些受传条件发生变化,如有条件接收广播电视信号,或自身的年龄、兴趣等发生转变时,这些潜在的受众就有可能成为实际的受众。对于任何一项主持传播而言,满足实际受众的需要固然重要,但明确潜在受众的情况,有针对性地调整和改进自身的传播,尤其是主持人通过树立良好的公众形象来争取将更多的潜在受众转化为实在受众也十分重要。毕竟,把少数受众纳入进来,而把多数受众关在门外,对于任何一种大众传播活动来说都并非明智之举。

2. 实在受众

即对大众传播有受传行为的受众。当具备受传条件时,潜在受众就有可能转变为实在受众,主持传播者与受众之间的信息传递关系也可能真正建立起来。主持传播要争取拥有较多的潜在受众,使可能的受传对象保持一定数量,更要力争将更多的潜在受众转变为实在受众,使传播具有较高的受传率。同时,将潜在受众转变为实在受众也是提升主持传播效果的需要,是传媒拓展市场、增加经济效益的需要,是主持传播者主攻的目标之一。

## 二、根据受众的自觉和主动程度分

受众的受传过程是对传播信息的认识过程,在此过程中,受众总是有意识地参与其中,这表现在受传目的的确立、受传对象的选择、受传内容的反馈等多个方面。每个受众对传播的参与情况不同,因而也会表现出不同的自觉程度,根据受众在受传时的自觉和主动程度,一般又可将受众划分为有意受众和随意受众。

1. 有意受众

即自觉或比较自觉地把自己的受传需要与主持传播联系起来,有意识地接收或参与主持传播过程的受众。相对来说,这一部分的受众比较稳定,接受传播也有着较为明确的动机和目的。有意受众在行动上表现为有意识、有目的地完成受传所需要的行为,如留心节目预报、规定和安排视听时间、对主持传播的视听比较经常等,在行动上常常表现出较为主动的特征。而在心理上,有意受众则为对某类或某位主持人比较感兴趣,喜欢他(她)们主持的节目,甚至对主持人形成一种依赖和依恋,会密切关注主持人的行踪,愿意和主持人成为知心朋友,甚至在当视听行为受到一定的限制和障碍时,会想方设法来排除,当主持人主持其他媒体或其他栏目时,会忠实地追随主持人视听新的节目。这类受众的情况与某些影视明星的"粉丝"相似,他们对主持人及其传播存在类似迷恋和崇拜的心理,例如一些大、中学生经常在上课时偷偷收听某主持人的节目或旷课去参加某主持人的见面会等。随着媒介的发展,特别是新媒体发展所带来的传播观念的转变,在受众逐渐向着用户转变的过程中,有意受众的比例及主动性均出现了前所未有的变化,这也为主持传播了解和满足受众需求提出了新的思路和要求。

2. 随意受众

即那些虽然有受传行为,但参与传播的自觉性较差,对主持传播的视听往往是无意识的部分受众。随意受众在行动上表现为视听主持传播时往往不是出于自觉需要,不会像有意受众那样努力创造视听的条件,而是随便看看、随便听听,带有一定的偶然性,碰到什么主持人就是什么主持人,并且随时会中断对此主持人传播活动的接收而转向其他,更不会随着主持人在媒体和栏目间的游走而游走。随意受众在心理上则表现为对主持传播不感兴趣,之所以会选择接收视听不过是为了消磨时间,对传播者及传播内容并不关注,或者只是为了奉陪别人,别人看什么,就跟着看什么,别人不看,自己也就不看了,这种情景在一些公共场合(如公交移动电视)或工作场合非常普遍。对于主持传播来说,有意受众固然可贵,但也不能轻视随意受众,随意受众在受众中占有相当大的比例,通过一定的努力将随意受众留住,使之成为有意受众,既是主持传播的理想,也是主持传播的发力点之一。

### 三、根据受众的主要个性分

由于个性不同,受众在接收主持人的传播时所表现出来的特点,尤其是其接收传播时的动机亦有很大不同。根据受众接收主持传播时的显著特点或主导动机,可以将主持传播的受众分为感性受众和理性受众。

1. 感性受众

感性受众是以满足情感上的需要为主导动机的受众,这类受众对主持传播的视听主要是基于调剂生活和消遣娱乐的目的,他们所感兴趣和关注的主持传播在内容上大多有人情味,富有趣味和欣赏性、娱乐性,他们喜爱和关注的主持人大多年轻貌美、声音动听,能够带来更多感官愉悦。感性受众追求的更多是视听中的即时报偿,因而对主持人的判断往往只凭感觉,关注更多的是主持人的外在素养。由于广播电视媒体在传播理性内容上的相对不足,以及受众在视听广播电视传播内容时大多处于随意状态,这部分受众在主持传播的受众群中占相当大的比例。

2. 理性受众

理性受众是以满足认识上的需要为主导动机的受众,这类受众接收主持传播主要是为了获取信息、了解舆论,以认识客观世界的变化,并以此作为自己行为取向的参考,他们最为关注的主持传播内容是国内外大事,有关方针政策、形势的变化与发展等,关注的主持人则大多在学识、专业和道德信誉等方面具备较高水准。理性受众主要追求的是一种延迟性报偿,他们并不特别指望通过视听即时获得情感上的宣泄,而是希望主持传播能够为之带来理性的思考,从而获得精神上的慰藉,因而他们对主持人和主持传播的判断往往基于理性的思考和认识,更多关注的是主持人的内在素养,对主持人某些外在的光彩反倒兴趣不大。虽然这部分受众在主持传播受众数量上不占绝对优势,甚至处于劣势,但因为本身的理性色彩,以及他们的学历、知识水平相对较高,对主持传播的要求往往不容易得到满足,对主持传播的批评声音也最多,甚至有某种主导舆论的作用,是主持传播最不能轻视的受众群体。

**四、根据受众参与传播的状况分**

受众作为主持传播的对象和客体,与主持传播的主体——主持人共同构成了主持传播的基本格局,因而受众之于主持传播并非被动和置身局外,有的时候,主持传播的完成不仅需要受众作为受者出现,而且需要受众作为传者参与到传播过程中。根据其参与主持传播的程度,受众群体又可以划分为参与受众和旁观受众。

1. 参与受众

参与受众是指在受传过程中以各种方式参与主持传播过程的部分受众。除了通过写信、发电子邮件的方式为主持传播提供信息反馈外,这部分受众有时还会通过拨打热线、发短信、参与现场互动的方式直接参与到主持人的节目中,如在北京交通广播的《一路畅通》等节目当中,受众不仅可以以各种方式参与其中,讲述个人的经历、观点或者情绪、感受,还可以直接在节目中即时播报交通路况,成了名副其实的传播者。相对而言,这部分受众较为忠实和稳定,会将主持传播视为某种沙龙,作为展示个人实力和获得社会化感受的场所,如许多主持人在网上都有受众自发建立的贴吧,为受众交流心得和联系情感提供了场所。参与主持传播的受众也不全是如此,有些受众对于主持传播的参与仅是浅层次的参与,他们虽然出现在了主持传播的节目中,但并不开口说话,只是积极倾听,给予某些情感和行为上的配合,如大笑或鼓掌等,这类受众目前在一些带现场观众的谈话节目中较为常见。媒体技术的发展为受众参与节目提供了越来越多和越来越便利的途径,受众可以一边收听收看节目一边通过微博、微信、弹幕等方式参与节目。

2. 旁观受众

旁观受众完全是以旁观者的身份来接收主持传播,即传统意义上的受众。这类受众通常不会直接进入主持人的视野,而是隐身在社会大众之中。尽管这部分受众不与主持人及其传播发生直接联系,却是主持人最应重视的传播对象。作为受众中的大多数,这部分受众会用直接的视听行为来检验主持传播的最终效果,用实际收看收听行为为主持传播投票。因此主持人在传播时所设想的传播对象在很大程度上是这部分受众,这部分受众的隐匿性和对主持传播的旁观性,实际上增加了主持传播的难度。

**五、根据受众对传播的需要分**

不管有意无意,受众在接受主持人的传播时都存在一定的期望和需求,这又是决定受众对主持传播的评价以及主持人能否成功的关键。根据受众对主持传播的需要和期待,可将受众分为一般受众和特殊受众。

1. 一般受众

一般受众,是指那些对所有主持传播都具有共同需要、共同爱好的观众。这类受众对不同类型的主持传播和不同的主持人都具有一定兴趣,或至少不会产生太大的反感,他们既能接受青春活泼型主持人,也对老成持重型主持人饶有兴致。从现实情况来看,主持传播的大多数受众皆属此类,这也是一般广播电视节目的受众的特点。正因为这类受众大量存在,主持传播的效果也更容易发生改变。

2. 特殊受众

所谓特殊受众,是指那些有特定需要和爱好的观众,具有个别性。广播电视媒体中的专业性栏目以及相关的主持传播活动,就是专门为了满足这类特殊受众而存在的,其中最有影响也最有代表性的当属少儿节目和体育节目的主持人以及他们的主持传播活动。值得注意的是,尽管特殊受众的面比较窄,受众数量较之一般受众相对要少,但满足这类受众的特殊需要,也是主持传播不可缺少的内容,这也是大众传播窄播化的必然要求和必然产物。

**六、根据受众视听行为的稳定性分**

受众的注意力以及受众对于某栏目主持人的喜好是有阶段性的,时间长了,必然会发生变化。根据受众对主持传播关注的持续程度,可以将受众分为稳定受众和不稳定受众。

1. 稳定受众

稳定受众,是指长期不间断或间断性关注和接收主持传播的部分受众。这类受众一般包括两种情况:一是长期收看某一主持人主持的节目,有一定的目的和指向;二是经常收看某类主持人主持的某类节目。如一些青少年对青春活泼型主持人主持的娱乐节目就有着非常稳定的视听习惯。这类受众最大的特点就是都有比较明确的需求指向,并明显地表现在对某类主持传播或某主持人的兴趣上,甚至"爱屋及乌",对其他同类主持人主持的其他节目也发生兴趣。如果主持传播要获得最佳效果,就要力求构成自己稳定的受众系统。

2. 不稳定受众

不稳定受众是指偶尔或间歇性地关注或接收特定主持传播的部分受众。这部分受众对主持传播的需求指向常常处在变动之中,往往对一些突发性或国内外重大事件以及与切身利益相关的信息感兴趣,只在特定时候才接触主持传播,以满足一睹为快的需要心理,如有些受众并非一直对《中国好声音》感兴趣,只是出于好奇或为了增加社会交往的谈资才偶尔观看。一般来说,这类受众往往文化程度较高,属于社会人群中较为理性的一类。

总之,尊重受众的个性与选择,了解受众的需求与期待,及时准确地掌握受众的基本构成和变动情况,既是对受众主体性的应有尊重,也有利于主持传播者制定正确的传播方针和策略,加强传播活动的针对性,满足观众的各方面需要,亦可以为合理科学地设置和安排主持人工作提供重要依据。

# 第二节 受众的价值

受众在传播格局中大多处于传播末端,是传播的目标和靶子,但受众并非消极、被动,而是主动参与、检验和修正着来自传播主体的所有传播活动。传播效果研究中"魔弹论"的失败、施拉姆著名的选择或然率公式以及霍尔的信息解读模式都证明了这一点。具体到主持传播而言,受众的地位和作用则主要体现在受众与主持人这对角色伴侣之间相互依赖和相互促进的关系上。从实际情况来看,受众在主持传播过程中的地位和作用主要表现为既是主持传播的基础,决定着主持传播的存亡,又是主持传播的重要组成部分。

### 一、决定主持传播的存亡

受众是主持传播的存在基础,主要是针对受众在主持传播结构中的重要构成地位而言。在这一点上,受众的作用无疑要远远大于主持人。传播中如果缺少主持人(例如换成其他传播者或传播组织),这种传播最多不能称为主持传播,但传播活动仍然实际存在,而传播中如果缺少受众,则传播本身的存在就会成为问题,更遑论主持传播。即使在具体的主持传播中,如果缺了受众,其后果也是不可想象的。没有受众,主持人就好比沙漠中的布道者,其发出的任何声音都毫无意义。没有受众作为角色伴侣,主持人的角色实际上也无法存在,正所谓"如果没有受众,主持人的存在毫无意义"[①]。

### 二、构成主持传播的内容

受众是主持传播的组成部分,既指受众是主持传播系统的构成要件,也指受众是主持传播内容或环节的重要组成部分。受众对主持传播这种结构式的意义主要体现在有受众直接参与传播的广播热线或广播、电视谈话节目中。以广播热线节目为例,热线即受众从各个地方打进演播室的电话是这类节目的闪亮之处和重要组成部分。这类节目中如果没有受众参与,没有热线电话打进来,且不说节目本身会失去亮点,就是顺利进行也会成为问题。如果主持人的现场控制能力、语言表达能力和表现能力都极强,没有受众参与,靠主持人的"单口相声"也许仍能将节目进行到底,而且还算精彩,但那早已背离了热线节目的初衷和意义。在有的热线节目中,为了避免出现没有听众热线参与的尴尬,传播者在做节目之前往往会事先约几个电话,或者干脆在节目中由导播直接将电话打给某些听众,让其参加节目传播。

再如广播电视中有受众参与的脱口秀节目,以凤凰卫视的《一虎一席谈》节目为例,即使没有现场受众参与传播过程,只靠主持人胡一虎与嘉宾之间的谈话

---

① 张建堂:《主持人的形象与受众心理效应》,《中国广播电视学刊》1996年第5期。

和交流也能将节目进行到底,也能出现一些精彩,但这样的传播无论是现场的谈话气氛、观点的多样性还是传播的效果都会大打折扣。仅从《一虎一席谈》节目的构成上来做简单的量化分析仍能发现,受众,或者说受众的传播在每期节目中都是必不可少的组成部分,《一虎一席谈》有时在观众席上安排的许多观众都是重量级的人物,这里的观众远远超出了充场面、出掌声的功能,已经成了《一虎一席谈》不可或缺的重要组成部分。或许,在发现了这个事实之后,回头再来看主持人每次在节目结束时对场内外观众的深深致意,就会对胡一虎、陈伟鸿等为观众鞠躬理解得更深。主持人对观众的致礼除了含有对受众的尊重,更是对受众的感谢,感谢受众又帮主持人顺利完成了一期节目。

### 三、增进主持传播的效果

著名传播学者麦克卢汉曾说:"那些包含了需要电视观众来完成某些过程的电视节目是最有效的"[①]。受众参与传播过程的意义除了上面提及的构成主持传播的内容,更多地则体现在对主持传播效果的增进和提升方面。正如本书第二章在论及主持传播的特点时所指出的那样,在传统大众传播格局中,由于传播者与传播对象被截然分开,处在传播的两端互不来往,传播者只能凭着自身感觉来决定传播的内容和传播的方式,由于没有或缺少参与传播过程的途径,受众在传播过程中,基本处在被动甚至被忽视的境地,久而久之,受众不仅失去了参与传播过程的兴趣和信心,而且在传播者的视野中变得更加模糊,更增加了传播者改良传播的困难。而主持传播由于其在传播特点上的互动性和参与性,使得受众可以直接参与传播过程,有时还会成为名副其实的传播者。即使没有真正以传播者的身份参与传播过程,受众仍然可以通过各种方式来为传播者提供大量的信息反馈,将其对于传播的期待和需求及时地传达到传播者一端。由于这些反馈信息的存在,受众在传播者眼中的形象也就逐渐清晰起来了。这样一来,传播者在决定传播内容和传播方式时就少了许多盲目性,能够选择满足受众需要和被受众接受的传播内容和传播方式,从而大大提升了主持传播的效果。毕竟,"受众参与传播过程,是当代传播的一个重要特征,也是营造良好传受关系的重要条件"[②]。

---

① 转引自王纬主编:《镜头里的"第四势力"——美国电视新闻节目》,北京广播学院出版社1999年版,第167页。

② 郑兴东:《受众心理与传媒引导》,新华出版社1999年版,第231页。

### 四、促进主持传播的发展

受众之于主持传播的重要意义还在于受众与主持人之间存在的心理场（在某些谈话节目中具体表现为谈话场），以及这种心理场对主持传播的巨大影响方面。所谓"场"，本是物理学的概念，指物质存在的一种状态。按照物理学的观点，任何实物之间的相互作用都要靠有关的"场"来实现，如磁场、电场、引力场等。"场"的概念被引申到心理学上，则指"主体所体验的对他的能动性的现实的（'在这里和现在'）推动力的总和"[①]。"场"的概念属于格式塔心理学和拓扑心理学的研究范畴。按照心理学的说法，借助"场"的概念，可以说明主体在这种或那种具体情境中的行为特征是随着他所采取的定向作用而转移的。具体到主持传播，因为主持人与受众之间存在一定的心理场，无论是主持人的行为，还是受众的行为（具体为说话行为）都毫无例外要受到对方的影响和制约，即主持人会受到谈话场内受众的影响，受众，包括在主持传播现场内外的受众也会受到主持人的影响。主持传播（尤其是广播电视的谈话类栏目）的受众有场内、场外之分，主持人与受众之间也存在两个不同的心理场。双重心理场的存在为主持人与受众间谈话提出了双重要求：一方面，主持人要善于在现场营造有利的谈话场，充分调动在场受众的积极性；另一方面，主持人也不能忘记现场之外处于电视机（或收音机）前的受众，要充分激发其视听兴趣，激发他们参与节目的积极性和主动性。在现实中，大多数主持人基本上都能做到对现场谈话场的营造，如前文提及的主持人在节目开始前通过讲笑话等方式缓解受众情绪等；而在现场之外，主持人忽视与受众之间存在的谈话场的情形则比较多，有的主持人从不直视镜头，只顾现场受众，虽然和场内受众形成了较好的谈话场，但失去了更多的场外受众。因此，无论是从主持传播自身对象化的特点，还是从主持人与受众之间存在谈话场的角度来看，受众对于主持传播都有重要作用，主持传播也无法忽视受众，尤其是谈话现场之外的受众。

受众作为主持传播的存在基础，对于促进主持传播的发展也不能只停留在理论上。在实践中，受众对主持传播的这种基础性作用主要是通过掌握主持传播生杀大权的收视（听）率等指标来体现的。为了生存，也是为了提升传播的效果和效率，很多媒体对栏目都采取末位淘汰制，如中央电视台早在2002年9月就出台了一个《中央电视台栏目警示及淘汰条例》。所谓末位淘汰，就是某个固定栏目的收视（听）率如果在一段时间内一直处于所有栏目收视率统计表中的末

---

[①] 〔苏〕A.B.彼得罗夫斯基等：《心理学辞典》，赵璧如等译，东方出版社1997年版，第34页。

位,该栏目在下次栏目调整时就会被从媒体栏目安排表上无情地淘汰。真正的收视率,即"收视某节目的人数(或户数)占总体观众的百分比"[1],则完全是由受众决定的。如果受众不买账,栏目和主持人的存在基础便已发生动摇。

除了决定栏目的收视率,受众有时还掌握着决定主持人去留的大权,如中央电视台曾在崔永元是否离开《实话实说》的问题上非常谨慎地表示:"崔永元的去留不仅仅是崔永元本人和央视领导的事,全国观众的意见和态度将成为左右这一问题的关键因素。"[2]而中央电视台的《新闻联播》也最终在观众的呼声中对播音员进行了多次调整。因为这个缘故,许多栏目、主持人都格外看重收视率的指标,如中央电视台《新闻调查》栏目组的墙上一度就赫然张贴着每期节目的收视率,而且在最醒目的地方写着"我们面对的是三千万双眼睛",对受众的重视程度不言而喻。如果说对于像央视这样非商业性的传播机构受众已具有某些生杀大权的话,那么对商业性传播机构来说,受众更是主持传播乃至所有传播的存在基础,没有受众或少了受众,就意味着没有或少了广告收入,没有或少了广告收入,整个传播机构的生存便成了问题。套用戏剧理论中"没有观众,就没有戏剧"的名言,可以说没有受众,就没有传播。

总之,目前大众传播者与受众之间正在形成一种良好的相互促进的关系,媒体以受众对媒体的高度依赖而影响他们,受众则通过日益增强的自主性在改变着媒体并强化着自己对媒体的依赖,受众与主持人之间是一种既相互依赖,又相互促进的关系。既然受众的地位如此重要,影响如此巨大,就有必要来专门分析受众的心理,尤其是需要分析受众作为主持人的角色伴侣对于主持传播以及主持人的角色期待。任何角色扮演都是"行为主体遵循角色期待的结果",只有在对受众的心理期待有了明确认识以后,主持人在角色扮演中才能避免角色错位或角色冲突等情况的出现。

## 第三节　受众的期待

本书上一章在论述主持人的角色定位时提到:角色期待也是角色理论的基本概念和内容。行动者对客体的行动取向既取决于客体的属性,也取决于客体对它本身与行动者的期待。作为主持传播的主体,主持人不仅要了解受众的类别等属性,而且要认识受众对主持人及其传播的期待。在进入受众对主持传播、

---

[1] 刘燕南:《电视收视率解析》,北京广播学院出版社2001年版,第94页。
[2] 摘自桂龙新闻网(www.gxnews.com.cn),2002年9月8日。

主持人的角色期待的论述之前,有必要先对受众的一般心理需要做一番了解,尤其有必要对受众的一般性信息心理需要有所认识。从某种意义上说,这正是受众对主持传播产生期待心理的逻辑起点。

## 一、受众的一般性心理期待

需要,按照心理学一般的解释,是"个体的状态,这种状态是由个体对他的生存和发展所必需的客体感到缺乏而造成的,它是个体能动性的源泉"。用通俗的话讲,需要就是"生活体处于缺乏状态而出现的体内自动平衡倾向和选择倾向"[①]。从心理学的研究成果看,需要最主要的功能是能够激起个体的某种行为动机,即"与满足某种需要相联系的活动动因",因为"动机在需要的基础上产生,并且是需要在对象上的体现"。提到对人类需要的研究,就不能不提及美国著名心理学家马斯洛的需要层次理论(见图6-2)。[②]

在马斯洛的需要层次理论中,处于人类需要的最底层,也是人类生存最基本的需要是人的生理需要,接下来人的需要从低到高依次是安全需要、从属和爱的需要以及自我实现需要等。按照马斯洛的进一步解释,不仅人的需要是以层级排列的,而且需要的满足也存在一定顺序,即只有在低一级的需要得到满足或至少是得到部分满足之后,高一级的需要才会产生,才开始具有意义;一种需要一旦在相当的程度上被满足后,其对个体所具有的重要性就开始逐渐减少,个体对这种需要所持有的满足强度也开始减弱,但这种需要仍存在于个体自身之中。换句话说,即使是追求高级需要的个人也仍然有低级的需要。由此扩展开来,在任何时候,影响人的行为的都不只是一种需要,而是多种需要共存。

马斯洛的这套理论并非尽善尽美,有的地方甚至充斥着矛盾,例如"他既主张人们去自我实现,又认为自我实现难以实现,这是他理论中的二律背反",但马斯洛需要理论的层次设计又是"符合人的进化和人的社会化事实"的,它"说明人的需要是在社会化过程中相应出现的,个性越成熟,越丰富发达,需要越高级"[③]。从心理学的发展历史看,马斯洛这套理论最大的贡献就是将人的需要分成了由低到高的层次。作为针对人的社会需要及人的行为动机的理论,马斯洛的理论同样适用于人的信息需要,而且也为人的信息需要提供了重要的启示。循着马斯洛的需要层次理论,或将人类对于信息和传播的需要与马斯洛的需要

---

[①] 沙莲香:《社会心理学》,中国人民大学出版社1987年版,第209页。
[②] 〔美〕马斯洛:《人的动机理论》,参见《人的潜能和价值》,林方主编,华夏出版社1987年版,第162—177页。
[③] 同上书,第223页。

层次相互对照的话,同样可以发现人的信息需要的层次分布(见图6-3)。

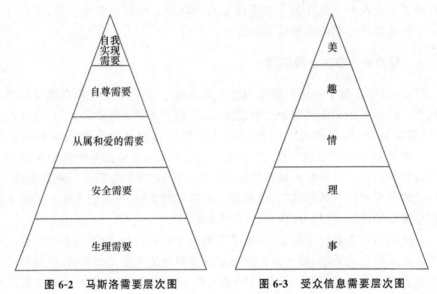

图6-2 马斯洛需要层次图　　　　图6-3 受众信息需要层次图

在信息需要的塔形图(见图6-3)中,处于人的信息需要最底层的是人对新闻事实基本信息了解的需要以及基本的感官满足,即"事"的需要。显而易见,通过媒体获得关于事实变动的信息,这既是人们接近传媒的初衷,也能满足人们了解生存、生活环境的需要。同样,随着这种低级需要的不断满足,人们的信息需要也会随之升级。在获得事实的基本信息之后,人们又会生出更新、更多的信息需要,需要了解事实的来龙去脉、前因后果,即产生"理"的信息需要。而在满足了"理"的信息需要之后,受众随即又会产生新的信息需要,希望信息能够在一定程度上更富于人性化,能与自己在感情上达到共鸣抚慰,即所谓"情"的需要。在满足了"情"的需要之后,受众又会要求其所接触的传播和信息最好能够更轻松、更富个性化一些,希望传播能够对他们自己、对社会有益,并且符合社会的审美标准,能够带来精神享受,这就又产生了"趣"和"美"的需要。信息需要的层次用大众传播业中通俗的话说,就是受众对信息的需要乃是"言之有物,述之有味,得之有益"。随着时代的发展和大众传播媒介的进步,人们对不同媒介在满足信息需求方面的期待也会发生变化,美国论坛报公司总裁杰克·富勒曾指出,在有了广播电视等电子媒介之后,"人们接触文字新闻事业越来越多地是为了得到阅读的快感,而不是像过去那样仅仅获取事实"①。

西方有谚曰:"需要是创造之母",只有存在对某一事物的需要,该事物才能最终在人们的努力下被发明创造出来。主持传播也是如此,也是应社会和受众的需要而产生的,这一点在本书第三章分析主持传播的动因时已有过论述。要强调的是,主持传播虽然是为了满足受众在某个层次上的信息需要而出现的,但主持传播作为一种相对独立的传播形式,和所有的传播一样也需要满足受众各层次的信息需要,满足受众不断产生的新的信息需要。

### 二、受众对大众传播的心理期待

在论述受众对主持传播的心理期待之前,先要考察受众对大众传播的心理期待,正是对大众传播的心理期待最终导致了受众对主持传播的心理期待,受众对主持传播的心理期待反映的也正是其对大众传播的心理期待。毕竟,主持传播只是大众传播的组成部分。而要说受众对大众传播的心理期待还得先提及大众传播的功能,正是大众传播的功能为受众对大众传播的期待提供了逻辑起点和理论依据。

关于大众传播的功能,由于不同时期不同学者研究的角度不同,历来存在不止一种说法,如拉斯韦尔的"三功能说"、赖特的"四功能说"等。在这些说法中,迄今为止比较通用的是赖特1959年在拉斯韦尔"三功能说"基础上提出的"四功能说"。(1)环境监视——大众传播在特定社会的内部和外部收集和传达信息的活动;(2)解释与规定——大众传播并不是单纯的"告知活动",它所传达的信息中通常伴随有对事件的解释,并提示人们应该采取什么样的反应;(3)社会化功能——大众传播在传播知识价值及行为规范方面具有重要作用;(4)提供娱乐——大众传播中的内容并不都是务实的,其中相当一部分是为了满足人们的精神生活的需要,例如文学的、艺术的、消遣性、娱乐性的内容等。②

大众传播的功能在我国被概括成"报道新闻""引导舆论""提供娱乐""服务大众"四个方面,提法上与西方略有不同,但实质是相同的,不管大众传播媒介的属性如何,都是"现代社会中有着普遍影响的社会信息系统,在传播信息的基础上具有政治、经济的一般社会功能"。从大众传播的这些功能上,也可以看出受众对信息需要的"事""理""情""趣""美"等层次,如"环境监视""报道新闻"满足的正是人类在信息需要方面的"事"的层次,而"解释与规定""引导舆论"则从某

---

① 〔美〕杰克·富勒:《信息时代的新闻价值观》,展江译,新华出版社1999年版,第155页。
② 郭庆光:《传播学教程》,中国人民大学出版社1999年版,第114页。

个方面满足了人类信息需要的"理"的层次,依此类推,其余的"情""趣""美"等信息需要层次皆可找到与之相应的媒介功能。

一切客体的功能都是相对人的需要而言的,如果没有人的需要与之相联系,客体的功能并无任何意义。大众传播的功能亦如此,如果没有受众对传播功能的需要,或受众不依赖大众传播的某些功能,任何大众传播的功能也将毫无意义。研究者在考察人类对媒介的依赖中总结出了大众传播的诸种功能,如贝雷尔森就是在人们没有报纸阅读的情况下发现了受众对于报纸的依赖,并为大众传播的功能找到了最好的注解;而鲍尔-洛基奇更是根据大众传播的发展与当代及未来社会的特点,提出了著名的媒介依赖论,并大胆断言:"媒介已渗透到我们社会的体制核心,我们今天所知的美国生活方式没有大众传播是不能设想的。"[1] 鲍尔-洛基奇还进一步解释说,在现代社会,随着大众传播媒介的发展,媒介虽然实现了人体的延伸,但人体自身却在现实世界中大大萎缩了。由于媒介和资讯的发达,人们无须事必躬亲就能通过媒介获得关于外部世界的信息,但与此同时,人们也生活在了所谓的媒介环境里,自己甚至反倒丧失了认识客观世界的能力,必须依赖媒介才能完成对社会的认识,即"我们都深深地依赖于大众传播。无论是社会还是个人都有这种依赖性"[2]。至此,大众传播已经成了人们获知外部世界的必然选择,这就更加突出了大众传播功能的意义。

由此,可以得出这样的结论:身处媒介社会的受众由于对大众传播功能的依赖,注定要对大众传播(包括主持传播)有所期待,而受众对于大众传播的期待也更多体现在对大众传播的功能期待上,期待大众传播通过发挥其功能来更好地服务于受众和社会。

### 三、受众对主持人的角色期待

关于主持人的角色,在前面论及主持人的角色定位时已有过总结,即"虽然主持人的互动对象或角色伴侣主要是受众,但主持人的角色确实是复合型角色",[3] 并且从主持人的角色作用及功能等方面对其有过阐述。如果说前面对于主持人的角色定位主要是从主持人的角度来论述主持人对其角色的自我认知与定位的话,那么这里提及的主持人角色,则是从受众的角度,主要透视受众对主持人角色的认知和定位,以及由此而对主持人角色产生的心理期待。

---

[1] 〔美〕德弗勒、鲍尔-洛基奇:《大众传播学诸论》,杜力平译,新华出版社1990年版,第140页。
[2] 〔美〕格尔文·L.德弗勒等:《大众传播通论》,颜建军等译,华夏出版社1989年版,第4页。
[3] 应天常:《节目主持语用学》,北京广播学院出版社2001年版,第56页。

为了说明主持人角色的复合型特点以及集中在主持人角色之上的角色库概念,这里不妨以一个简单的图示(见图6-4)加以说明。通过此图示可以看出,如果从不同角度和侧面来区分的话,作为社会角色和职业角色的主持人又可以分出信息传播者、媒介工作者、记者、公众人物等若干角色。为了论述的方便,也由于不可能对与主持人角色库中的每一个角色相对应的角色期待都一一展开论述,这里只能将这一系列的角色按照某种相似性或内在联系划分为若干个角色丛,并重点从受众对这些角色丛的角色期待角度加以论述。如传播者、记者、媒介工作者之间存在差别,但这类角色有一个共同的特点,即都从事对信息的加工和传播,都与主持人的本职分不开,因此索性将这几个角色归并在信息传播者的角色丛中,称之为职业角色。同样,由于主持人所具有的朋友、家庭成员等角色都是社会生活中的常见角色,又可以将这些角色集纳成一个角色丛,并称之为社会角色。对于主持人最为独特的公众人物角色,因其既非职业角色亦非某种实在的社会成员角色,故将其单列出来,称之为公众人物(见图6-4)。这样就可以通过分析受众对这三个角色丛的角色期待而逐渐逼近受众对主持人的角色期待的完整认识,也可发现主持人角色在个人角色、媒介角色和社会角色之间的矛盾和统一。

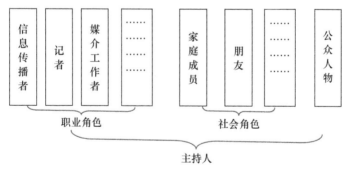

**图 6-4 主持人角色丛**

(一) 职业角色期待

按照社会学的解释,职业角色"是人们在一定的工作单位和工作活动中所扮演的角色"[①]。所谓职业,在现代社会一般有两层含义,一是这里所说的角色或特定的社会位置,另一层含义则是指在某项技能或领域方面具有非一般的职业水准和职业精神。因此,一提起职业角色,受众一般也会据此产生两方面的期

---

① 周晓虹:《现代社会心理学》,南京大学出版社1997年版,第384页。

待,一方面期待角色扮演者能找准角色位置,遵守角色规范,发挥角色功能,另一方面则是期待角色扮演者具有一定的专业精神和专业水平。以主持人为例,因其职业主要是信息传播,受众对主持人最首要的期待就是主持人能够遵守信息传播职业的职业规范和原则,并能发挥出信息传播者应有的功能。如果用1991年1月19日中华全国新闻工作者协会第四届理事会第一次会议上通过、1997年1月第二次修订、2009年11月再次修订的《中国新闻工作者职业道德准则》来说就是:全心全意为人民服务;坚持正确的舆论导向;坚持新闻真实性原则等。换句通俗的话说,这些原则和规范就是受众首先希望主持人能够在信息的占有量上胜过自己,希望主持人能够在最短的时间内及时地传递信息;希望主持人传递的信息客观真实;等等。总之,是希望主持人尽可能地满足前面所提及的受众各层次的信息需要。

其次,主持人是职业的信息传播者,受众会对主持人产生职业精神和职业水平的期待,如受众可能期待主持人是某方面的"专家",在某方面具有比普通受众要多的专业知识(如体育、财经知识等),对某些问题能够发表较为专业和权威的意见;掌握一定的主持节目技巧和职业素质(如采访、提问)甚至某些职业心理素质(如不紧张、不打磕巴)等。总之,希望主持人在传播中要体现出一定的专业水平。由于不同类型的节目对主持人的要求不同,所以受众对主持人职业角色的期待也并非千篇一律。如不可能要求主持体育节目的主持人在节目中表现出对财经问题的专业素质。但不管是针对传播者、演员,还是教师、朋友这些角色,受众对主持人的角色期待都不外功能和水平两个方面,只不过会因具体情况而在期待的目标和期望值上有所不同。

(二)社会角色期待

无论是职业角色还是非职业角色都属于社会角色,不管是职业角色还是非职业角色在社会上都占据一定的位置。而所谓职业角色只不过是社会角色中渗透了较为浓厚的职业文化色彩而已。这里所说的社会角色则是指与职业角色相对的狭义的社会角色,即不是因为职业缘故或在职业交往中形成的社会角色,而是在实际的社会交往中形成的基本上与职业无关的社会角色,如朋友、家庭成员以及教师、情人等与受众密切相关的社会角色,受众对其所寄予的角色期待当然与其对职业角色的期待有所不同。如果说受众对主持人职业角色期待偏重的是职业性的话,受众对主持人社会角色的期待所偏重的就是其社会性,或曰社会交往性或情感性。毕竟,人是社会化的动物,除了职业交往之外,人们还需要进一步的情感交往和精神交往。具体到受众对主持人的社会角色的心理期待而言,受众往往期望与主持人之间的交往是平等、亲切、友好和富有人情味的,因而受众会对主持人产生许多情感方面的期待,如期望主持人是一个真诚的、充满热情的人,能够与之在平等友好的气氛中进行轻松、亲切的交流。总之,受众对主持人社会角色的期待就是希望与主持人之间的交往是非职业的,是一种职场之外的家庭或朋友式的交往。如果说受众对主持人的职业角色期待对应的是其信息要求层次中的"事"与"理",那么受众对主持人的社会角色期待对应的则是其信息需求层次中的"情"和"趣",这其实也符合大众传播媒体主要以家庭或休闲状态为主要接收场景的特点。

(三) 公众人物角色期待

在主持人的角色库里,还有一个较为特殊的角色,就是社会公众人物。主持人角色为何会形成这种特殊的角色单元,以及受众对于主持人角色公众性的认识,在论述主持人的角色定位时已经提及,这里不再重复。所谓公众人物,即在社会生活中拥有较高知名度、其活动与社会的公共利益关系密切的人物,如一些政治家、社会活动家、演艺界明星等即属此类。一般来说,一个人是不是公众人物,从社会的角度考察,主要基于两个因素:一是公众利益;二是公众兴趣。因此,公众人物最显著的特点就是他的公众性,即"公众人物得以认定的标准应该是某人是否具有较高的社会知名度并普遍地为公众所关注这样一个客观标准"①。如果一个人长期在人们的视野中消失、不被公众关注,也就不再成为公众人物。正因为公众性是公众人物的显著特点,故人们对这一特定社会角色的心理期待也主要围绕公众性而展开。具体到从事主持传播的主持人来说,受众心理期待的公众性主要体现在这样几个方面:

1. 公开。既然是公众人物,实际生活中就不得不公开一部分个人的生活空间甚至个人隐私,就必须公开自己的一些后台情况,这正是本书在主持人印象管理部分所提到的自我暴露。公开的另外一层含义,即主持人要适当地在公众面前露面,在某种程度上这又是前面所说的社会渗透。

2. 公益。一般来说,受众总是期望社会公众人物热心于社会公益事业,至少是不期望公众人物做出某些与社会公益相悖的事情,如捞取私利等。

3. 公信。公信,即公众信任。与公信相对应的是公信力,即公众的信任程度。作为公众人物,具有一定的公信力也是受众对主持人心理期待的一个方面。"一旦成为主持人,他就成了公众人物,也成了媒体代言人,在节目当中的言谈举止就不可能像平常的胡聊神侃,想说什么就说什么,而是应该调整控制自己,按

---

① 顾理平:《新闻侵权与法律责任》,中国广播电视出版社 2001 年版,第 259 页。

照节目的要求及宣传意图去说话,收缩自己的一部分真我。"①这也符合人际传播大众化的有限原则。

　　公众人物从其主观愿望上可以分为主动型公众人物和被动型公众人物。主动型公众人物即为了增加知名度或其他目的主动接触媒介以增加公众性的公众人物,如参加竞选的政治家以及演艺界明星即属此类。被动型公众人物则是自身并无成为公众人物的意愿,只是因为特殊的地位和机缘而成了公众瞩目的焦点的公众人物,如一些英雄人物当属此类。而主持人则属于这两类公众人物的结合体。一方面,主持人能够成为公众人物完全是因为其职业特殊性,即主持人是被动地成为公众人物;另一方面,为了取得知名度、取得社会公众的了解和信任,进而提升主持传播的效果,主持人主动在公众面前亮相,使自己成为名副其实的社会公众人物。从这个意义上来讲,受众对主持人作为公众人物的心理期待也是既希望其有公众性的一面,又不能太具有公众性。如果主持人的公众性太多的话,成了真正的"社会名流",受众就会由于主持人失去了与他们之间的某种相似性和亲近感,而对其改变态度;反之,主持人的公众性如果太少的话,不能满足一般受众对于主持人的崇拜心理,就会使主持人头顶上的光环有所减弱,不利于传播效果的取得。

　　以上是从主持人角色丛的角度来考察受众对于其互动对象,或曰"角色伴侣"——主持人——的角色期待,从中能发现这种期待与主持人自身角色认知和定位存在某种相似性或重合性,这说明目前主持人对自身角色定位及角色的把握,至少在对自身的角色认知上还算准确。需要指出的是,这里所列的角色期待只是针对一般意义上的主持人及主持传播而言,在实践中,由于主持人节目类型以及主持人的个性不同,受众对主持人的角色期待也存在各种差异,如对新闻类节目主持人的角色期待显然不能等同于少儿类节目主持人和体育类节目主持人。受众对主持人的角色期待也不是静态的,而是一个不断变化的动态过程。观众的期望不是一成不变的,而是不断变化,不断提升的。旧的期望不断得到满足,新的期望不断产生。主持人在对待受众的角色期待上,除了"能够准确地感到你的受众群对你的期望"外,还"要不断发展自我,以变应变,不断满足受众新的要求和期望"。主持人也不能唯"受众的角色期待是瞻",而是应该"通过一定的手段对受众的期望给予一定的引导从而使之按照一定的方向进行发展",绝"不能为了眼前的利益而一味媚俗"。②

---

① 晓君:《电视节目主持人的准确定位与非我表演》,《电视研究》1999年第6期。
② 徐树华:《略论节目主持人的受众期望》,《现代传播》2002年第1期。

### 四、受众对主持人的个性期待

个性化是主持传播的主要特点之一(本书第二章第二节已有论述)。个性是当今社会使用频率最高的词之一,也是当今最具魅力的词之一。展现与众不同的风格和个性,可以说是现代时尚大潮的主流。被人说成"有个性"在某种意义上是一种至高的赞赏,个性一词来源于心理学,即"个性是一种心理现象"。在心理学上,个性和"人格""面具"同属一词。美国著名的个性心理学家奥尔波特在统计、考察了五十多种关于个性的定义后提出:"个性是决定人的独特的行为和思想的个人内部身心系统的动力组织。"①尽管这一定义比较全面地概括了个性研究的各个方面,至今仍被西方许多心理学教科书采用,但此定义对于非心理学专业的人来说,理解起来还是比较困难。与之相比,另一位美国著名心理学家卡兹关于个性的定义,即"个人所以区别于他人的行为"②则相对更易理解,也更接近日常生活中"个性"一词的含义。当然,要对"个性"一词有较为清晰的理解,还得将其放回心理现象的大系统中。

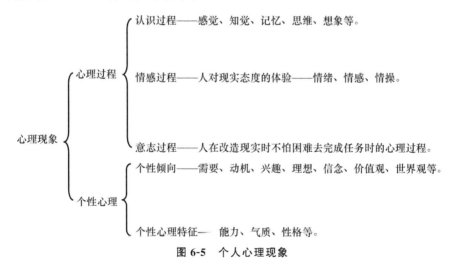

图 6-5 个人心理现象

通过个人心理现象分类图(见图 6-5)可以看到,个性由个性倾向(包括需要、动机、兴趣、理想、信念等)和个性心理特征(包括能力、气质、性格等)两个方面构成。虽说普通受众在体验和考察主持人的个性时未必会划分得如此细致,但主

---

① 〔美〕赫根汉:《人格心理学导论》,何瑾、冯增俊译,海南人民出版社 1986 年版,第 187 页。
② 转引自高玉祥编著:《个性心理学概论》,陕西人民教育出版社 1985 年版,第 7 页。

持人若能顺着心理学思路来锻造个性,便有可能契合受众对他的个性期待。毕竟,只有心理学意义上的个性,才是决定人的独特的行为和思想的个人内部身心系统的动力组织。个性作为"个人所以区别于他人的行为",除了可以在人的内在个性倾向和个性心理特征上得以体现,还可以通过人的外在特征,如相貌、装饰、语言、动作等来体现。很多时候,人的个性正是通过外在的特征来表现的,透过外在的个性特征,亦能看到深藏在内的个性。主持人的个性可以分为外在个性与内在个性,或感性个性与理性个性两个部分。其中,感性个性主要包括主持人的外在相貌、装束、语言、动作,甚至镜头感等方面;而理性个性则主要包括主持人的气质、能力、性格等。

美国著名的人本主义心理学家马斯洛不仅提出了人的需要层次理论,而且根据自己的考察和研究成果推断并概括出了达到需要的最高层,即自我实现者的一些个性特征,如"他们能准确充分地认识现实""他们表现出对自己、对别人以及对整个自然的最大认可""他们表现出自然、朴实和纯真的美德"[①]等。借助社会心理学有关态度变化和喜欢的理论,结合受众对主持人的心理期待,借鉴相关节目主持人职业素质评价指标体系的研究基础不难发现,受众喜欢的主持人在个性上表现出的特点,或受众对主持人的个性期待主要体现在如下方面。

1. 较好或一般的生理条件

人际交往心理学研究表明,受众"形成最初印象的因素主要是认知客体的外部线索,如仪表、非语言表现、声调、面部表情和眼神等",[②]"实际上,在约会情境中,'长相'是决定彼此吸引力的最主要的占绝对优势的因素"。[③] 而在我国也一直有"爱美之心,人皆有之"的说法,这些都说明好的外在条件对人的不可阻挡的吸引力。反过来,"非常有吸引力的人同时还被认为具有其他各种积极肯定的品质,而不管他们实际上是否具有","人们倾向于把自己喜欢的人看作和自己相似,倾向于认为外观好看的人更可爱、能力更强"[④]等又为个人外部条件的优越性做了最好的注释。要成为一个受人喜欢的主持人首先便应该在外部条件上具有吸引力,即在相貌和声音等方面具备一定的条件,能够让人赏心悦目。说到主持人应当具有较好的外部条件,也许有人马上会举出崔永元或是美国黑人女主持温芙瑞的例子加以质疑。不能否定的事实是,当崔永元等刚出现在屏幕上的

---

① 参见〔美〕马斯洛:《动机与人格》,林方主编:《人的潜能和价值》,华夏出版社1987年版,第174—211页。
② 高玉祥等主编:《人际交往心理学》,中国社会科学出版社1990年版,第57页。
③ 佘丽琳:《人际交往心理学》,光明日报出版社1989年版,第274页。
④ 参见刘晓红、卜卫:《大众传播心理研究》,中国广播电视出版社2001年版,第147页。

时候确实有许多人在为其担心,也确实招致不少受众的质疑。在笔者所进行的随机访问中,当问到为何会喜欢某位主持人时,很多受访者就毫不讳言是因为他(她)人长得漂亮。

从崔永元等主持人取得成功的例子也能看到,外在条件固然是招人喜欢的重要条件,但并非全部和必然如此,"随着认知的深入,认知客体的人格特质将逐渐成为印象形成的决定因素"①。随着受众对崔永元等人的习以为常或对他们人格特质的逐渐了解,受众其实更看重的还是他们的内在修养而不再只是其外部条件。有时候,主持人外在条件如果太好不但无益,而且有害,其良好的外在条件不仅会因为太吸引人而干扰受众对其传播内容的注意,而且会成为受众怀疑其传播动机的诱因,正如许多心理学家所说,"美貌只在不怀其他动机的情况下才是有用的"。主持人如果"太漂亮",容易使受众产生一种偏见,认为主持人是不学无术的"花瓶""摆设儿"或是"小鲜肉""公子哥儿",从而对他们的传播产生不信任的心理反应。太漂亮反而是主持人的"天然缺陷"。前美国ABC《晚间新闻》主播彼得·詹宁斯在第一次坐上主播台时就因为长相英俊像个模特而没有被观众接受。

2. 较好的口语表达能力

一个优秀的节目主持人,尤其是优秀的广播电视节目主持人,具有较好的口语表达能力既是其基本条件,也是其凸显魅力的主要手段。一个口齿不清、说话木讷的人是不会成为一个好主持人的。较好的口语表达能力对于主持人而言如同一个门槛,跨不过这个门槛很难胜任主持人的工作。著名主持人白岩松对此就深有感触,在接受笔者的访问时,白岩松直截了当地说道:"一个木讷的、有才华的思想者不一定能成为一个好的主持人,因为他进不了这个门槛。"较好的口语表达能力对于主持人除了具有工具性的意义,还具有展现主持人魅力和促使主持人成为意见领袖的重要作用。按照人际交往心理学的观点,魅力是指人与人之间的一种由喜欢而引起的感召力和吸引力,是人际交往的重要条件,魅力的展示主要是通过构成魅力的因素来实现的,其中语言是构成魅力的重要因素。社会心理学的研究也表明,"产生领导的个性特征包括语言活动水平、地位和避免与群体的分离"②,这就意味着在一个群体中,一个人口语表达的能力越强,他就越有可能成为这个群体的领袖并对该群体产生较大的影响,而这正是一个传播者所期望的效果。事实上,在中外众多成功的名主持人中,越是有名、越是在

---

① 高玉祥等主编:《人际交往心理学》,中国社会科学出版社1990年版,第57页。
② 弗里德曼等:《社会心理学》,高地、高佳等译,黑龙江人民出版社1984年版,第548页。

受众中影响大的主持人,其口语表达能力往往也越强。受众评价主持人,或解释为何喜欢某个主持人的时候,主持人的语言表达能力,或"语智"和"语言魅力",也是一个非常重要的方面,很多人喜欢崔永元,就是因为他语言表达能力强,说话机智、幽默,善于概括和总结。所以说,能否很好地驾驭语言在某种意义上确实是衡量节目主持人水准的一个重要依据。

3. 真诚、热情,富有同情心

美国著名心理学家安德森在1968年做过一个实验,在研究中向大学生被试呈现了555个形容词,让他们报告在多大程度上喜欢具有这项品质的人。研究结果表明,20世纪60年代,在美国大学生中受到评价最高的品质是"真诚",在8个评价最高的形容词中,有6个多多少少都和"真诚"有关。[1] 美国心理学家阿希也曾通过实验发现,除了"真诚","热情"也是吸引他人的核心品质之一,对人们印象的形成产生强烈的影响。[2] 在卡耐基所列出的6种使人喜欢的方法中,不仅将真诚地对待别人放在首位,而且两次提到了真诚,足见真诚在人际交往,或引起他人喜欢方面具有的重要作用。[3] 其实,不只是在60年代的美国,中国现在的情形也一样,在现在所能见到的受众评价主持人时所使用的词中,"真诚""不做作""真实"等同样是使用频率最高的词。主持人撒贝宁毫不掩饰地对笔者说道:"真诚是我之所以讨人喜欢的诀窍。"杨澜在总结美国著名黑人女主持温芙瑞成功的原因时也发现,她成功的秘诀其实非常简单,那就是与观众真诚的感情交流,与传播学中"传播者的坦诚是传播者极为重要的品格,这种品格既能赢得受众的信任,也能赢得受众的喜欢"[4]这一结论不谋而合。

说到热情,其在主持人身上最明显的表现就是热心公益事业,热爱自己的工作,总是对观众报以真诚的微笑。虽然微笑并不是热情的全部表现,但缺乏热情、态度冷漠的人不会总在脸上挂满笑容,即使勉强挤出一些笑容,也会因为不是发自心底而很快被识破,并引起反感。微笑除了能表明主持人的热情,其本身也是让人喜欢的重要原因,卡耐基把"微笑"单独列为一种使人喜欢的方法。美国全国广播公司的早间新闻节目《今日》之所以备受观众喜欢,在很大程度上就是因为这个节目的主持人凯蒂·库里克的微笑,"她甚至被称为全国广播公司的'甜心'"。微笑固然能够让人喜欢,但微笑也不能不分场合,如果传播内容本身是悲痛或愤懑的,而主持人在传播这些内容时还在一味微笑的话,微笑不仅不会

---

[1] 余丽琳:《人际交往心理学》,光明日报出版社1989年版,第255页。
[2] 高玉祥等主编:《人际交往心理学》,中国社会科学出版社1990年版,第83页。
[3] 〔美〕卡耐基:《人性的弱点》,童龄译,新疆人民出版社1999年版,第116页。
[4] 郑兴东:《受众心理与传媒引导》,新华出版社1999年版,第254页。

惹人喜爱,还会因为具有某种幸灾乐祸或者傻笑的意味而使受众厌恶。

4. 性格开朗、喜欢交往,具有亲和力

前文(第六章第二节)在述及主持人的素质时提到:主持人,尤其是优秀的主持人身上都有着强烈的合群倾向,并伴有开朗的性格和高超的交际能力。作为一种类人际交往,主持人与受众之间关系的建立需要借助主持人的个人魅力,受众喜欢与开朗而有亲和力的主持人交往。亲和力,即让人产生亲近感和交往意愿的魅力,既是主持人赢得受众喜欢的基础,也是受众对主持人的要求和期待。如美国著名的女主持人沃尔特斯和温芙瑞都有着"与有用的人交际的极高技巧"。实际上,很难发现主持人性格内向、不爱交往还能深受受众喜欢。因为性格开朗,喜欢交往,主持人很容易与受众之间建立熟悉的人际关系,让受众产生亲近感,成为"熟人",而在社会心理学上,熟悉恰恰又是导致喜欢与吸引的因素之一,即"从某种意义上说,熟悉是和好的肯定的东西联系着的"[①]。熟悉同样是主持人发挥"自己的效应"传播效果的基础,由熟悉而产生的自己人般的认同能迅速消除主持人与受众之间的隔阂,使受众对主持人的传播放下戒备心理,心生好感。

5. 冷静、镇定、临阵不乱

喜欢交往、"自来熟"是主持人不可缺少的个性特征,也是优秀主持人的一种特殊能力。冷静、镇定、临阵不乱也是优秀主持人不可缺少的特殊能力。与冷静、镇定、临阵不乱相反的是紧张和慌乱。心理学理论认为:作为一种心理现象,紧张是环境刺激与机体能力不平衡的结果,是机体不能适应环境的"情绪应激"行为,通俗地说也就是"怯场",是人在面临重大场面或变故时出现的一种极度兴奋状态。虽说兴奋作为一种积极的心理现象有时并非坏事,但过度兴奋绝不是什么好事,过度兴奋往往会对大脑皮层中的某些中枢神经造成抑制,并引起人体的一系列生理变化,影响人的正常思维和行为。具体到主持人,由于紧张,许多心理素质不太成熟的主持人在身处强光照射之下、面对大量受众或进入直播状态时,往往会表现出"思维滞塞、言辞不畅、手脚发抖、表情僵硬"等状态,严重的还会出现脑中一片空白、暂时失语的情况,使得在传播之前所精心准备的"创作蓝图"都化为乌有。这样的主持人显然不能适应主持传播的需要,更无法使受众产生喜欢的感觉。相反,如果是比较优秀或心理素质比较高的主持人遇到这种情况,他们一般都能很快让自己冷静和镇定下来,不慌不乱地进入传播状态,更不会影响自己的正常发挥。紧张和慌乱不是不可克服,随着实践的增多和经验

---

[①] 弗里德曼等:《社会心理学》,高地、高佳等译,黑龙江人民出版社1984年版,第190页。

的积累,紧张和慌乱的情况在主持人的身上也会慢慢减少,这需要主持人有意地去克服和锻炼。

### 6. 高超的采访提问技能

采访提问是主持传播中的一个重要组成部分,也是主持人的必备之功,因而具备高超的采访提问技能从某种意义上说既是优秀主持人必备的特殊能力,也是主持人招人喜欢的一个重要因素。美国知名作家吉妮·格拉汉姆·斯克特在说到"美国脱口秀之王"拉里·金的成功时,便认为"他发现了使他名扬天下的模式——通过提问来采访和吸引嘉宾"。著名主持人杨澜也表示,《60分钟》的主持人内部有句名言很值得主持人学习,他们说,有时提问比回答更重要。因为你的提问反映了你对这个问题的思考和对背景的了解,有时我们不是因为不知道才问问题,而正是因为我们知道了一部分还需要知道更多的部分才提问。实际上,主持人在传播中的大多数采访提问都是代替受众来向当事人发问的,而大多数受众最不愿意看到或听到但总能看到或听到的主持人的提问往往是:"您此时的心情怎样""请问您有何感想"以及"能不能请您就这个问题讲几句"这样的"感想式"提问,[①]甚至有人毫不客气地称之为"弱智式"提问。优秀的主持人一般不会问这样的问题,因为他们都非常注意在提问的技能上下功夫,一般也具有较高超的采访提问技巧。著名主持人敬一丹就把"请问您有何感想"这样的提问列为自己镜头前提问的忌语,并强迫自己根据具体的采访情境来设计问题。有一次她到西北一个受风沙侵蚀破坏的村庄采访,正当她走进一家院里是沙、门口是沙、屋顶漏沙的人家但不知从哪里问起时,她恰巧听到女主人在叫他的儿子"沙沙",于是她灵机一动,便从孩子的名字为什么叫"沙沙"开始了她的提问,而女主人"出门也是沙,进门也是沙,就叫他沙沙"的回答又让受众对沙漠人家的生活有了更深的理解。[②] 这样的提问显然要比那种平庸的"感想式"提问生动得多,也招人喜欢得多。从这个意义上来说,作为主持人,尤其是优秀的主持人,采访提问应该是一种艺术化的创造,应因人而异,层层深入,问得对方有感而发,与采访主题自然融合,使受众有所感悟,引起共鸣。

### 7. 必要的专业知识

在主持人所招致的非议和指责中,"没有知识""不知所云""一窍不通"可能要算是最常见的字眼。出现这种状况的主要原因是主持人对自己所主持的节目内容缺乏必要的专业知识。由于缺乏必要的专业知识,主持人无法对所谈的话

---

① 参见中央电视台研究室编内部资料《观感先辑》第35期。
② 参见敬一丹:《话筒前》,现代出版社1999年版,第241页。

题发表有专业水准的意见,而这一点,无论是从传播效果的角度——传播者的内行性可以增加传播内容的可信性,还是从主持人招人喜欢的角度——智力性因素比社会性因素更能增加受尊敬的程度——来说,都是必不可少的。"观众希望在屏幕上见到的主持人学识渊博,即便是主持人不熟悉的领域的话题,也应该掌握较全面的材料,否则很难谈到问题的症结上去"①。

8. 具有一定的才艺

随着主持传播的逐渐普及以及主持人水平的不断提高,受众对主持人的期望和要求也越来越高。一个好的主持人要赢得更多受众的目光,博得大家的喜欢,除了掌握传播的基本功和专业知识外,受众也越来越在意他们是否具有某些专业之外的才艺。主持人,尤其是综艺娱乐类的主持人,在自己的传播专业之外具有某项专长,又会增加受众对他们的喜爱。大家熟知的主持人赵忠祥不仅主持节目得心应手,还精通中国古典诗词,擅长绘画以驴为题材的中国画。当他将自己的才艺适时展现给受众时,受众不仅形成了赵忠祥有文化的印象,而且因对他的佩服而增加了对他的喜欢。同样,大家对于鞠萍记忆犹新的是她所开办的那场少儿歌曲演唱会,对刘纯燕(金龟子)念念不忘的则是她给老人、小孩等不同人物的惟妙惟肖的配音,这些都是因为主持人多才多艺而赢得受众喜欢的例子。值得欣喜的是,现在的许多年轻主持人,如何炅、撒贝宁等都具有各自的才华,或能唱歌,或能演戏。由于意识到了一定的才艺对于主持人的重要性,有些栏目在选择主持人时也非常注意去发掘他们的才艺,如"挑战主持人"栏目中也设有让选手们展示才艺的环节。主持人具有某种才艺固然重要,但不能不顾场合故意炫耀,毕竟"主持人的主业是传播;个人才艺的表演纯属个人爱好,是副业"。否则,即使再令人拍手叫绝的才艺,也会削弱受众对主持人传播内容的注意,而且会有卖弄之嫌,引起受众反感,这也是有人告诫主持人"才艺展示要适当"②的原因。

9. 富有个性,但不过分张扬

大众传播心理学研究表明:"个性化的新闻和国内新闻比标准政治新闻及国际新闻容易记忆和再认。"③形象学的研究也证明,适度张扬的个性在某种意义上已成为个体获得更多更好发展机遇的"法宝"。曾担任中央电视台新闻评论部主任,也是中央电视台"东方时空"和"焦点访谈"等知名栏目的制片人,如今已是

---

① 时间、乔艳琳主编:《实话实说的实话》,上海文化出版社1999年版,第416页。
② 参见石伍:《节目主持人的"才艺展示"要适当》,《电视研究》2001年第12期。
③ 参见刘晓红、卜卫:《大众传播心理研究》,中国广播电视出版社2001年版,第67页。

中央电视台副台长的孙玉胜曾说:"我们选择主持人的标准或者对他们的要求是:一要有个性,二要有热情,第三还要有吸引力。"孙玉胜将个性作为对主持人的第一要求提出既表明他深谙电视或主持传播的规律,也说明个性对于主持人招人喜欢的重要意义。"无论是崔永元的幽默,何炅的活泼,还是张越的智慧,白岩松的冷峻,王刚的机智,目前成功的主持人几乎全都是极具个性的。"①富有个性固然是受众喜欢的一个重要原因,但并非个性越突出越好,也不是富有个性就必然具有吸引力,必然能招人喜欢,否则孙玉胜就不会把吸引力作为和个性并列的条件提出来。有个性却不讨人喜欢在很大程度上乃是因为主持人的个性太过于张扬,或为了个性而个性,在追求个性的过程中掺入了很多虚饰、夸张、轻狂和空洞的东西,而这无论是从主持人真诚的角度,还是受众欣赏习惯和心理承受力的角度而言都是不能容忍的。这也就是鲁豫说"我们做这个节目(指《鲁豫有约》)一方面要保持个性,一方面又不能走得太远"的缘故。②

10. 善于倾听

研究发现,在良好的倾听技巧和工作效率之间存在着直接的联系。美国已退休的著名脱口秀主持人拉里·金说:"我们没法因为说话知道更多的事情。因此,如果我今天想要知道一些事情,我所要做的就是倾听。"③另一位美国最为有名的脱口秀主持人温芙瑞的成功在很大程度上也是因为"温芙瑞的同情和倾听使她在观众中极有人缘"。④ 人际交往心理学的研究表明,"其实大多数提出问题的谈话者所需要的就是一位能给予理解的聆听者"。⑤ 也许正是如此,卡耐基才把"做一个善于倾听的人,鼓励别人多谈谈他们自己"⑥归纳为一种使人喜欢的方法。而那些最受欢迎的主持人也往往是最善于倾听的,美国最著名的谈话节目主持人温芙瑞就"非常善于倾听"。这正应验了人际交往心理学上的那句话:"如果你要成为一个谈笑风生、受人欢迎的人,你需要倾听别人的谈话。"⑦遗憾的是,有些主持人只注意到了这句话的前半句,误以为只要成了一个谈笑风生的人,就肯定能受人欢迎,因此他们在节目中总是竭力表现自己的语言才华,总想把精彩留给自己,根本不去顾及嘉宾和受众的感受,殊不知这样做的结果只能

---

① 张锦力:《解密中国电视》,中国城市出版社1999年版,第170页。
② 夏辰:《追问者鲁豫》,《南方周末》2002年7月18日第20版。
③ 转引自徐琳玲:《拉里·金谢幕》,《南方人物周刊》2011年1月3日。
④ 〔美〕吉妮·格拉汉姆:《脱口秀——广播电视谈话节目的威力与影响》,苗棣译,新华出版社1999年版,第249页。
⑤ 佘丽琳:《人际交往心理学》,光明日报出版社1989年版,第180页。
⑥ 〔美〕卡耐基:《人性的弱点》,童龄译,新疆人民出版社1999年版,第116页。
⑦ 同上书,第96页。

引起嘉宾和受众的反感。善于倾听并非要主持人被动听讲,也不意味着主持人可以有某些"内部应答",即表面上在倾听,实际上却在盘算说话人的心思或思考下面该提的问题等。真正的善于倾听应该是既保持适当的沉默,又能表现出注意听讲的身体语言、发出表示注意的声音,同时也能相应地提出问题。

11. 平等亲切、没有架子

弗里德曼等人在总结喜欢与吸引的条件时,除了看到个人品质等方面的原因之外,也把认知主体、客体之间的相似性、邻近性列为喜欢与吸引的条件之一,因为"缺乏必要的相似性,信息交流每每遇到障碍,合作者难以理解"[①],"一般说来,在采纳过程中有影响的舆论领头者与他们所影响的人非常相似"[②]。而喜欢则使人们"倾向于寻找平衡",[③]这就意味着人们总是喜欢那些与他们在某些方面具有相似之处的人。相似性与邻近性体现在主持人的个性方面就是主持人的平易近人和平民化定位,或主持人以与受众相似的身份和地位参与传播以及主持人没有架子等。主持人与受众之间的相似性不能仅仅停留在与受众的处境的相似性上,而是要努力实现与受众在人格上的相似性,因为在人的合群性上,"人格的相似性相比处境的相似性是一个更重要的因素"。当然,主持人与受众之间的这种相似性也只能是相对的,如果主持人与受众之间完全相似,主持人无法让受众感到某种必要的差异性,受众则又会对主持人的传播完全失去兴趣。

12. 良好的道德品质

传播学研究表明,在人际传播中,决定受传者在多大程度上接受、相信传播者所传递的信息的,是传播者的人格。中央电视台著名主持人白岩松在许多年前曾经撰文呼吁,希望主持人把"主持"缩小,把"人"放大,并且指出:"对于任何一个主持人来说,只有先拥有一个大写而丰满的人,才能派生出一个被观众认可的主持人形象。"[④]在做了二十多年的主持人之后,白岩松的初衷依然未变。当笔者就这个问题再次向他发问时,他的第一个反应是:"这(指主持人如何赢得受众喜欢)跟主持人没关系,而是跟做人有关系。做人本身这一撇一捺是否写得比较大,最终决定观众是否接受你。"经过多年的沉积和磨炼,白岩松不仅没有改变当初的信念,而且对这种信念更加坚定,这足以说明良好的道德品质对于一个主持人受欢迎的意义。当然,对于良好的道德品质为何能增加主持人的受欢迎程度,还可以从传播学上有关信源的可信度、说服学上有关的信誉证明,以及人类

---

① 转引自黄鸣奋:《艺术交往心理学》,厦门大学出版社 1988 年版,第 135 页。
② 〔美〕德弗勒、鲍尔-洛基奇:《大众传播学诸论》,杜力平译,新华出版社 1990 年版,第 217 页。
③ 〔美〕弗里德曼等:《社会心理学》,高地、高佳等译,黑龙江人民出版社 1984 年版,第 210 页。
④ 白岩松:《我们能走多远——关于主持人话题的思考》,《现代传播》1996 年第 1 期。

自身具有对真、善、美的追求和向往的审美心理上找到证据。关于这个问题,在后面的论述中还会专门论及。

13. 良好的镜头(话筒)感

良好的镜头感,对广播主持人而言,则是良好的话筒感,也是优秀主持人不可缺少的个性特征。现实中常有这样的情况,一个主持人在台下谈笑风生、妙语连珠,而一到台上,摄像机的红灯一亮,这位主持人就好像换了个人似的,一下子全然没有了感觉,仿佛忽然晕了一样,播音主持专业的人专门给这种现象起了个形象的名字叫"晕镜头"(广播当然是"晕话筒")。其实,主持人出现这种"晕镜头"的现象,一方面是由于主持人的精神紧张,另一方面则是因为主持人缺少良好的镜头感,无法用镜头感来调整自己的传播状态。良好的镜头感除了能克服"晕镜头"的心理现象,还有助于主持人利用镜头进行有效传播,如有的主持人就懂得如何利用镜头来凸显自己的长处,懂得如何通过镜头和受众交流等。关于这一点,也有人称之为主持人的对象感,即虽然主持传播时面对的只是镜头或话筒等无生命的机器,但好的主持人依然能够表现出面对真实传播对象时所具有的传播状态,表现出良好的虚拟交流感,使受众能够透过主持人的瞳孔看到他们自己的影子。虽然镜头感重要,但比较麻烦的是,镜头感无法用量化的指标来测试,甚至也无法用言语来描述,只有通过实际的观察才能看得出来。为此,现在很多栏目在选择主持人的时候,除了检测主持人的其他能力外,还一定要让主持人"上镜",通过"试镜"来考察主持人的镜头感,这也是一些在主持人大赛或央视"挑战主持人"栏目中表现上佳的选手会立即成为真正的主持人的原因之一。

14. 良好的文化修养

曾经因成功主持综艺节目而深受全国亿万观众喜爱的著名主持人×××,在后来主持《文化视点》时却遭遇滑铁卢,没能再次博得受众的喜欢。×××在受众一片不满声中草草收场的原因很简单,那就是受众觉得×××不适合主持这样的文化节目。相反,董卿在诗词方面的文化修养则是使她和《朗读者》走向成功的重要因素。实际上,受众对主持人"没有文化"的指摘从来就没有停止过,主持人在节目中所表现出的低文化修养,如将"床前明月光"一诗的作者说成是白居易,将莎士比亚说成是美国人,将"趋之若鹜"念成"趋之若鹰",将"颐指气使"念成"顾指气使",把成语"尾大不掉"解释为"尾巴大了不容易掉"等,是受众对主持人不能容忍的。主持人也已经意识到了这一点,为了不因缺少文化修养而被受众指责,为了增加受众的喜欢度,都会在业余时间忙着读书"充电",毕竟,"文化是装不出来的"。

以上所列举的这些个性特征,或人们日常生活中所谓的素质虽说是主持人招人喜欢的原因,但在现实中,优秀主持人所具备的个性特征并非仅限于此。主持人并非只具备了这些素质中的一部分或全部就一定能够得到受众的欢迎,毕竟还有其他许多影响主持传播的因素,如媒体定位、栏目性质、受众欣赏习惯等,但可以肯定的是,一个优秀的主持人,或一个在受众中拥有好人缘、有生命力的主持人肯定具有这些素质的全部或其中的部分。当然,由于媒体定位、栏目性质及定位等因素的影响,受众对不同主持人个性期待的侧重也会不尽相同。如在中央电视台总编室通过调查了解到的观众对不同类别节目主持人应具备的风格和特征的资料中,庄重严肃、幽默风趣、着装生活化、热情活泼、男性主持等风格和特征分别居于新闻评论类、综艺娱乐类、教育服务类、少儿类和体育类节目之首便是有力的例证。[①]

不同受众对主持人的心理需求和心理期待也不完全一致,尤其是对于对象性较强的节目来说,由于观众对媒介功能和媒介传播内容均有特定或不同寻常的期待,其对于这些栏目主持人的期待也不尽相同。遇到这种情况,主持人在拥有一般个性的前提下,只有契合受众的个性期待才更有可能获得受众认可和喜欢。

## 思考题

1. 何谓受众,其在主持传播中的地位及作用如何?
2. 受众一般对主持人的个性会有哪些期待?

---

① 参见高贵武:《解析主持传播》,北京广播学院出版社 2004 年版,第 146 页。

# 第七章
# 主持传播的环境

马克思、恩格斯在《德意志意识形态》一文中写道:"人创造环境,同样环境也创造人。"① 环境,从生态学的角度看,是指为生物生长发育提供促进和制约的条件和空间,从系统科学的角度看,环境本身则是一个系统,是"一个系统之外的一切事物或系统的总和"②,是小系统之外的大系统或母系统。按照系统论的观点,任何子系统的生存和发展都离不开大系统——环境——的影响,且与环境之间存在互塑、共生现象,即环境对系统有两种相反的作用或输入,既可以提供系统生存发展所需要的空间、资源、激励或其他条件,也可以给系统施加约束、扰动、压力,甚至危害系统的生存发展。

就主持传播系统来说,其系统之外的母系统可以根据不同范畴划分出若干不同系统或层次。若将主持传播自身构成系统(主持人与受众的关系)视为微观的子系统,紧紧围绕主持传播,就可以发现栏目这样的中观系统,以及媒介机构、社会政治、经济系统乃至整个社会这样的宏观系统的存在。由于系统与环境之间的互塑共生作用,这些系统无不对主持传播产生影响,决定着主持传播的走向与成败。关于主持传播的这些系统,可以用下面的示意图(见图7-1)来表示。

从图7-1中不仅可发现与主持传播密切相关的系统的类别,而且能看出这些系统在层次上的分布。例如,可以将由主持人与受众构成的主持传播看作是整个系统中的子系统,即"小系统",或"元系统",而把由记者、编辑(导)、主持人等构成的栏目视为一个更大的微观系统,即栏目"微观系统"。在整个系统中,这种"微观系统"本身又是媒介"中观系统"的一个子系统,同样,媒介中观系统又是社会大系统中的小系统。

---

① 《马克思恩格斯全集》第3卷,人民出版社1960年版,第43页。
② 苗东升:《系统科学精要》,中国人民大学出版社1998年版,第38页。

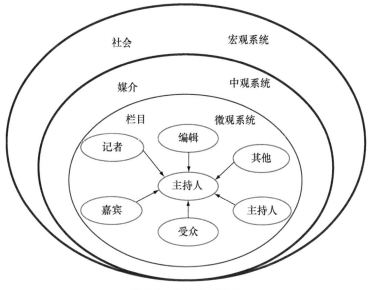

图 7-1 主持传播系统

## 第一节 主持传播的宏观环境——社会

事实上,在对主持传播进行具体分析的时候,系统论的观点一直都在发挥作用,在将主持传播分解为传播主体——主持人、传播客体——受众、传播过程以及反馈等诸元素时,其实已经用到了系统论的思维。主持传播本身也是一个系统,在考察主持传播的子系统时,不能忽视主持传播与外部环境之间的关系,不能忽视主持传播作为一个大系统中的子系统的地位,也不能忽视社会作为宏观系统对主持传播的影响和制约。

### 一、时代特征对主持传播的影响

不同时代的人,在社会生活、思想情操、文化修养、风俗习惯方面都存在差异,反映到主持传播方面便形成了不同时期的主持风格,使主持传播具有鲜明的时代特色。从事主持传播的主持人无论话语方式还是风格特色,都需要把握时代脉搏,焕发时代精神,反映时代氛围,高扬时代主旋律,顺应时代需要,这样才能成为具有时代特色的个性鲜明的主持人,也才能赢得受众的喜欢。例如优秀的体育节目主持人宋世雄,从来都能自觉地在体育比赛中融入时代的激情。他在谈到转播女排比赛时这样说:"不单纯讲赛事的激烈,不单纯讲比赛的技术,而是讲精神、讲斗志、讲毅力,讲中国姑娘们场下的刻苦训练,讲她们的内心世界,讲胜不骄败不馁的品德,一句话,我正确地把握了舆论导向,抓住了时代的本质。"[①]正如宋世雄所言,因为他把握和体现了当时的时代特色,他才成了一位颇受欢迎的主持人,而现在,随着时代的变化,宋世雄当年那种激情澎湃的解说风格也不得不让位于更具个人色彩、更具人际化特征和个人亲和力的新一代主持人,因为恰恰是在这些第三代的体育解说员身上体现了当代社会平等、多元、追求个性的时代特征。

同样,著名主持人倪萍的走红与"失落"也是时代特征影响主持传播的典型例证。当倪萍朴实、真挚、热情的主持风格与 20 世纪 80 年代后期开放、热情、富有活力的时代特征吻合时,她不想成功都难,而到了 90 年代以后,由于我国社会物质文化和精神文化的不断发展,时尚、新颖、富有文化内涵已发展成时代的主要特征,倪萍虽然依旧真诚、朴实,但缺少了受众期待的时尚感和个性化,她的"失落"似乎也不可避免。

时代特征对主持传播的影响也可以从主持传播的风格演变上体现出来。在我国真正的主持传播未诞生之前,国内广播电视媒介播音员(播音员在某种意义上可被视作主持传播的萌芽或史前阶段)的播音风格曾经具有鲜明的时代特征。中华人民共和国成立初始,全国人民刚刚翻身做了主人,全社会不仅对社会主义祖国充满憧憬,而且具有空前的建设热情,这种时代精神体现在播音员的风格上就是热情澎湃、斗志昂扬、催人奋进。而随着"文化大革命"十年浩劫的来临,在那个疯狂的年代里,播音员的播音也变得"不喊不革命","高、平、空"(声嘶力竭的高调门、平淡死板的声音形式、空洞无物的内容)的播音腔调也就成了那个时代最有代表性的播音风格。粉碎"四人帮"以后,特别是改革开放以来,人们思想的解放,政治环境的宽松,反映在播音与主持传播中就是强加于人的东西少了,平等对话的情景多了,尤其是以徐曼的《空中之友》等为代表的真正的主持传播的出现,更是将主持传播的风格推进到了平等、亲切、热情、友好的新天地。

### 二、社会制度对主持传播的影响

不同的社会制度,包括社会的政治、经济、文化、法律等对一切社会活动都会产生深刻的影响,主持传播也不例外,中国和美国等西方国家的主持传播在风格和价值取向上的显著不同即是证明。在美国等一些西方发达资本主义国家,表面上看起来较为宽松的新闻自由,加上传播媒介在产业属性上具有浓厚的商业

---

[①] 参见百度宋世雄吧,https://tieba.baidu.com/p/335409512?red_tag=1986349181。

色彩,使得它们的广播电视媒介等大众传播(包括主持传播)与社会主义制度下的大众传播(包括主持传播)有很大的不同。

我国实行的是社会主义制度,大众传播媒体作为社会主义公共事业的一部分,是党和政府的喉舌,我国的节目主持人在个性上不可能像美国主持人那样具有更多的自由主义和个人主义色彩,在管理上也不像美国节目主持人那样完全实行"三高"政策(高收入、高权限、高知名度)。当然,即使像美国这样一向以民主自由自我标榜的国家,主持传播也并非不受政治势力和意识形态的影响。

因此,凡提到中国主持传播就必然想到美国乃至整个西方世界的广播电视主持传播,把我国现时的主持传播与美国和西方进行对比,并不加区分地模仿美国、与美国看齐的做法,不仅是不恰当的,也是不现实的。

### 三、民族文化对主持传播的影响

民族文化,主要指一个民族所固有的生活方式、伦理道德、思维模式、审美倾向等精神产品的总和。作为社会存在和发展的背景性力量,民族文化对主持传播有着不容忽视的影响和制约。中华民族有着深厚的文化底蕴和丰富的精神财富,自古以来一直强调精神世界的开发,中华文明在世界上有着深远的影响,资深节目主持人赵忠祥曾意味深长地说:"没有对中华民族优秀文化怀有如醉如痴那样一种抑制不住的爱,就不能当好中国的节目主持人。"[①]

中华民族"文以载道"的文化传统和几千年间形成的伦理道德,既培育了中国人传统的内敛性格,也使中国人特别注重人与人之间的亲和关系,强调和谐、宽厚,严于律己、宽以待人,这与西方"冲突性"的人生价值实现方式大相径庭。西方某些主持人在节目中咄咄逼人的提问,在国人眼里则被视为"揭人伤疤"或"损人利己",不但得不到认可,而且会引起反感。虽然在某些娱乐节目当中,因为纯粹娱乐的目的,主持人可以相对表现出更多个人化的东西,但也必须有个前提,那就是要符合民族文化的价值和习惯,不能超出受众的心理接受限度和欣赏习惯。即使是娱乐类栏目中,也不可能出现像西方娱乐栏目中经常出现的拿公众人物随意开玩笑、以揭露公众人物隐私为乐的情况。少数主持人的黄头发及穿着打扮之所以引起很多受众的反感,也是因为这种传播行为在某种程度上已超越了受众的欣赏习惯和审美标准。

---

[①] 赵忠祥:《岁月随想》,上海人民出版社1995年版,第346页。

### 四、地理环境对主持传播的影响

中国自古就有"橘生淮南则为橘,生于淮北则为枳"的故事,说明地理环境对事物发展具有不可忽略的影响。地理环境,是人们居住、生活的物理空间在地域上的表现。中国是一个幅员辽阔的国度,加之历史上交通与信息的不发达,使今天生活在不同地理环境中的人们在观念、行为等方面存在很大的不同。这种不同影响着不同地理环境中人们的志趣、喜好,影响着他们的审美价值取向。中国历来就有"南人"与"北人"以及"京派"与"海派"之说,南方沿海由于得改革风气之先,在人的思想观念方面更为开放,市场经济的观念更强,而北方的大部分地区由于经济相对落后,人们在思想上则显得有些保守。这都会影响到主持传播的发展。

以中央电视台、北京电视台等为代表的中国北方广播电视媒体的主持人及主持传播相对庄重大气,一举一动、一言一行无不表现得中规中矩,而以广东、湖南等电视台为代表的南方广播电视媒体的主持人及主持传播则相对活泼、时尚,一举一动、一言一行无不显得开放、洋气。由于地理环境不同,以中央电视台为代表的北方广播电视媒体的主持人在南方,尤其是在广东、深圳影响并不大。也是由于受到地理环境的影响,"入乡随俗""入城问禁"是主持人主持节目时不能忽略的现实问题。

随着互联网等新媒体的兴起,地球已成为"村落",地域在媒介社会中正出现日益消逝的趋势,"后信息时代将消除地理的限制","数字化的生活将越来越不需要仰赖特定的时间和地点"①,即使这样,地域或地理环境对主持传播的影响仍不可忽视,地理环境表面上体现的是地理空间的差异,实则是地域文化的差异,文化的影响是久远的。

## 第二节 主持传播的中观环境——媒体

### 一、主持人的一切传播活动皆受媒体制约

主持人与媒体的互动关系首先体现为主持人是媒体的一分子,其传播活动不仅是主持人的个人行为,而且是媒介传播活动的组成部分,这意味着主持人的传播活动应服从和符合主持人所在媒体的总体规划和要求,主持人所有的努力

---

① 〔美〕尼葛洛庞帝:《数字化生存》,胡泳、范海燕译,海南出版社1996年版,第194页。

(包括印象管理、传播技巧等)必须服从和服务于促进媒体整体目标的实现,体现媒体的定位及特色。现实中,有些主持人可能在隶属关系上与媒体并无正式关系,如有的主持人以"主持人个体户"的自由人身份同时在多家媒体主持节目,也有的主持人暂时被某家媒体或传播机构借用,不管主持人与媒体的隶属关系如何,也不管主持人是否与媒体和传播机构签约,只要主持人在媒体主持节目,或者在媒体露面,代表的就不仅仅是主持人个人,而是所处或所属的媒体,主持人所说的话、所做的动作除了代表自己外还代表着所在的媒体。

**二、主持人与媒体之间相互依赖、相辅相成**

主持人与媒体的互动关系还体现为主持人与媒体之间的相互依赖和相得益彰。由于电视曾经在大众传播媒介中占有强势地位,以及中央电视台在政策、覆盖率等方面"一家独大",如果能到中央电视台主持节目,在受众中拥有的知名度或成功的概率要远远大于在其他媒体主持。上海电视台曾经有许多优秀的主持人,但很少有人能像叶惠贤、袁鸣一样在全国观众中享有盛誉,很重要的原因就在于他们没有像叶惠贤和袁鸣那样曾在中央电视台主持过节目。相反,原中央电视台《正大综艺》等栏目的主持人程前本来很受全国观众欢迎,但自从离开中央电视台到北京电视台主持《欢乐总动员》等栏目之后,无论知名度还是受欢迎程度都大不如前。

与电视比起来,广播,甚至报纸、杂志主持人的处境更是如此。仅以广播主持人为例,在每次金话筒奖评比中,获奖的广播节目主持人也不在少数(如窦文涛就曾获过金话筒奖),他们的主持水平亦不输电视主持人,但真正知道和喜欢广播金话筒奖得主的受众却少得多,这除了证明媒体对于主持人的发展具有巨大的促进作用,也提醒主持人不可将自己置于超越媒体的位置。

在看到媒体对于主持人"大树"般的促进作用时,也不能无视其他因素对主持人的成功所起的作用,不能无视主持人对媒体的推动和促进,而应看到主持人与媒体之间相得益彰的鱼水关系。在这方面显著的例子是香港凤凰卫视中文台的横空崛起。作为一个新兴的卫星频道,创办伊始的凤凰台无论哪方面都无法与中央电视台相比,甚至比不上国内某些地方电视台。但短短几年时间内,凤凰台就在内地打开了局面,在受众中的知名度和影响力甚至直逼中央电视台,其中很大的一个原因就是凤凰拥有和起用了一批知名度高、富有个性的优秀主持人。正是吴小莉、杨澜、许戈辉、窦文涛以及后来的一批主持人成就了凤凰的辉煌。就连凤凰卫视的行政总裁刘长乐也从不否认,他曾多次强调凤凰在发展上走的就是主持人策略,即通过主持人来带动整个媒体发展。

### 三、不同媒体对主持传播的要求各有不同

主持人要真正代表媒体,并与媒体相得益彰,其传播活动除了服从整个媒体的传播大局外,还应该根据不同媒体对主持人的要求来指导和调整自己的传播活动。不同性质、不同类型的媒体对主持人的要求不同。地方台的主持人不可能完全按照中央台主持人的做法去做,中央台的主持人也不可能完全照搬西方或港台主持人的做法。电视台的主持人不可能完全复制广播电台主持人的成功经验,广播电台的主持人也不可能全盘接收报纸、杂志或网络媒体主持人的做法,网络主持人也不可能沿袭电视台主持人的做法。电视媒体对主持人的要求要比其他媒体多一些,除声音条件之外,还会考虑形体以及镜头感方面的因素,广播电台对主持人的要求更偏重于主持人的声音、反应能力等素质。报纸、杂志等媒体对主持人的要求更偏重于主持人的采访、编辑、策划和他们的版面组织协调能力。与传统媒体比较起来,网络媒体对主持的要求也不尽相同。如果是某栏目或讨论区的"斑竹"(版主),网络媒体对主持人的要求则基本上类似于印刷媒体对主持人的要求,当然还得懂技术。如果是"安娜诺娃"这样的虚拟主持人,对主持人的要求则介于广播电台和电视台之间,既有对"声音"和"相貌"的要求,又不如广播电视媒体的要求那样严格、复杂。如果是新媒体主持人则更强调主持人的个性化,那些红遍网络和新媒体的主持人,如《罗辑思维》的主持人罗振宇、《大鹏嘚吧嘚》的主持人大鹏等,无不个性鲜明、深谙网络及新媒体传播之道,有着互联网思维。

## 第三节 主持传播的微观环境——栏目

主持传播是大众传播媒介栏目化的产物,与栏目有着最为直接和密切的关系。任何离开具体栏目而对主持传播所做的讨论都是徒劳而无意义的。

主持人与栏目的互动关系历来存在两种意见:一种意见把主持人比作栏目的灵魂和门面,认为不管栏目策划、准备得多么充分,只要主持人一砸锅,整个栏目便都得砸锅;另一种意见则认为,主持人的成功和走红完全是由栏目造就的,离开了栏目,主持人其实啥也不是,这种情形总起来看与主持人和媒体的关系非常类似。

### 一、优秀的栏目离不开优秀的主持人

对于主持人与栏目的关系,在业界和普通大众中还存在一种有意思的现象。

如果栏目获得成功,取得了巨大的社会效益和经济效益,人们总是倾向于认为这主要是由于栏目策划编辑得力,将功劳主要记在栏目策划、编辑、记者等幕后工作人员身上。而一旦栏目没能产生预期的社会效益和经济效益,未取得成功,人们往往将栏目的失败主要归咎于主持人,认为是主持人不行,应该更换主持人。

其实,持这两种意见的人都没有错,双方的观点之所以会对立,完全是因为二者所处的地位和看问题的角度不同。如果将两种意见综合一下,就可以得出一个比较公允的结论,即主持人与栏目之间实际上是一种唇齿相依、互利互惠的鱼水关系,二者既相互依存,也相互制约。栏目的成功离不开主持人,没有好的主持人,栏目很难成功。中央电视台《实话实说》的原制片人时间就曾明确表示:"没有崔永元,就没有《实话实说》。"① 事实上,因为崔永元临时有事,《实话实说》曾经播出了几期由其他人代为主持的节目,但无论收视效果还是受众反映都确实不如崔永元主持时的情形,后来和晶代替崔永元主持《实话实说》、阿忆代替和晶主持《实话实说》时的情况也别无二致。

## 二、优秀的主持人离不开优秀的栏目

曾有学者做过调查发现,在观众喜欢主持人的理由中,主持人的个人魅力得票最低(15.6%),排在末位,而能确切代表栏目风格则得票最多(31.2%),位居榜首。② 这说明主持人的成功与走红确实离不开栏目,是栏目为其提供了有利的空间和保障。这其中典型的例子是倪萍,当她从使自己红透半边天的《综艺大观》节目隐退、逐渐淡出中央电视台每年的春节联欢晚会之后,她先是主持《倪萍访谈录》,后加盟《聊天》栏目,都因收视率较低等原因而被中央电视台一度叫停。曾经主持北京电视台《元元说话》、一度在北京电视台堪称一姐的元元,在离开《元元说话》之后,先后主持过《看北京》等多个栏目,甚至进了中央电视台的更高平台,但她的处境跟倪萍后来的处境并无二致。

有的主持人有多年工作经验,主持过多种类型的节目,可始终没给观众留下多少印象,其主要原因也是没找到适合自己的栏目。王小丫在主持《开心辞典》之前先后主持过《供求热线》《金土地》《经济半小时》等栏目。央视原经济部主任汪文斌曾劝小丫去主持《开心辞典》,王小丫当时还想不通,没料到正是《开心辞典》使得小丫的名字在一夜之间被亿万观众所熟知。李咏成名前一直主持对海外的节目《天涯共此时》;李湘刚到湖南台时主播新闻节目;崔永元是报社记者;

---

① 时间、乔艳琳主编:《实话实说的实话》,上海文化出版社1999年版,第11页。
② 张同道主编:《电视看客——调查中国电视受众》,安徽教育出版社2003年版,第20页。

元元是北京台新闻记者……他们都是在经历了相当一段时间的摸索尝试之后，才找到了适合自己个性的栏目，从此相得益彰，事业如鱼得水、如虎添翼。通过这些例子，除了能够看到主持人与栏目谁也离不开谁的相互依存关系之外，同样能看出二者之间的相互制约关系。由此可见，节目的性质对主持人的素质起着制约作用；反过来，主持人的素质也决定和制约着节目的成效。

在一个以栏目为体系的传播系统中，与主持人有直接关系的除了栏目的定位、属性以及栏目的传播内容外，栏目内所有与主持人合作的其他工作人员同样对主持人的传播会产生不容忽视的作用。由于现代大众传播活动的复杂性，任何传播活动都不是靠一个人的力量所能完成的，著名主持人赵忠祥曾指出："主持人的成绩，实际上绝不是仅凭个人能力就能取得的，没有一个好的创作集体、高水平的编导和一个好的节目或栏目，是不可能取得的。"[①]任何大众传播，尤其是广播电视的栏目都是"群体智慧的结晶"，是集体协作的结果。在一个栏目内，节目主持人作为"出声露面"的人，显现在屏幕上，也就是一两个人，但"出声露面"的主持人背后往往站着很多人，除了栏目的负责人，有从事采编业务的策划、编辑、记者，有从事技术操作的灯光、摄像、录音师，以及从事行政和一般性事务的各类工作人员。某些"参与型"的主持人，虽然可以在一定程度上实现采、编、播、控的合而为一，但不可能完成大众传播的所有工作，总会与栏目内的其他工作人员产生协作关系。

网络媒体及新媒体的情况也不例外，当《罗辑思维》的两位首创宣布分道扬镳后，人们除了惋惜这对黄金搭档的不复存在，更多的则是担心少了黄金组合的《罗辑思维》到底还能辉煌多久。

### 三、不同栏目对主持传播的影响不同

栏目对主持人的制约，还可以从另外两方面得到验证，即不同栏目的编辑方针与运行机制对主持传播产生的影响不同。

1. 栏目编辑方针对主持传播的制约和影响

每个栏目都有属于自己的栏目编辑方针，不同的栏目编辑方针各不相同。栏目的编辑方针一般是根据媒体编辑方式对栏目日常编辑工作所做出的决策，它规定了栏目的受众对象、传播内容、栏目风格特色等内容，是栏目编辑工作必须遵守的准则。任何媒体都会根据自己的生存环境和自身条件，确定办台方针。办台方针对广播电视台的性质、办台宗旨和新闻传播的立场、原则这些根本性的

---

① 赵忠祥：《走自己的路——赵忠祥答本刊记者问（上）》，《电视研究》1995年第7期。

问题做出明确规定,是指导媒体一切工作的基本纲领。而新闻编辑方针则结合媒体的特性,将办台方针具体落实到编辑工作中,进一步规定编辑工作中的传播对象、工作目标和操作水平。一般来说,编辑方针的内容通常包括4个方面。

(1) 栏目的受众对象或者目标受众群体。如《高端访问》的目标受众人群是对国际问题较为关心、具有一定知识水平、关心国际事务的人,而《童心回放》栏目的目标受众人群则是那些处在成长期的青少年以及他们的父母。

(2) 栏目传播的内容。栏目传播的内容指的是栏目传播的疆域或范畴,具体说来,包括报道对象的分布有多广、报道的领域有多宽、报道的区域有多大等,《新闻周刊》的传播内容可谓社会生活的方方面面,《今日说法》栏目的传播内容则主要集中在与法律相关的领域。

(3) 栏目的水准,即栏目的广度与深度,或者说栏目的思想水平、文化水平和专业技术水平等。专门针对少年儿童的少儿频道或少儿栏目,其栏目的深度、思想水平、专业技术水平不能像财经频道的《证券时间》那样高深,如果《证券时间》栏目的水平只适合初中以下教育水平的受众群,这肯定也是要失败的。

(4) 栏目的风格特色,或栏目的特点和优势。随着广播电视媒体间竞争加剧,随着广播电视媒体公共空间的不断加大,媒体中类似或雷同的栏目越来越多,同质化传播的现象越来越严重。为了在竞争中取胜,栏目往往在风格上要具有鲜明的特色。同样是新闻类栏目,便有严肃评说、娓娓道来、神侃,甚至评书等多种风格。由此可见,主持传播虽是一种个性化色彩明显的传播方式,但主持人的传播必须受到其所在栏目编辑方式的制约和影响,需要符合栏目编辑方针。

2. 栏目运行机制对主持传播的制约与影响

从中外广播电视栏目及主持传播的发展情况看,栏目运行机制不外乎两种:一为主持人中心制,亦有人称之为主持人明星制;二是制片人中心制,亦有人称之为总编制。

(1) 主持人中心制(主持人明星制),是指栏目运行采取以主持人为中心的做法,栏目内事务,尤其是栏目的传播内容和传播方式均由主持人说了算,栏目内其他成员的活动都以协助和配合主持人、为主持人服务为原则。这种机制最早出现于美国,目前在国外和我国港台地区较为常见。例如CBS著名的原主持人克朗凯特、拉瑟等都是其所在栏目的中心和灵魂,是栏目的制片人,他们拥有足够的权力,可以决定新闻播出的内容,大量的外出记者和编导都要为之服务,并依照主持人的个人特点组织播出的内容。

克朗凯特是这样来描述他的工作流程的:① 上午十时前到办公室上班。② 到办公室首先了解通讯社、电台、报纸新闻、重大新闻的发展。③ 同节目制作人、编辑、撰稿人商量当天的要闻,并安排要闻的采访事宜。④ 十时半到十一时,处理行政业务事务,同各部门负责提供消息的人、国内外官员联系,了解当天的要闻。⑤ 中午,在办公室吃午餐或者同新闻人士共进午餐。⑥ 下午两点半,他的助手把当天的新闻稿送来,亲自改写,三点半播录广播新闻。⑦ 下午四点左右,到办公室同几位编辑和撰稿人研究《晚间新闻》,决定新闻目录,然后大家动手写稿,最后交给他修改,改成他的风格和口气。然后,看部分新闻片,计算新闻的长度。⑧ 下午六点半播出,节目播出过程中收到的突发性新闻,九时重播,截稿时间是十点半。① 从克朗凯特的描述中不难看出,在实行主持人中心制的栏目内,主持人因为拥有相对较多的权力而在传播的各个环节具有更大的主动性,也更能展现出自己的个性与魅力。

随着我国电视事业的发展,这种机制近年来也开始出现在我国的一些电视机构,一些优秀的主持人也开始走上制片人的岗位,有权力来决定栏目内的业务发展。如前所述,这种制度的最大优势是使主持人拥有了更多权力,随之拥有了更多发挥个性的空间,能够使自己的综合素质得以全面展现和发展,从而使主持人的品牌价值等传播优势得到前所未有的彰显。

当被人们热烈呼唤的主持人中心制真的到来,主持人中心制与中国实际的传播状况结合时,也存在一定的弊病。就目前我国电视主持人综合素质的整体状况而言,能够独立担当制片人,或能够完全成为栏目中心的主持人为数不多。有些主持人,本身素质不够硬,即使成了制片人,也无法实现对栏目的有效操控和指导,仍然需要由其他人来提供业务方面的指导,更谈不上个性的发挥。再者,也是最重要的一点,兼任制片人不仅要对栏目的整体发展,还要对自己的发展负责,主持人不仅是栏目业务的中心,还是栏目所有事务的中心,包括对栏目内人、财、物的管理负责。这样的结果不但没能让主持人在业务上达到预期目的,而且使主持人精力不济,应接不暇,甚至直接影响了其业务水平的发挥,这也使得一些主持人当上制片人以后,又不得不辞去职务,专心回来做主持人。白岩松在 2001 年时既是主持人,又兼制片人,忙碌之余,还得兼顾员工工资的制订,以及协调同事关系。2003 年,他毅然辞去几个制片人职务转而专心做节目。也有的主持人虽然仍是栏目内的制片人,但实际上只负责栏目业务方面的事务,只做业务制片人,对于其他的事务则另请高明。主持人中心制,或者完整意义上的主持人中心制在中国推行的时机似乎并不成熟,主持传播究竟采取何种运行机

---

① 参见杨伟光:《为电视节目主持人的脱颖而出创造良好环境》,《话说节目主持人》,文化艺术出版社 1989 年版,第 151 页。

制尚需进一步研究。

中央电视台《东方时空》栏目曾尝试过一种主持人任主编的编委会制,由白岩松任主编,与各子栏目的制片人共同组成编委会,统筹管理节目内容生产,而不负责其他杂务。这样,主持人在栏目内既有一定的业务权限,无须处处受制于制片人,在节目内容及主持业务上享有较多发言权和主导权,可以较好地保持栏目的个性,又不用劳心费力地去从事栏目的管理和经营。这种制度无疑较为符合中国的实际,也能更好地发挥主持人综合素质,是值得其他栏目借鉴的一种方式。当然,其前提条件是主持人的业务能力和人格魅力得到栏目同人的认可。此外,主持人从加入编委会做起,亦不失为积极发挥和提高主持传播水平的行之有效的一种机制。

(2) 制片人中心制,顾名思义,就是在以栏目为单位的工作团队中,以栏目制片人为中心,由制片人决定栏目的全部业务及对主持人的使用与管理,主持人和栏目内的其他记者、编导等工作人员一样主要向其所在栏目的制片人负责。自从 1993 年中央电视台《东方时空》栏目首次在人事改革中实行制片人制以来,制片人基本上拥有了发现主持人和向有关部门建议使用主持人的权力,拥有对主持人具体工作的指导权,甚至拥有某些对主持人的人权和财权。[①] 原中央电视台《东方时空》的制片人时间对白岩松、崔永元的起用便开启了制片人自主决定和起用主持人的先河。

制片人中心制的好处是使主持人的管理多了许多专业的色彩。由于制片人是栏目的直接责任人,是栏目的全面主管,制片人必须对栏目的整体发展负责、其对栏目的业务发展有着比一般人事管理部门更为清晰的认识,在对主持人的使用和管理上更容易从栏目的实际业务出发,加之作为栏目的负责人在承担"责"时有一定的"权",因而更容易选择与栏目个性最为契合的主持人,也容易让主持人发挥出自己的独特个性和业务特长,前面提到的主持人白岩松和崔永元就是由栏目制片人时间推出,这在传统的人事部门独掌人事大权的机制下几乎不可能实现。由于这个原因,栏目制片人对主持人的意见也日益得到人事管理部门的重视,在中央电视台,过去都是由人事部门出去招主持人,招回来后再分到各个栏目,现在人事部门在招录主持人的时候也会征询制片人的意见,甚至和具体的业务部门同行。

制片人中心制在主持传播的运行和管理方面也不是没有问题,其中最大的问题就是在栏目中一切皆由制片人说了算,主持人与其他工种如记者、编辑等一

---

① 参见孙玉胜:《十年,从改变电视的语态开始》,三联书店 2003 年版,第 377 页。

样完全听命于制片人的安排,有的制片人不重视主持人角色的特殊性及其在节目生产中的重要作用,只把他们作为节目的一个环节或道具,无形中忽略了主持人在传播流程中的独特优势,抹杀了主持人的独创性和个性,没有给主持人发挥个性提供足够的空间,不利于主持人发挥整体优势。在人们认识到主持人职业角色的特殊性及其所蕴含的不可低估的传播优势之后,要求在管理上给主持人更多空间的呼声越来越高。

从我国目前的实际情况看,虽然我们在整个国情方面还不具备主持人中心制的气候和土壤,很多主持人尚不具备成为栏目中心的素质,但主持人中心制在我国也已经在发挥作用,原中央电视台的《实话实说》《东方时空》的子栏目《时空连线》及《世界》等栏目都曾经尝试过主持人中心制,崔永元、白岩松、水均益等曾经都是其各自栏目的制片人。主持人中心制也好,制片人中心制也好,其前提条件是主持人要能够成为栏目的中心,具备成为明星、成为主编的能力,否则,即使是实行了主持人中心制,将主持人放在中心位置,主持人也未见得能成为栏目的中心。反之,如果主持人本人已具备了成为中心或领导的条件和能力,即使没有当制片人,实际上也会成为整个栏目的中心。

### 四、不同栏目对主持人的要求各有不同

说到不同栏目对主持人的要求,有必要先来探讨广播电视栏目的划分,只有在此基础上才能具体分析不同栏目对主持人的要求有何不同。尽管广播电视的栏目划分具有重要意义,但广播电视栏目的划分至今仍没有统一的标准,大多数学者都是从各自的研究需要出发对广播电视的栏目进行划分,即使是同一个研究者,对广播电视栏目的划分往往也会交叉。《中国电视论纲》一书中将多样化的电视栏目划分为新闻类、社教类、文艺类和服务类,这种分类法显然是按照栏目的大体定位及内容来划分的。[①] 而在《中国应用电视学》一书中,作者又从主持人的角度,将栏目划分为八大类,在每一类中又根据栏目的具体样式划分为若干个小类。书中列出的八大类分别为新闻类、综艺类、体育类、教育类、服务类、儿童类、对象性栏目、特别节目等。[②] 这种划分也有一定的问题,其中的儿童类实属对象性栏目,时下方兴未艾的真人秀类栏目也并没有单列出来。在较早对主持人进行研究的专著《节目主持人概论》中,为了给主持人分类,将主持人所在

---

① 杨伟光主编:《中国电视论纲》,中国广播电视出版社1998年版。
② 北京广播学院电视系学术委员会、中国应用电视学编辑委员会:《中国应用电视学》,北京师范大学出版社1993年版。

的栏目按其内容性质划分为新闻性节目、专题性节目、文艺性节目、服务性节目和板块节目,其中的标准和原则也无法体现出不同栏目主持人的区别。不难理解,随着广播电视栏目的日新月异和层出不穷,某些栏目之间有难以割裂的亲缘与包容关系,的确很难采用一种统一标准将所有的广播电视栏目划分开来。为证明不同栏目对主持人的要求不同,这里举较有代表意义的几类栏目加以论述。

(一)新闻类栏目

在我国,大众传播媒介通常又被称为新闻媒体或新闻机构,这从一个侧面说明了新闻栏目在大众传播媒介中的主导地位。在大众传播组织里,尽管新闻栏目在播出的绝对量上不是最多的,但其影响力在所有传播内容中是最大的。新闻,由于其生命力在于真实、客观、新鲜,因而新闻栏目对其主持人也有着独特的要求。新闻的真实性要求主持人保持本色,不能有任何夸张以及表演的成分,甚至要求主持人不能太年轻,在穿着上不能太随便,否则可能会使受众对主持人传播内容的真实性和权威性产生怀疑。新闻的客观性则要求主持人在进行传播活动时应严肃而有所超脱,始终对新闻事实保持中立的客观立场,既不能在传播中掺入太多个人情感,也不能以个人的好恶及个人主观倾向来取舍和评论事实。新闻的新鲜性则要求主持人的传播要独树一帜,富有个性,不落俗套,既要有新鲜的事实,又要有新鲜的视角和观点,否则受众就会因为主持人的传播过于平淡而对其传播内容减少注意。

另外,由于新闻具有对事实真相层层逼近的特点,新闻栏目对其主持人在观察力、提问能力及新闻敏感性方面也会有更高要求。除了新闻事实的性质以及受众在接受新闻事实时的特点决定新闻类栏目对主持人的要求之外,新闻与时政的密切关系、新闻传播的喉舌地位同样对新闻栏目的主持人有具体的要求。在特定时期会有许多特定的宣传政策,主持人在传播时,不论是在选题、表述还是在观点上都必须与这些宣传政策统一口径。同时,由于新闻栏目的主持人往往代表栏目、媒体甚至党和国家的传播,主持人在表现个人方面或在个人的风格上也会受到限制。主持人只有在契合媒体、栏目风格的前提下,才能在个人风格上有所追求。例如同是新闻栏目,中央电视台、地方电视台乃至凤凰台在对主持人的要求上就截然不同。

这只是针对一般意义上的新闻类栏目或严肃性的新闻栏目而言,如果是娱乐新闻或社会新闻类的新闻栏目,栏目本身对主持人的要求又会不同,除了在真实、客观上对主持人有较为严格的要求之外,在其他方面对主持人的要求会宽松许多。这也是同属新闻类栏目,中央电视台《东方时空》的主持人与湖南卫视《娱乐无极限》《新闻大求真》的主持人在主持风格上迥然不同的原因。

## （二）娱乐类栏目

娱乐是大众传播很重要的一项功能，娱乐类栏目也是这些年国内外方兴未艾的栏目之一。娱乐类栏目的收视率有时甚至会超过新闻类栏目，中国人民大学舆论研究所曾进行过的"北京居民电视收视行为与收视意愿的调查"显示，北京人每天收看娱乐综艺类栏目的时间仅次于影视剧节目而高于新闻类节目。①由于受众对娱乐的理解和对娱乐类栏目的心理期待仅仅是能够轻轻松松地"乐"一下，对自己紧张、疲惫的生活有所调剂，因而他们不会像要求新闻类栏目的主持人那样要求娱乐类栏目的主持人。新闻类栏目要求主持人严肃，不能有夸张、虚饰和表演的成分，娱乐类栏目则要求主持人活泼、搞笑，能通过夸张和表演的成分来制造喜剧效果，能够引人发笑。

为了达到此要求和目的，娱乐类栏目的主持人无论在形象、气质，还是服饰、动作上都与新闻类栏目的主持人不同。在娱乐类栏目里，主持人可能是一个"小丑"，如台湾著名主持人凌峰，也有可能是一个"稚气未脱"、青春靓丽的青年，如湖南台的何炅、李湘，也有可能穿得时尚前卫，如李咏在《幸运52》和《非常6+1》中身着镶有大花图案的衣服等。主持人在节目中的表情也可能五花八门，如台湾主持人蓝心湄经常在主持节目时又跳又唱，怪相百出。主持人的这一切都是为了栏目的最终效果，也是为了切合栏目的要求。

## （三）生活类栏目

生活类栏目是娱乐类栏目之外较受欢迎的栏目之一，不仅各个传播机构都设有此类栏目，甚至有的媒体还出现了专门的生活服务频道。生活类栏目，其前身是为受众提供生活服务信息的服务类栏目，由我国电视史上第一位主持人沈力主持的《为您服务》栏目即是此类栏目的最早代表。现在这类栏目则有中央电视台的《生活》《为您服务》、北京电视台的《养生堂》《食全食美》以及很多广播电台播出的《寻医问药》等。与新闻类栏目和娱乐类栏目比较起来，生活类栏目发挥的主要是大众传播媒介的服务功能，因而生活类栏目既不像新闻类栏目那样严肃，也不像娱乐类栏目那样活泼，而是介于这两者之间。立足于为受众提供切实有用的信息服务，生活类栏目的主持人大多以实实在在的身份出现。由于主要是为受众提供生活服务，主持人也大多以一种较为轻松、活泼的身份介入传播。如果把新闻类栏目的主持人看作记者，将娱乐类栏目的主持人视为演员的话，那么生活类栏目的主持人更像是受众的朋友，是能够为受众提供各种生活帮助的良师益友。既然是朋友，这类栏目的主持人就应该是亲切、真诚的，既不做

---

① 转引自张静民、李近：《人和语言的现代神话》，《现代传播》2001年第1期。

作也不张扬。由于契合了生活类栏目的要求,真正体会出了生活类栏目主持人的朋友身份,沈力、张悦以及后来的文清都以她们的亲切、真诚和落落大方赢得了受众的喜欢,沈力就曾被很多受众亲切地称为"大姐",被认为"是一位似乎早已成熟的、知识渊博的老相识,就像坐在家里聊天一样,听了看了舒服,使观众产生一种信任感"①。文清当年创造的"6步半"开场方式还因为打破了主持人一贯在镜头前严肃呆板的坐姿而备受瞩目。当然,在不引起观众认知错觉的情况下,生活类栏目的主持人也可以适当通过扮演某些角色和再现某些情境的方式出现,如原北京电视台的一档生活服务类栏目《快乐生活一点通》的主持人通常就以扮演在日常生活场景中的"一家人"的面目而出现。

（四）少儿类栏目

在大众传播媒介的所有栏目中,少儿类栏目是其中最具特色的栏目之一。与同属对象性栏目的青年、中学生、老人、妇女等栏目比较起来,少儿类栏目又是拥有受众最多、地位最特殊的栏目。由于少儿类栏目的受众主要是处在成长期的少年儿童,因而少儿类栏目往往具有很大一部分教育功能,是少年儿童的课外老师,同时,由于少年儿童的接受心理、接受需要较之成年人有很大不同,少儿类栏目往往要采取符合少儿特性的传播方式,需要提供符合少年儿童接受习惯的传播内容。少儿类栏目,或者说所有对象性栏目对主持人的要求便是成为受众的一员,或至少要成为受众生活中的一员,要采取与受众相近、能被受众接受的传播方式。少儿类栏目的主持人通常都不是以主持人的真实身份出现,而是寻找一个与少儿接近或与少儿有密切关系的角色,如"爷爷""奶奶""叔叔""阿姨",或是"哥哥、姐姐""老师、同学"等,有的干脆就是某个童话或卡通片里才会有的角色,如"金龟子""风车王""葫芦娃"等。

由于在传播中担任了某种角色,或是有意成为受众中的一员,少儿类栏目一般要求主持人在服饰、语言、语调、行为等方面表现出某些少儿的特点,要符合主持人所扮演的角色,像少儿一样说话、行动,像"叔叔、阿姨"和"哥哥、姐姐",以"叔叔、阿姨"和"哥哥、姐姐"的身份对少年儿童受传者实施传播。尽管有人对少儿类栏目是否应对其主持人提出这样的要求,或少儿类栏目的主持人是否该永远当叔叔、阿姨或哥哥、姐姐提出了质疑,但至今仍无人能提出反驳的充足理由,也无人敢于尝试用另外的方式主持少儿类栏目。不管怎样,少儿类栏目对对象性栏目主持人的借鉴意义是,这类栏目主持人的着眼点就在于寻找与受众之间的共同点,在于采取适合受众人群的传播方式。

---

① 参见徐德仁、施天权:《时代的明星》,复旦大学出版社1990年版,第37页。

（五）体育类栏目

社会学的角色理论在研究人的社会角色时，按角色所占据的社会地位是否经过角色扮演者的主观努力，将角色划分为先赋性角色和自致性角色。如果将少儿、妇女、老人等角色看作是先赋性角色的话，那么体育类栏目的受众就是那些经过主观努力对体育有偏爱和了解的自致性角色。体育类栏目也属于对象性栏目。与体育类栏目情况较为相似的还有诸如法制、财经、科教等栏目。由于同属对象性栏目，面对的是特定的受众群体，这类栏目在选择和要求主持人方面往往也具有鲜明的特点。拿体育类栏目来说，面对的受众就对某项体育活动较为了解，具备相关的知识，或对体育活动有了解的愿望和兴趣。体育类栏目对其主持人的要求便是要具备一定的专业知识和专业素养，至少不是门外汉。如果说先赋性角色的对象性栏目对主持人的要求重点在于主持人与受众间要具有某种相似性的话，那么自致性角色的对象性栏目对主持人的要求重点就是主持人要具备相关的专业知识（至少是知识性的）或受众存在内在的相似性。因为这个缘故，张斌、刘建宏主持的足球栏目才会受到欢迎，而不专业的主持人一旦坐到了评说足球的位置上，遭到的便是一片嘘声。就连白岩松这样的大牌主持人在主持关于奥运会的栏目时，其表现有时只能是顾左右而言他，让人看不出是在主持体育类栏目。

列举这几类栏目的目的是说明，不管是受众，还是栏目的负责人，在评价和要求主持人的时候，都要从具体的栏目出发，不能用同一种标准来衡量和评价所有栏目的主持人，既不能用新闻栏目主持人的标准要求综艺栏目主持人，也不能用综艺栏目主持人的标准要求新闻栏目主持人，这不符合实际情况，也不科学。这种情况目前不是没有，而是大量存在，甚至在引起过巨大反响的主持人大赛及一些颇有影响力的主持人评选中，评委们犯的同样是这种"关公战秦琼"的错误。

不同栏目对主持人有不同要求，不同栏目对主持传播有着巨大的制约作用，不同的主持人也只能适应一部分与其个性吻合的栏目。不同栏目可以根据自身的定位和特点来选择合适的主持人，主持人同样应根据自身个性选择适合自己的栏目。遗憾的是，媒体和栏目挑选主持人的情况在实践中屡见不鲜，而主持人选栏目的情况则较为罕见。本着尊重主持传播规律的原则，笔者认为应重视和鼓励主持人根据自身个性而选择适合自己的栏目。

## 第四节 主持传播的合作对象——嘉宾

正如图7-1所示,在主持传播的诸种环境中,与主持人关系最近的是微观环境,即由与主持人传播有最直接关系的制片人、记者、编辑(编导)、其他主持人以及受众、嘉宾所构成的栏目传播环境。由于主持人与受众间的关系在第七章中已有详细论述,故这里再选择此环境中较为特殊的元素,即主持人与嘉宾间的关系略作论述。

随着大众传播的成熟与发展,以及广播电视谈话类栏目的备受青睐和遍地开花,嘉宾已逐渐成了传媒圈内的一个常用词。广播电视媒介中由主持人与嘉宾共同主持节目的情况也越来越多,有的嘉宾还因频频出现在广播电视媒体中而成了家喻户晓的名人,曾经经常出现在中央电视台体育频道中评球的原北京国安足球俱乐部主席张路、在时事及军事节目中评论世界军事局势的军事专家张召忠等甚至比中央电视台的很多主持人还有名。

所谓嘉宾,广义上说,即指"受邀以各种方式出现在各种内容的电视节目(包括广播等其他媒体——笔者)中的各界人士"[1],其中也包括到现场参加节目的受众;而狭义的嘉宾则指的是受邀与主持人一起参与传播,且在传播过程中说话最多也最为受众关注的人士。在本书中,如果未作特别说明,嘉宾一般都指狭义的嘉宾。

嘉宾对于主持传播的意义与受众对于主持传播的意义有许多相似之处,他们都是主持人的互动对象,都是栏目的重要组成部分等。嘉宾作为经过精心挑选、与主持人直接"面对面"、参与传播过程较多的人,其与主持人的关系较之受众与主持人的关系又有较大不同。从中外主持传播的实践来看,嘉宾对于主持传播的作用大致体现在这样几个方面:

1. 补充佐证事实。这种情况主要出现在新闻报道类或以叙事性为主的栏目当中。身为当事人的嘉宾出现在主持传播的现场,不仅能增加整个栏目的真实性,还可以通过亲身讲述来补充新的信息或对某些事实进行佐证。

2. 发表观点评论。在广播电视等大众传播媒介中,媒介用来发表意见的手法多种多样,如让事实说话、让观众说话等,而让嘉宾说话也是其中之一。嘉宾,由于往往是当事人或某方面、某领域的专家,他们发表的观点和评论有时比主持人更权威,更富有见地,因而也更能让观众信服。

---

[1] 参见中央电视台总编室研究处内部资料《电视谈话节目的形态构成与操作理念》。

3. 提供权威解释。作为以某领域专家身份而参与传播的嘉宾在提升传播内容的权威性方面具有不可替代的作用,这种权威性除了专业性的因素,还体现在对问题和观点的专业性解释上。如体育、法制等栏目常常会请嘉宾与主持人一同主持节目,主要负责为受众就某些专业问题提供专业解释。

4. 增加交流气氛。在大众传播媒介中,不是只有有受众参与的谈话类栏目才有嘉宾,一些没有受众直接参与的栏目同样会有嘉宾(如中央电视台的《今日说法》、北京卫视的《锐观察》等)。虽然没有现场受众,也没有主持人直接与场内受众的交流,但主持人与嘉宾之间的交流使得这类栏目多了许多交流感,能形成某种谈话场。

5. 构成传播内容。这类嘉宾出现在主持传播中,既非事件的当事者,要就某个问题发表意见,也不是为了增加现场交流气氛,而是为了完成某些专门为其设计的传播环节。如出现在《正大综艺》节目里来回答问题的嘉宾,以及出现在《快乐大本营》中参加游戏的嘉宾等。

从目前情况看,主持人与嘉宾的关系主要存在两种情况。一种是嘉宾临时受主持人或栏目组邀请参与传播。在这种情况下,嘉宾的出场完全是出于友情或其他方面的原因,嘉宾对传播的参与通常都是无偿的,即使在参与传播之后可能会收到主持人或栏目组的一些礼物或资金馈赠,也只是出于礼节性的交往,并不存在所谓的报酬之说。主持人与嘉宾的这种关系可称为"临时型"的嘉宾关系。目前我国主持人与嘉宾的关系大体上都属于此类。另一种情况是嘉宾与主持人或栏目组之间存在某种口头或书面的契约,即嘉宾根据契约来取得参与传播应得的报酬,也有责任在参与传播的过程中提供素材或就主持人的提问做出回答。一旦嘉宾在节目中不堪忍受主持人和栏目组的提问而单方面解除契约,主持人和栏目组甚至有权利要求嘉宾做出赔偿。这种情况目前在国外比较常见,如1992年,美国花样滑冰选手堂尼亚·哈丁的一个密友打伤了竞争全国冠军最强有力的对手南茜·开丽根的腿。某电视台主持人采访哈丁,付酬五万美元,但是哈丁实在受不了采访中的提问,当场退出,结果不得不做赔偿。① 主持人与嘉宾的这种关系可称为"契约型"的嘉宾关系。随着《中国好声音》《爸爸去哪儿》等真人秀的渐增,契约型的嘉宾关系在我国的电视屏幕中出现得越来越多。

在两种类型的主持人与嘉宾关系中,主持人与嘉宾的地位以及相应的权利和义务都是平等的。在临时型嘉宾关系中,主持人与嘉宾之间的关系完全出于

---

① 参见李宏宇:《脱口秀挑战观众承受力》,《南方周末》2001年12月6日第21版。

自发或自愿,因而关系相对比较松散。由于关系松散,有的主持人在嘉宾面前缩手缩脚,也有的主持人倚仗媒体而对嘉宾颐指气使。在某些情感调解类节目当中,主持人动辄站在道德的高点上,对嘉宾进行训斥、挖苦,甚至谩骂,出现了所谓的"电波怒汉"。这种对嘉宾的不尊重,容易引起嘉宾和受众的反感。在契约型的关系中,由于事先有契约的存在,主持人与嘉宾的关系相对牢靠,主持人也可能会表现得无所顾忌,如许多西方主持人对嘉宾的戏弄、愚弄等。

在我国,在主持人与嘉宾的临时性关系中,也存在主持人对嘉宾不够尊重,甚至戏弄和愚弄嘉宾的情况;在美国,在主持人与嘉宾的契约型关系中,主持人也未必都能充分调动嘉宾的积极性。不管是哪种类型的嘉宾关系,都应该承认,主持人与嘉宾皆是独立而平等的个体,他们在权利和义务以及地位和人格上完全平等,二者之间的关系也应平等、对称。主持人既不应怠慢、戏弄嘉宾,也没有必要迁就嘉宾或在嘉宾面前低人一等,用凤凰卫视主持人陈鲁豫的话说就是:"我把一个嘉宾找来,不是一定要压过他,或者他压过我,我就想把一场谈话的真实状态呈现出来。"①

结合我国主持人在处理与嘉宾的关系上所存在的问题,我们认为,无论是从嘉宾的权利和义务的角度,还是从主持人形象以及主持传播的效果来看,主持人除了在地位和人格上与嘉宾保持平等、努力营造对称的传播关系之外,还应该将重点放在善待嘉宾,具体来讲就是对嘉宾的尊重上,既要尊重嘉宾的个人尊严与情感,也要尊重嘉宾的权利。

### 一、尊重嘉宾的个人情感

情感,是人的一种心理过程,情感一旦产生,就会对人的其他心理过程产生影响。在主持传播中,主持人对嘉宾情感的不尊重会对嘉宾的心理过程产生负面影响,进而影响传播。主持人对嘉宾情感不够尊重的情况很多,但较为常见的是当嘉宾有某种不愿被触及或无法忍受的情感时,主持人不仅没有给予嘉宾应有的同情和安慰,相反还有意要把嘉宾的这种情感展现出来,让嘉宾体验痛苦和难堪。情感,作为人类特有的一种东西,对人的感染力是巨大的。嘉宾在节目中真实情感的流露固然能使受众为之动容,能提高节目的视听率,加强传播效果,但主持人和栏目组绝不能将揭示和展现嘉宾的情感经历,尤其是会给嘉宾带来痛苦和难堪的情感经历当成吸引受众的手段。现实中,为了能让嘉宾在节目现场哭出来,有的主持人要么会在节目现场放置一些能够唤起嘉宾情感回忆的道

---

① 夏辰:《追问者鲁豫》,《南方周末》2002年7月18日第20版。

具,要么会设计令嘉宾意想不到的戏剧性情节,要么在节目中穿插一些令嘉宾难忘的镜头或画面。为了让嘉宾尽快进入"状态",有的主持人甚至一上来就直奔主题,专门就嘉宾的某些特殊经历发问,让嘉宾很快陷入尴尬。还有的主持人明明看到嘉宾已悲痛欲绝、泣不成声或表情尴尬,仍穷追不舍,非要当众揭开嘉宾有时是刚刚愈合的伤口。

如果单从提高节目视听率或者满足有些人的猎奇心理角度来说,主持人与栏目组的这些做法似无可厚非,但如果从人道主义或者传播伦理学的角度来考虑,这些做法则不足取,也与主持传播的人文化发展方向背道而驰。这些做法或许能达到某种主持人和栏目组期待的效果,但时间一长,人们难免会对主持人这种专靠揭嘉宾伤疤来赚取受众眼泪、赚取视听率的做法产生反感,嘉宾也不会再愿意到节目中去当众体验痛苦。斯科特就认为"这些东西可能制造很好的戏剧效果,但也造成了个人的痛苦和悲剧,并且破坏了良好趣味"[1]。人们不希望再看到或听到主持人在逼着一位伤心欲绝的母亲去痛苦地回忆失去儿女的经历。受众希望主持人能对嘉宾(无论是囚犯、艾滋病患者还是小孩、老人或者外国人)的各种情感,包括个人情感、民族情感等给予应有的尊重,不能再利用和伤害他们无辜的情感。

"人际关系本质上是一种情感交换。"[2]只有主持人充分尊重嘉宾的情感,嘉宾也才能更尊重主持人的情感,并采取积极的态度配合主持人完成传播。因为有尊重嘉宾情感的意识,鲁豫在采访毛阿敏的时候就会事先就一些问题征询她的意见,如"我不知道你做了多少准备,就是你准备对我讲多少,就是你的心理准备"等。受鲁豫这种尊重他人情感意识和精神的影响,或者说作为对鲁豫的一种情感交换,毛阿敏也自然地表示,她完全没有什么顾虑,鲁豫其实什么都可以问。这时,鲁豫再来提一些比较敏感的话题,无论是嘉宾还是观众接受起来就都容易多了。

## 二、尊重嘉宾的个人权利

如果说主持人对嘉宾的情感与尊严不够尊重还只是不够人道,仅是引起受众与嘉宾的反感的话,那么主持人对嘉宾权利的不尊重则对嘉宾的人身构成了伤害,已上升到了法律的层次。从已有情况看,主持人对嘉宾不尊重或侵犯其权利的情况主要有以下这样几种。

---

[1] 〔美〕吉妮·格拉汉姆·斯科特:《脱口秀》,苗棣译,新华出版社1999年版,第314页。
[2] 转引自刘京林:《大众传播心理学》,北京广播学院出版社1997年版,第164页。

(一) 隐私权

隐私,即公民个人生活中不愿向他人公开或被知悉的秘密。隐私的内容包括个人的健康状况、生理缺陷和残疾、婚恋经历、财产状况、私人日记、信函、生活习惯等。隐私权,指公民享有的不愿公开个人生活秘密和个人生活自由的人格权利。在一个文明发达的社会,个人隐私权是法律所赋予每个公民的神圣权利,也是受到法律严格保护的基本权利。即使是社会公众人物在法律上也享有保护个人隐私的权利。在主持传播中,有时为了提高视听率或达到某种传播效果,主持人似乎对嘉宾的某些隐私格外青睐,总在节目中想方设法地要诱使嘉宾将其隐私公开,有的主持人甚至在嘉宾既未同意,也不知情的情况下将与嘉宾的个人谈话通过大众传播媒介传播出去,让嘉宾产生某种被欺骗和被戏弄的感觉。

(二) 话语权

话语权,也是近年来才在我国出现并被受众和嘉宾普遍关注的一种权利。所谓话语权,也就是指每个公民都依法享有发表谈话、发表个人意见的权利。在主持传播中,嘉宾的话语权受到侵犯或不被尊重的情况主要是主持人在节目中不给嘉宾说话的机会、直接剥夺他们的说话权利、对嘉宾的意见进行任意歪曲、随意打断他们的话等。《实话实说》栏目的创始人时间曾坦言:"《实话实说》的初衷就是尊重人,而尊重人就是要让人说话。"①正是《实话实说》及崔永元对嘉宾话语权的充分尊重,才使得《实话实说》的谈话场得以真正成立,也才使得更多的人愿意参加和喜欢收看《实话实说》。有的嘉宾在参加了《实话实说》的节目之后,便由衷地感叹:"说实话真痛快!""实话实说,开心极了!"我国台湾地区知名主持人蔡康永从不打断嘉宾话语,体现的也是对嘉宾话语权的尊重。个人享有对某一问题发表意见的权利,同时也具有对某一问题保持沉默的权利,这种沉默权也是话语权的一种。在沉默权面前,任何人,包括主持人都没有权利强迫嘉宾开口,前面所说的主持人对嘉宾不愿谈及的话题一再追问,其实便是对嘉宾沉默权的侵犯或不尊重。

(三) 知情权

知情权也叫知晓权,这一概念是由美国新闻记者肯特·库珀在 1945 年 1 月的一次演讲中首次提出,其基本含义是公民有权知道他应该知道的事情。公民享有个人信息知情权是当今社会公民作为一个独立完整的民事主体所具备的必要条件。对于参与主持传播的嘉宾而言,知情权则指嘉宾对所要参加的节目(包括节目的内容、形式、话题、风格、其他嘉宾的情况)有了解和知晓的权利。为了

---

① 时间、乔艳琳主编:《实话实说的实话》,上海文化出版社 1999 年版,第 9 页。

取得戏剧性的效果,也是为了提高视听率,美国的一些主持人无视嘉宾的知晓权,事先并不告诉嘉宾他们的节目内容,有的节目因此还引发过悲剧。美国著名的脱口秀节目《珍妮·琼斯脱口秀》就曾因此引发了一起谋杀案,而且还被判了2500万美元的赔偿。[①]

也许有人会说,如何调动嘉宾积极性,使其正常发挥作用固然会因栏目、嘉宾的不同而不同,也需要主持人掌握一定的交际技巧,如谈话、倾听等,但归根结底,主持人充分调动嘉宾的基础还是离不开对嘉宾的尊重。主持人对嘉宾的尊重既是目的,也是手段,更是主持人与嘉宾交际的核心内容,"一个人要想进入人际沟通,不需要首肯对方每个想法,但必须把对方作为一种独特自我或一个重要的个人加以支持,积极地尊重对这种互动来说是最基本的"[②]。国家广电总局则基于现实教训等原因在《中国广播电视播音员主持人职业道德准则》第十条、第十一条中明确规定:"采访意外事件,应顾及受害人及亲属的感受,在提问和录音、录像时应避免对其心理造成伤害。""尊重公民和法人的名誉权、荣誉权,尊重个人隐私权、肖像权。不揭人隐私,避免损害他人名誉的报道。"并在第二十六条中明确指出:"与受众和嘉宾平等交流、沟通,做到相互尊重、理解、通达、友善,赢得公众信赖。"

## 思考题

1. 主持传播的发展在环境方面会受到哪些因素的制约和影响?
2. 主持人所在栏目和媒体对主持传播将会产生哪些影响?
3. 在主持传播中,主持人该如何正确把握与嘉宾及观众间的关系?

---

① 参见张少威:《为争取电视观众走火入魔 美国"清谈节目"酿成命案》,香港《大公报》1995年3月19日。
② 转引自刘京林、罗观星:《传播·媒介与心理》,北京广播学院出版社1999年版,第240页。

# 第八章
# 主持传播的符号

传播符号的重要性是不言而喻的,传播者只有借助传播符号才能传达信息,实现信息编码,而受传者也必须依靠传播符号才能够获得和理解传播者的意图,这在传播学上被称为信息的解码过程。符号,即信息的外在形式或物质载体,是信息表达和传播中不可缺少的一种基本要素。

人类传播的符号一般可以分成两大类,即语言符号和非语言符号,其中非语言符号又可以区分为语言符号的伴生物(类语言或副语言)、体态语言以及其他物化、活动化、程式化的符号。霍克斯说:"任何言语行为都包含了通过手势、姿势、服饰、发式、香味、口音、社会背景这样的'语言'来完成信息传达,甚至还利用语言的实际含义来达到多种目的。甚至当我们不在对别人说话时,或别人不在对我们说话时,来自其他'语言'的信息也争先恐后地涌向我们:号角齐鸣、灯光闪烁、法律限制、广告宣传、香味或臭气、可口或令人厌恶的滋味,甚至连客体的'感受'也有系统地把某种有意义的东西传达给我们。"[①] 可见,以有声语言为主干或主线的主持传播在符号运用上也绝非有声语言一种,而是包含着相当丰富的内容。

对主持传播而言,语言符号、非语言符号(包括类语言和体态语言)、其他传播符号同样是不缺少的传播符号。

## 第一节 语言符号

作为传递信息的重要载体,符号在人类传播历史发展的长河中不断丰富,不同符号在不同媒介中的地位和作用也不尽相同。如表 8-1 所示,对于广播电视媒体,有声语言符号是其符号体系中第一重要的传播符号,对于以有声语言为主干进行传播的主持人而言,语言,尤其是有声语言更是传播的第一重要符号。

---

① 〔英〕特伦斯·霍克斯:《结构主义与符号学》,瞿铁鹏译,上海译文出版社 1997 年版,第 128 页。

表 8-1　媒介符号系统比较表①

| | 报纸 | 广播 | 电视 | 网络媒介 |
|---|---|---|---|---|
| 第一重要符号类 | 文字语言符号（文字稿件） | 有声语言符号（口语）、体语（类语言） | 视觉性非语言符号（图像）、有声语言符号（口语）、听觉性非语言符号（音响）、体语（动作、姿势、类语言） | 文字语言符号（文字稿件）、视觉性非语言符号（图片、版面、色彩、示意图等） |
| 第二重要符号类 | 视觉性非语言符号（图片、版面、色彩、示意图等） | 听觉性非语言符号（音响） | 文字语言符号（字幕） | 有声语言符号（口语）、体语（类语言）、听觉性非语言符号（音响） |
| 第三重要符号类 | | | | 视觉性非语言符号（图像）、体语（动作、姿势、类语言） |

## 一、有声（口头）语言

语言学家张志公先生说过："口头语言能力高，不是'口若悬河'说个不停，也不是指辞藻美丽，才华出众，或者诙谐幽默，引人发笑，更不是孔夫子说的'巧言令色'那种会说迎合他人爱听的好听话，而是指：能用基本的标准语，即普通话，有力而得体地达到说话目的。"②张先生的话表明，主持人在运用有声语言作为传播符号时，普通话是基本前提。普通话，作为现代汉民族的共同语，其标准的解释是："是以北京语音为标准音、以北方话为基础方言、以典范的现代白话文著作为语法规范的现代汉民族共同语。"③有声语言能成为主持人的传播符号，至少须在如下几个方面达到标准。

### （一）语音

语音是语言的物质外壳，同自然界其他声音一样，产生于物体在空气中的振动，具有物理的属性。同时，语音又是由人的发音器官发出的，因而还具有生理属性。语音的目的大多是要表达一定的意义，什么样的语音形式表达什么样的意义，必须是全社会约定俗成的，所以语音又具有社会属性。在现代汉语普通话

---

① 参见蔡雯：《新闻传播的策划与组织》，新华出版社 2001 年版，第 106 页。
② 转引自俞虹：《节目主持人通论》，杭州大学出版社 1996 年版，第 173 页。
③ 黄伯荣、廖序东：《现代汉语（修订本）》（上），甘肃人民出版社 1988 年版，第 4 页。

中,按照传统的分析方法,总是把一个单音节分解成声母、韵母两部分,再加上一个贯通整个音节的声调。也就是说,汉语普通话中的每个音节通常都是由声、韵、调三部分组合而成,而掌握汉字的声、韵、调也正是掌握标准普通话的基础。

声,即声母,是指位于音节开头的辅音,往往是字音准确的基础,汉语普通话中也有某些音节不以辅音开头,习惯上被称为"零声母",如"乌""衣"等等。现代汉语普通话中共有 21 个辅音声母,即 b、p、f、d、t、g、k、h、j、q、x、zh、ch、sh、z、c、s、m、n、l、r。根据发音位置和发音部位、发音方法以及发音时声带是否颤动和气流的强弱等特征,这些声母又可以区分为双唇阻、唇齿阻、舌尖前阻、舌尖中阻、舌面阻、舌根阻、塞音、擦音、塞擦音、鼻音、边音、送气音、不送气音、清音、浊音等,具体分类及发音方式见表 8-2。

表 8-2 现代汉语普通话辅音发音要领表

| | | 不送气音 | 送气音 | | | |
|---|---|---|---|---|---|---|
| 双唇阻 | 塞音 | b | p | m | | 边音 |
| 唇齿阻 | | | | | f | |
| 舌尖中阻 | | d | t | n | | l |
| 舌根阻 | | g | k | ng(只作韵母) | h | |
| 舌面阻 | 塞擦音 | j | q | | x | 擦音 |
| 舌尖后阻 | | zh | ch | | sh | r |
| 舌尖前阻 | | z | c | 鼻音 | s | |
| | | 清音 | 浊音 | | 清音 | 浊音 |

由于地域宽广、幅员辽阔,加之各地域经济、文化发展不平衡以及人员迁徙等诸多原因,在我国境内除了汉语普通话之外,还存在着北方方言以及吴(江浙)、湘(湖南)、赣(江西)、闽(福建)、粤(广东)、客家话(主要在闽粤台地区)等七大方言。即使是北方方言,也在地域之间存在很大差别,又可在地域上区分出华北话、西北话、东北话、西南话、晋语、徽语等,甚至即使是晋语,晋南、晋北也存在一定的差别,这不仅为不同地域间的人们相互交流带来了许多不便,也使人们在学习和使用普通话时有很大困难。作为主持人,尤其是面向全国受众从事传播工作的主持人,要使自己的传播能够顺利到达受众,为受众所理解,在语音方面达到普通话的要求既是主持传播的题中应有之义,也是工作要求。主持人使用有声语言作为符号的第一步就是要在普通话的语音上过关,针对一些方言区 h、f,n、l,r、l 不分以及平翘舌不分的具体情况,要刻苦训练,争取在语音上达到汉语普通话的要求。

韵,即韵母,是指普通话音节里声母以后的部分,也是汉语普通话字音响亮的关键。普通话韵母主要由元音构成(也有的韵母由元音加鼻辅音构成)。韵母按结构可分单韵母,即 a、o、e、ê、i、u、ü、-i(前)、-i(后)、er,其中,a、o、e、ê、i、u、ü 都是舌面元音,-i(前)、-i(后)是舌尖元音,er 是卷舌元音;复韵母,即 ia、ie、ua、uo、üe、iao、iou、uai、uei、ai、ei、ao、ou;鼻韵母,分别是 an、ian、uan、üan、en、in、uen、ün 等 8 个复合鼻尾音 n 韵母,也叫前鼻音,以及 ang、iang、uang、eng、ing、ueng、ong、iong 等 8 个复合鼻尾音 ng 韵母,也叫后鼻音。按开头的元音发音口形,韵母又可分开口呼、齐齿呼、合口呼、撮口呼四类,具体参见表 8-3。

表 8-3 现代汉语普通话韵母总表

| 按结构分 \ 按口形分 | 开口呼 | 齐齿呼 | 合口呼 | 撮口呼 |
|---|---|---|---|---|
| 单韵母 | -i | i | u | ü |
| | a | ia | ua | |
| | o | | uo | |
| | e | | | |
| | ê | ie | | üe |
| | er | | | |
| 复韵母 | ai | | uai | |
| | ei | | uei | |
| | ao | iao | | |
| | ou | iou | | |
| 鼻韵母 | an | ian | uan | üan |
| | en | in | uen | ün |
| | ang | iang | uang | |
| | eng | ing | ueng | |
| | | | ong | iong |

有些方言的韵母跟普通话韵母不完全相同,为这些地区的人们学习普通话带来了一定的困难:有些方言中两种鼻韵母没有区分,或都读成鼻音 n 收尾的,或读成 ng 收尾的;有些方言,如湖南话、客家话等把 i 和 ü 都念成 i;有些方言,如东北不少地方把 o 韵母的一些字读成 e 韵母,西南不少方言把 e 韵母读成 o 韵母等。与声母一样,主持人要想把普通话作为重要的传播符号,也得刻苦训练,掌握单韵母的正确发音。

调,也叫声调,是汉语音节所固有的、可以区别意义的声音的高低和升降。普通话声调可分为四类,分别是阴平、阳平、上声和去声,通常也分别叫作一、二、

三、四声。为了表示声调的实际读法,普通话的声调通常用调值来表现。调值也叫调形,指的是声音高低、升降、曲直的变化,也就是声调的实际读法。调值通常采用五度标记法记录,如图8-1所示。

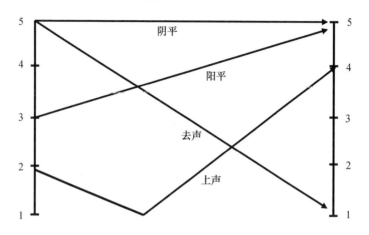

图 8-1　现代汉语普通话声调调值图

声调除了可以纯正字音、区别词义外,也是汉语普通话字音抑扬的核心,因而也是学习和掌握标准普通话、区分汉语普通话与方言不可忽视的重要方面。从调类来看,普通话是四个调类,而方言有三个调类的,还有十个调类的。普通话的调值有平调、升调、降升调和降调,有的方言则只有平调、升调、降调,而没有升降调,也有的方言里的升降调又恰好是普通话的降升调等,不一而足。主持人只有明确方言与普通话之间的对应关系,才能掌握正确的普通话声调。

掌握现代汉语普通话的声调,除了正确把握调值的高低变化,还需掌握不同音调发音时长的区别,正确掌握汉语普通话的调值时长。现代汉语普通话的声调调值时长通常以图8-2表示,通过图8-2中可以直观地发现,在现代汉语普通话的音调当中,发声时间最短的是轻声,只有2个单位时长,发声时间最长的则是上声(或三声),其发声时间为7个单位时长,相当于轻声的3倍还要多。其次是阳平(二声)、阴平(一声)和去声(四声),其发声时长分别是5个、4个和3个单位时长。在播音和主持当中,如果主持人不注意不同调值间发声时长的区别,不仅无法达到标准、清晰、饱满和抑扬顿挫的播音要求,而且容易出现吐字不清、播音含混等情况,会影响声音的美化和正常的表达。

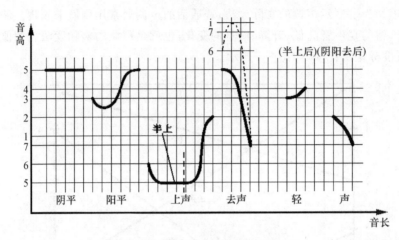

图 8-2　现代汉语普通话声调调值时长

即使全部弄清楚了方言与普通话声调的对应关系,能正确读出普通话中每个字的声、韵、调,也还不算完全掌握和运用了汉语普通话,因为汉语普通话在语音方面还存在语流音变的情况。所谓语流音变,是指在语流中,由于表情达意的需要,或是在连续发音过程中由于受到相邻音节的相邻音素的影响,一些音节中的声母、韵母或声调会发生语音的变化。普通话中最典型的语流音变是轻声、儿化、变调和语气词"啊"的变化,另外还有词的轻重格式,如图 8-3 所示。

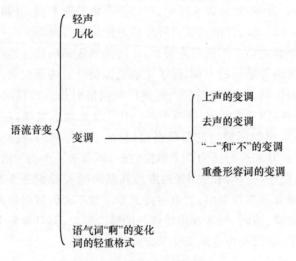

图 8-3　现代汉语普通话语流音变情况

轻声,是指在语流中有些音节常常失去原有的声调而变为一种较轻较短的调子。普通话中的轻声往往有区别词义的作用。如"地道""东西""大意"等词语,一旦后一个字读轻声则在意义上与其字面意思有较大的差别。

在普通话中读轻声的情况主要有以下几种:

1. 语气词"吧、吗、啊、呢"等:如"来吧""吃了吗""好啊""困着呢"等。

2. 助词"的、地、得、着、了、过、们"等,如"在我们生活的自然界里,盛开着无数美丽的鲜花"一句中,"们"和"着"通常要读成轻声。

3. 名词的后缀"子""头"等:如"木头""柱子"等。

4. 重叠名词、动词(有时也包括形容词或副词)的后一个音节:如"哥哥""弟弟""看看""逛逛"等词语中的第二个字应读成轻声。

5. 表示趋向的动词:如"起来""下去"等词语中表示趋向的"来""去"等字要读成轻声。

6. 方位词或词素:如"天上""城里""乡下"等词语中表示方位的"上""下""里"等字要读成轻声。

7. 习惯用法:如"秘书""老婆""相声""商量"等词语中的尾字就不能读成原音,而是要读成轻声。

在普通话中,单韵母 er 不能与声母相拼。它除了自成音节之外,还可以与其他韵母结合成一个音节,并使这个韵母转变为卷舌韵母,这种现象叫作"儿化"。儿化在普通话里可以起到修辞和表示语法功能的积极作用。如,

表示喜爱、亲切的情感:如"小孩儿""老伴儿"等。

表示少或小的意思:如"一会儿""铜子儿"。

表示区分词性:如"这幅画儿画得真不错"一句中的前一个"画"字因为加了儿化而表示该词为名词,后一个"画"没有儿化则表示该词为动词。

表示区分词义:"火星儿"等,如果不加儿化,其意义就是指太阳系八大行星中的火星,而非加儿化之后的零星的小火。

变调:音节在连读时,声调发生变化的现象叫变调。一般包括上声变调、去声变调、"一"字变调、"不"字变调和重叠形容词的变调。

其中上声变调的规律是:单音节单念或在句尾时不变调;在非上声前变半上,如我们、普及等;两个上声音节相连时,前一个上声变得近似阳平,如指导、美好等。

去声变调的规律是:去声在非去声前一律不变,在去声字前则由全降变为半降,如意义、奉献等。

"一"字的变调规律是:单用或在句尾念本调;非去声前变去声;去声前变阳平;夹在重叠动词之间念轻声。

"不"的变调规律是：单用或在句尾以及在非去声前念本调；在去声前变为阳平；夹在词语中间念轻声。

重叠形容词的变调规律则是：可变为阴平也可不变。

(二) 词汇及语法

普通话的定义明确表明"普通话是以北京语音为标准音、以北方话为基础方言、以典范的现代白话文著作为语法规范的现代汉民族共同语"。有声语言是否能够成为主持传播的传播符号，除了在语音方面达到普通话标准，在词汇和语法上也必须达到普通话的要求，否则，即使在语音方面解决了声、韵、调的问题，同样可能在交流中存在困难和不便。如在词汇上，普通话的词汇整体格局是双音节化的趋势很明显，有丰富的子尾和儿尾词，而南方方言则有为数不少的单音节词，如普通话的"舌头""螃蟹"，粤语叫"脷""蟹"，普通话中的"筷子""丈夫"，闽语叫"箸""翁"等。还有在使用表示程度的语词时，普通话中一般使用"很""太""真""挺""非常""十分"等词，而方言中则有"忒""特""贼""蛮""巨""超"等。再比如在语法方面，粤语方言有修饰语后置的现象，如广州话"你行先"，在普通话里就是"你先走"的意思，这在普通话中是看不到的。随着经济发展，有些发达地区方言的词汇开始为全国大部分地区的受众理解和接受，如人们现在一般也知道"东东"实际上是普通话中"东西"的意思，但毕竟理解和接受的人数有限，理解和接受起来尚需时日。作为大众传播媒介中的一员，主持人所使用的有声语言必须是能够为全体受众所理解、能够与受众之间存在共同的语义空间才利于传播，如果不是针对某些区域受众的传播（如闽南语方言广播等），主持人在有声语言的词汇和语法方面就应该真正实现"以北方话为基础方言，以典范的现代白话文著作为语法规范"。

主持人在使用有声语言作为传播符号的过程当中，还有一种现象就是除了方言，在语言中还夹杂着不少外来语和网络语言，如除了大量使用广东话中的"哇"，造成所谓的听取"哇"声一片之外，还会时不时夹杂上一些诸如"fans""fashion"等英语以及"打卡""酱紫"等网络常用语，而这不管是从有声语言作为传播符号的角度，还是普通话的定义上来讲都不能算是一种好现象。

(三) 句式

作为大众传播人际化的产物，以及主持人在角色定位上的平民化特征都要求主持人在使用有声语言作为传播符号时，除了要达到汉语共同语即普通话在语音、语汇及语法方面的要求之外，还必须在有声语言上体现出应有的人际交往特色，在语言中除了要使用合乎普通话要求的声调和语汇，符合现代汉语普通语法要求，还必须使语言口语化，符合人际交往的特点。如，尽可能把单音节词变成双音节词;把不上口、不顺耳的书面语改成口头语;不用或少用文言或半文言的语词,非用不可时要作通俗化、口语化的解释;不用同音异义的词与谐音修辞格;少用和不用生僻的成语、典故、隐语、行话或术语;不用或少用倒装句;等等。这是因为:一方面大量过于书面的单音词和同音异义词的出现会造成受众在理解时的歧义;另一方面,大量复杂长句的出现也不符合受众对广播电视媒体随意视听的实际情况,使其无法听清和理解主持人的传播内容,从而影响受众的视听情绪和传播效果。

主持人在使用有声语言作传播符号、追求有声语言口语化的同时,也必须警惕语言的随意化和过度人际化。主持人的有声语言属于"汲取书面语的精粹口语",是介于书面语与日常口语之间的精粹化口语,主持人在使用语言的时候,需顾及语言的完整性和意义的明确性。主持人在主持传播中过度强调语言的口语化,频繁使用语义结构不甚完整、需借助特定语境才能理解的简单句式,在语言中加入大量没有实际意义的语气词和口头禅,以及在主持节目时总离不开"啊""吧""吗""呢",虽在一定程度上体现了口语交际的特点,但这种词用多了,不仅影响信息的完整表达,还会超出受众对主持人话语冗余信息的容忍度,容易给受众留下主持人语无伦次、拖沓啰唆甚至低俗流气的不良印象,影响主持人的传播效果。

## 二、文字(书面)语言

在主持传播中,尽管有声语言作为传播符号在传播格局中居于重要的主干地位,但书面语言同样作为有声语言的补充而存在。以书面语言作为交际的符号,就是人们用文字及其他表意符号书写的语言来传递信息。在主持传播中,是指主持人利用书面语言来传递信息和表情达意。书面语言具有规范性、精确性、权威性、实在性等特征,对于主持传播有着重要的强调、补充、佐证以及吸引作用。书面语言在主持传播中的使用目前主要有两种方式。一种是由主持人在节目中适时展示事先准备好的题板或者字板等,如在直播三峡截流的节目中,主持人向受众展示贴有三峡地图的题板以及印有工程重点提示关键词的题板;在一些参与性较强的节目中,主持人向观众举出写有同意或反对的题板以及印成哭脸或笑脸的题板等,由于这些题板或标识牌醒目、易记,可以反复展示,从而丰富了主持传播的视觉化表达手段,大大增强了主持传播的效果。

另一种方式是主持人在节目现场,通过先进的科技手段,直接运用电子设备在屏幕上书写的文字或符号,包括中央电视台《新闻周刊》栏目、北京电视台《北京您早》栏目在内的不少电视读报节目中主持人都会用手中的笔在显示有报纸模样的屏幕上圈圈点点、写写画画。主持人对书面文字符号的使用丰富了主持传播的符号系统,也利于受众更为直观地接收和理解,甚至还可以让受众从目视和"欣赏"主持人的手写文字的过程中了解主持人的能力和个性,正所谓"书如其人"或"透过书法看性格"。主持人在节目中书写文字也增加了主持人的平民化色彩,增添了人际化传播的意味。

## 第二节 非语言符号

施拉姆曾指出:"符号可以是语言的或非语言的,可以是看的、听的、嗅的和触摸的。它可以是讲话、文字、印刷品和画片,可以是一个姿势,一个微笑,搭在肩上的一只手,一阵大笑或者一股香味。"[1]除了有声语言,有声语言的伴生物,如语调、语气、停顿、情感等这些被称为类语言或副语言的符号以及表情、手势、姿势等被称为体态语言的符号,也是主持传播中不可忽视的重要传播符号。

研究表明,在有两个人传播的局面中,有百分之六十五的含义是通过非语言传播的。考虑到中国人特有的高语境传播特点,非语言符号所传递的信息恐怕远不止于此。在主持人的传播活动中,虽然主持人更多的是借助有声语言来传递信息、表达情感,但非语言符号却时时都在对有声语言所传递的信息进行着必不可少的补充、强调、解释和说明,尽管非语言符号不容易系统地编成准确的语言,但是大量不同的信息正是通过它们传给我们的。有了这些符号,主持人所传播的内容及其传播意图就可以更加清晰地传达给受众,并在受众充分理解的基础上增强传播的效果。

### 一、类(副)语言

类语言,也叫副语言或辅助语言,通常被定义为没有固定语义的语言。作为人际交流过程中信息传递方式的一种,副语言通常具有补充信息、替代语言、强调信息、重复信息、否定信息或调节语气的作用,类语言的使用还可以传递出讲话者的地位、情绪、性格、能力等个人信息。对于以有声语言为主干进行传播的主持人来说,可以用作传播符号的类语言主要有三类,即发声方式、功能性发声和语空。

---

[1] 〔美〕威尔伯·施拉姆、威廉·波特:《传播学概论》,陈亮、周立方、李启译,新华出版社1984年版,第74页。

(一) 发声方式

发声方式指在运用常规语言,也就是正常说话时所采用的可以传递信息的声音要素,包括音质、音高、音量、音调、音速、鼻音等,这类副语言通常与常规语言同时发生,因而被称作有声语言的伴生物。在主持传播中,语言的伴生物不仅可以传递某方面的信息,而且直接影响主持传播的效果,主持人音量很大可以是其开朗、自信的表现,也可以是其目中无人的表现,前一种情况可以增加受众对主持人的好感,后一种情况则会引起反感。相反,一个主持人音量很低可以是其礼貌、体贴的表现,也可以是其胆怯、心虚的表现。中央电视台《半边天》的主持人张越本来是一位说话很大声、很爽朗的主持人,但有一次在与一位失去母亲的嘉宾共同回首其不幸经历时,张越的声音明显低了很多,多是以一种胆怯的、试探性的方式发出,这反倒使张越显得更富有人情味,也更礼貌、更体贴。

(二) 功能性发声

有些类语言研究者也把这类类语言叫作特征音或者语言外符号系统,如笑声、哭声、呻吟声、叹息声、咳嗽声、口哨声、口头语等,虽无实际话语内容,但作为一种发声同样在人际传播中意义重大。功能性发声是一种特殊声音的刻画,也是传递语言信息的一种方式,在主持传播的符号系统中同样具有不可忽视的作用。有的主持人在主持谈话或访谈节目的时候,能够与嘉宾或访谈对象进行深入访谈,话语中还会不时发出表示自己在倾听的"呃""噢"等功能性发声,会与访谈对象一起发出爽朗的笑声,既能融洽谈话气氛,也给受众留下主持人真诚的印象,赢得了嘉宾的信任,使嘉宾在精神上更为放松,消除了某种不安和戒备心理。有些主持人在节目中由于紧张会发出一些咳嗽声或者不停地清嗓子的声音,会更加暴露主持人的胆怯和心虚,影响主持传播的效果。还有些主持人在节目中会不自觉地说出许多口头语,甚至在不经意间说出一些个人在生活中常常挂在嘴边的粗俗的口头禅来,这既不符合主持传播作为大众传播的定位,也影响主持人在受众心目中的形象。

(三) 语空

所谓语空,就是指运用常规语言进行交流时所出现的话语停顿和沉默。随着人际关系学和大众传播学的发展,人们逐渐发现,在言语交谈过程中,恰当的沉默和话语停顿能帮助交谈双方传递信息,语空实际上是一种音量值为零的语言。停顿是思维进行语言编码临时中断的一种结果,谈话中犹豫不决的时候,说话人就常会出现言语的暂时中断,以便赢得认真考虑、仔细斟酌的时间。停顿还可以有效地控制言语节奏和语速,发挥暗示的作用,在意思未表达完整时,为了避免对方插话,可能会采用"那么……"或"呃……"等声音来填补空白。沉默则可以包含很多信息,如回忆、沉思、拒绝、鼓足勇气等,没有沉默,人的言语有时就会缺少深入的机会,甚至缺少足够的震撼力。沉默不是一种间隔,而是联合声音的桥。在主持传播中,正确地运用沉默这种类语言,有时会取得意想不到的效果,主持人在节目中适当地沉默,不仅表现出主持人善于倾听,而且体现出主持人善于理解他人,可以提升主持人在受众心目中的形象。

**二、体态语言**

在前面论述主持传播的特点时,本书曾提到"全息化"是主持传播的一个特点,同时分析说,全息化指主持传播不仅可以借助语言(包括有声语言和书面语言),而且可以使用除语言之外的非语言符号,营造类似人际传播的情境。这里的非语言符号,除完整意义上的符号,如主持人的年龄、服饰等(这些会在后面有专门论述),更多的则是指主持传播中主持人的体态语言,即主持人的表情、手势和姿势。作为一种特殊语言,主持人的体态语言在传播中具有重要而特殊的意义。体态语言不仅可以丰富主持传播的内容,即"我们以我们的发声器官发声,却以我们的整个身体交谈",或"尽管一个人可能停止说话,但是他不能停止通过身体习惯动作的传播"[1],而且对主持传播中主持人的有声语言具有巨大的制约作用。主持人体态语运用得好,对有声语言有强化、补充、丰富和修正的作用;运用不好,就会削弱和干扰信息传递和交际的功能。有些时候,主持人的体态语言对受众接收信息方面的影响甚至要大于主持人的有声语言,"当播音员的有声语言与态势语稍稍不一致,甚至连自己也并没有发觉时,人们更看重的是其态势语传出的副语言信息,而忽视甚至无视其有声语言所表达的信息"[2]。不管是主持人自己还是主持传播的研究者皆有必要对主持人的体态语言进行研究和利用。

**(一)表情神态**

研究表明,一个人的经验、知识、思考、魅力、创造力和个体的特质,以及一个人是否愚笨或聪明、善良或险恶等都可以通过人的外在形象,尤其是人的眼睛和神气等表情体现出来。表情,一般指人的面部肌肉、眉毛、眼睛、嘴巴的形态和动作,据伯德惠斯戴尔估计,"光是人的脸,就能做出大约 25 万种不同的表情"[3]。生活中,人与人在面对面交流时,第一眼看到的就是对方的面部,是对方的眼睛。表情在人的所有非语言符号中是含义最丰富,也是最重要的。我国古代思想家、

---

[1] 〔美〕威尔伯·施拉姆、威廉·波特:《传播学概论》,陈亮、周立方、李启译,新华出版社 1984 年版,第 80 页。
[2] 应天常:《节目主持艺术论》,北京广播学院出版社 1999 年版,第 350 页。
[3] 参见高玉祥等主编:《人际交往心理学》,中国社会科学出版社 1990 年版,第 124 页。

教育家孟子就有着"存乎人者,莫良于眸子。眸子不能掩其恶。胸中正,则眸子瞭焉。胸中不正,则眸子眊焉。听其言也,观其眸子,人焉瘦哉?"①的说法。有位西方心理学家在研究人的情绪表现之后,甚至提出一个情感表达的公式,即情感表达=7%言词+38%声音+55%面部表情。② 其中面部表情所传达的信息占了人所能传达信息的一半以上,可见表情在传播中的地位和意义。

从表情的构成上来看,表情语大体上又可分为目光表情和面部表情两种,其中目光表情又被称为眼神语。就主持传播中的主持人来说,主持人的面部表情除了具有传递信息的作用之外,也反映着主持人的精神面貌和文化品位。主持人的表情得体,往往给受众留下热情、亲切、友好,甚至值得信赖、人格高尚等良性印象;反之,主持人的表情如果运用不当,则容易给受众留下轻浮、浅薄、虚伪乃至愚蠢的负面印象。我国主持人目前在表情方面存在的问题主要是:要么面无表情或表情僵直、死板,我们暂且将这类主持人称为"冷若冰霜"型或"木讷呆板"型;要么表情过于丰富,总是在镜头前左顾右盼、眉飞色舞,我们暂且将这种主持人称为"热情似火"型或"眉飞色舞"型。表情同任何语言一样,都必须与传播的情境相吻合,必须与语言具体的感情色彩合拍,在本该悲伤时喜形于色或在本该欢笑时一脸冰霜都不会有好的传播效果,一味地"冷若冰霜"或"热情似火"都是毫无人情味儿的表现,也是对主持传播大众传播人际化本质的背离。表情再丰富,再生动,再有表现力,一旦失却分寸,必然会引起疑惑,感染力也将荡然无存。表情在主持人的传播中意义不同寻常,主持人对表情的运用绝不能掉以轻心。主持人的表情运用,既要与传播的内容、情境、对象以及主持人的身份、个性一致,又要顺其自然,不能"装酷",也不宜谄媚或是"嬉皮笑脸"。

(二)手部动作

人们常说:"即使不说话,一双手也能透出人的内心",说的就是人的手势在传播中的作用。手势,即由人的双手及手臂所做出的各种动作,是正常人际交流中除表情之外意义最丰富、最常用的一种非语言符号。作为类人际传播的主持传播,如果传播中主持人老是手不知该往哪儿放,没有手势或手势过少、过多,主持人不仅无法通过肢体语言对有声语言进行必要的强调、补充和解释,而且会给人留下紧张、呆板和不自然的印象,既减少了主持人应有的亲切、自然,也容易使受众对之产生不信任。崔永元在开始主持《实话实说》时,两手总是抱在胸前,这其实是他由于紧张而不知将双手放在何处的结果,但受众却误以为那是崔永元

---

① 《孟子·离娄》。
② 参见周靖编著:《语言交际的艺术》,华文出版社1995年版,第174页。

傲慢的信号。如果主持人的手势意义不够明确或是过多、过于零乱,手势也会失去其作为肢体语言应有的意义,无法实现信息的传播,而且对受众正常的信息接收和理解形成干扰。有的主持人为了掩饰紧张,想有意突出自己的轻松和亲切,在节目中每说一句话都不停地打出各种手势,不仅让观众看得眼花缭乱,也不能使观众明白其手势的真正意图,这样的手势语其实毫无意义。

(三) 姿势仪态

姿势作为肢体语言的一种,通常又被人们习惯上称为体姿语。体姿语,即传播主体通过静态和动态的身体姿势传递信息的手段,虽然戈登·修易斯得出结论说,人体大约可以做出 1000 种平稳的姿态,[①]但主持人能用到的体姿语则较为有限,仅有静态的坐、立、跪和动态的走等。在主持传播发展初期,当主持人还被固定地安排在演播室里的时候,主持人的姿势只有坐姿。随着主持传播的不断发展,特别是由技术发展带来的 360 度大演播室则让主持人有了全方位展示肢体语言的空间。如今主持人不仅要坐着、站着,还要走着主持节目,在深入新闻事件现场的直播报道中,主持人的姿势又几乎囊括了日常生活中的所有体势。与手势语等所有肢体语言一样,主持人得体、优雅的姿势不仅具有表情达意、传递信息的作用,如昂头挺胸表明自信、有力,垂头丧气表明失望、悲观等,而且可以影响传播对象对传播者的印象,影响传播的效果。如有的主持人在主持节目时要么双膝紧闭,显得局促紧张;要么跷起二郎腿,一副散漫样,既显得傲慢无礼,也让人看了不舒服。

(四) 空间距离

与主持人体态语言有密切关系的还有主持人与受众之间的空间距离,距离所传达出的信息同样对人际交往的效果具有影响,距离在正常的人际交往中通常也被称作"空间语"或"距离语"。距离语,又被称为"近体语",它是通过利用交际双方之间距离的大小来传达信息的手段。为了探索不同距离的不同含义,西方有很多学者对此都有专门研究。美国西北大学人类学家爱德华·T.霍尔博士将人们在日常生活和工作中的空间距离分为 4 种,即公共区域(大约是 3.5—7.5 米)、社交区域(大约在 1.25—3.5 米)、个人区域(大约为 0.5—1.25 米)和亲密区域(大约是 0—0.5 米)。[②] 我国的情况虽然与西方存在一定差异,但这几种距离的存在也不容否认。之所以对人与人之间的交往距离进行划分,主要是为了避免交际双方实际关系与空间距离不一致时所产生的心理冲突。拿类人际

---

① 参见高玉祥等主编:《人际交往心理学》,中国社会科学出版社 1990 年版,第 125 页。
② 同上书,第 127 页。

交往的主持传播来说,如果主持人在传播中不能正确处理与现场观众、嘉宾和其他主持人的关系和距离,同样会给自己和交往对象以及现场之外的受众造成心理压力,影响主持传播的效果。中央电视台曾有一档军事题材的节目,主持节目的一男一女两位主持人就常让有些观众不舒服,原因是两位主持人坐得太近,甚至有挨在一起之嫌。在崔永元主持的《实话实说》节目里,主持人要么和嘉宾坐在一起像熟人一样拉家常,要么走到观众跟前和他们说话,有时甚至坐在观众身边听嘉宾说话,这种对主持人与嘉宾及观众之间空间距离的正确把握让崔永元取得了良好的传播效果。

(五)方位朝向

除了距离,方向也是构成体态语言的重要因素。根据经验,当两个人处于近距离的人际交往时,一般会尽可能面向对方,在对方说话的时候也会尽量注视对方的眼睛。视线、坐姿都朝向对方,这既是构成双方交往关系的象征,也是有效传播的保证,更是传播者相互尊重的体现。在现有的主持传播中,往往存在这样的情况,当主持人与嘉宾或观众进行交流时,主持人不仅没有通过视线方向表现出对观众的注视,甚至连坐立的姿势也不朝向对方,无形中造成了一种主持人自说自话、置嘉宾与观众于局外的状况,有人把这种情形形象地称为"无法从主持人的瞳孔里看到自己"[①]。原中央电视台《相约夕阳红》节目的主持人陈志峰可以说是这方面的正面实例。尽管陈志峰有时谈话谈到高兴的时候,也顾不上看镜头,忘了电视机前的观众(这当然也不可取),但他对请来的嘉宾充分尊重。在与每一位老年嘉宾交谈时,他都会面对嘉宾,微笑着将身体前倾,认真倾听,表现出一个晚辈应有的恭敬,而每当老年嘉宾上场时,陈志峰都会站起来,紧走几步迎上前去,与嘉宾握手,将其搀到座位上。因为对嘉宾充分尊重,陈志峰也得到了嘉宾的信任和观众的认可。

## 第三节 其他传播符号

如果说上述两类非语言符号大多还是语言符号的辅助物,那么另外一种非语言符号,即物化、活动化、程式化的符号则更具有独立性和能动性。日本传播学者林进有这样一段论述:"在人的中枢神经系统中,处于比感觉—运动更高的层次并代表高度表象活动(象征性活动)的,无疑是语言。但是语言并不是唯一的继承性的观念体系。各种非语言的象征符号体系如仪式和习惯、徽章和旗帜、

---

[①] 参见《时代传媒》2002年第9期。

服装和饮食、音乐和舞蹈、美术和建筑、手艺和技能、住宅和庭院、城市和消费方式等,都包括在其中。这些象征符在人类生活的各个领域都可以找到。"[1]作为常见的传播方式,这些象征符不仅在主持传播中大量存在,也是主持传播中重要的传播符号。日本著名主持人久米宏有一天在报道东京的物价是全世界最高的新闻时,站在一张摆满食品和大众日常用品——牛奶、大米、甜橙、啤酒、纸张等的大桌子前,向观众具体介绍100日元在纽约、柏林、东京可以买到同类商品的量。在报道火车相撞时,久米宏又以火车、汽车的模型给观众演示。从久米宏主持传播的实践来看,这些非语言符号打破了主持传播中单靠有声语言和演播室画面的单调与枯燥。主持节目过程中对非语言符号的运用,如借助适当的服饰、道具、乐队等,还能起到消除紧张情境、展现主持人个人风度的作用。在主持传播中经常出现和运用的其他传播符号主要有下面几种。

## 一、年龄与性别

曾经有人问中央电视台的著名主持人白岩松:如果你有一个自认为理想的主持人境界,而现在没有达到它,障碍何在?白岩松的回答是"年龄"。的确,年龄也是主持人传播中的一个很重要的符号,一个人的阅历往往和年龄分不开,年龄大的人由于阅历相对丰富,经验多,给人的感觉大多是成熟、稳健以及智慧,更容易使人产生依赖感,年龄小虽然能给人留下朝气蓬勃的印象,但往往让人对其成熟与权威信心不足,也不易产生信赖之感,人们通常所说的"嘴上没毛,办事不牢"就是这个道理。如果让一些年纪很轻的主持人主持一些相对严肃的栏目或严肃的话题,就会给人一种"压不住台"的感觉,如当年就有人认为像鲁豫这样的年轻女子在《凤凰早班车》里说新闻容易让人对新闻的严肃、客观产生怀疑。

在凤凰台的主持人当中,除了有鲁豫、吴小莉这样年轻漂亮的女士,还有曹景行、阮次山这样年纪较大、一头灰发的"老男人"。国外许多知名的广播电视机构也都有这种考虑,在国际上享有很高知名度的主持人,像丹·拉瑟、布罗考等都是人到中年,甚至年纪更大时才当上主持人,而他们受欢迎和信赖的原因在很大程度上是他们年纪大而显得成熟、可靠,著名主持人詹宁斯26岁第一次当主持人时就因太年轻而失败。有人对国外知名主持人的年龄做了统计之后得出结论说,主持人最适宜的平均年龄是43岁。[2] 与国外的情况比较而言,我国主持人队伍的平均年龄则年轻得多。只要打开广播电视,面对受众的往往都是一张

---

[1] 转引自郭庆光:《传播学教程》,中国人民大学出版社1999年版,第45—46页。
[2] 参见夏辰:《新闻节目主持人的六大品质》,《黑龙江电视》2001年第10期。

张青春靓丽的面孔。如果是综艺和娱乐节目,这些年轻的主持人也不会让受众觉得有什么不妥,但若是一些比较严肃庄重的节目,尤其是在谈论一些重大和宏观的社会话题或人生阅历时,年轻就成了一种劣势。反之,上了年纪的主持人如果在节目中仍表现得过于年轻时尚,也容易招来受众的非议。在主持传播中,年龄也是一种符号,其所传递出来的信息须与整个传播情境相互适应和协调。正因如此,倪萍在接受许戈辉的访谈时才会说:"我觉得综艺节目是比较年轻化的舞台,我的年龄已经不再合适在那儿。"①

与年龄符号紧密相关的还有性别。作为一种社会先赋角色,人类在社会化的进程中对不同性别有着不同的角色期待,这些期待使得性别在社会生活中有着明确的符号意义,受众在接受来自传播者的信息时也会下意识地将性别的因素考虑在内。提起男性,人们很容易联想到刚强、深沉等特质,提到女性,人们又很自然地会产生诸如温柔、轻灵的联想。主持传播者在使用符号能动的传播策略时,除了考虑主持人的年龄因素,也不能不考虑主持人的性别因素。丹·拉瑟当年之所以能够荣任克朗凯特的接班人,在一定程度上就是由于拉瑟身上有着较强的男子汉气质,尤其是其刚毅的牛仔形象很讨女性观众喜欢。因此,在内容较为重大或严肃时,考虑由年纪稍大的男性主持人来担任主持就比较符合受众的心理期待。

**二、服饰与仪容**

服饰,包括人的服装和佩饰。仪容,多指人的仪表、容貌等。自人类发明服饰以来,服饰在人类生活中一直有着不可低估的作用,除了满足人类的生理需要,服饰的重要性往往体现在满足人类的社会需求和精神需求上。在满足人类需要的同时,服饰也是一种重要的符号,可以传递出个人对生活、对他人的态度,也表明个人的文化品位,在人的印象形成中有着重要作用。社会心理学研究表明,一个人如果鼻梁上架着一副眼镜,人们一般会对其形成"有文化"的印象,而一个人如果穿着过于随意,人们往往会对他形成一种"散漫、马虎或者不利索"的印象。作为大众传播者,主持人的服饰除了具有一般的意义,还对传播的内容有影响,甚至是决定性的影响。1987年1月16日,中央电视台一位人们熟悉的男播音员张宏民,由于匆匆忙忙赶来上班,忘了带他平时常穿的西服,情急之下,只好穿上临时借来的一套崭新的中山装完成了当晚的《新闻联播》播出,不承想这一举动竟引得国内外观众纷纷猜测:是不是中共中央有了某些政治动向,中央的

---

① 参见《大众电影》2002年第23期,第25页。

改革开放政策会不会变等,反而将他真正传播的内容放在了一边。①

　　虽然主持人是一种职业,但这一职业不像法官、医生那样有统一的职业服饰,属于非保守职场人士,各传播机构对主持人的服饰仪容一般也不做具体要求。这固然为主持人服饰的多样性提供了可能,使主持人在印象管理和增进传播效果方面多了许多可利用的符号,但也为主持传播提出了新的要求。主持人在将服饰仪容作为一种符号在传播中运用时,所应遵循的原则主要以契合主持人的传播内容、传播对象以及主持人所属的传播机构和主持人自身的个性特点为主。如果是新闻栏目,面对的主要是成熟且文化品位较高的受众,主持人就应在服饰仪容上多表现庄重、朴实的特点,而不宜追求活泼和张扬,这就是美国三大电视网《晚间新闻》的男播音员必须穿西服的原因。如果是娱乐栏目,面对的主要是处在青春期的年轻受众,主持人就适合在服饰上多体现活泼、明快的特色,福建东南台原来有一档节目叫《娱乐乐翻天》,其主持人在背上插一对翅膀,在肩膀上放个小鸟造型,就不会让人产生滑稽感,同时增加了主持人的活泼感。同样,为了某种目的,主持人也可以佩戴具有特殊含义的小饰物以传情达意,如主持人在世界艾滋病日时在胸前别上一枚红丝带,则透射出主持人的社会责任意识,也增加了传播内容的权威性和可信性。

　　主持人在决定自己服装、服饰的时候,还需考虑主持人的身份、条件以及服饰是否会对主持传播产生干扰,如主持人是一位年纪稍大的男性,则无论主持什么节目都不宜在服饰上表现得过于时髦和前卫,而一些书卷气较重的主持人也不宜在服饰方面表现得过于夸张或随意。在这方面,日本专家的体会是,"不善言谈之人,可以身上佩戴一些与众不同的小饰物"②,以便引起他人的注意。主持人在选择服饰时,还要注意的是所在传播机构的性质和地位,注意体现机构自身的风格和特点。国家广电总局早已启动荧屏净化行动,明确要求:"主持人着装应该充分考虑全社会特别是未成年人的审美情趣,切实做到高雅、端庄、稳重、大方,不能因为过分突出个人风格而标新立异、哗众取宠,不能为追求所谓的轰动效应而迎合低级趣味。"③主持人在将服装、服饰作为特定的传播符号时,还应体现出主持人的个性特点,体现服装、服饰与主持人个性的一致性,不宜盲目追求与自身个性不符的新奇。原CNN主持人拉里·金在其主持《拉里·金》的二十多年里,始终以蓝色系衬衫和背带裤的形象示人,目的就是为了维护其形象的

---

① 参见应天常:《节目主持艺术论》,北京广播学院出版社 1996 年版,第 351 页。
② 〔日〕多湖辉:《脱颖而出的魅力表现术》,宋世亮译,海南人民出版社 1989 年版,第 156 页。
③ 《广电总局再下禁令"治理"荧屏》,《新京报》2004 年 5 月 13 日。

一致性,也是为了与其所主持的栏目定位吻合。

### 三、道具与背景

背景,也可理解为主持人传播的物理环境,更狭义的理解是演播室场景。主持人传播的背景大致有三种情况。一是实地实景,即主持人身处事实发生现场,以事实的自然环境为依托进行传播,中央电视台和有些地方电视台历年的一些大型直播活动,如香港回归、三峡截流、抚仙湖探秘等即属此类。另两种情况发生在演播室,又可分为真实演播室和虚拟演播室。真实演播室即演播室的场景是真实的,尽管有些东西也是对实物的模仿,如原《实话实说》里明清风格的屏风以及其他节目中出现的沙发、茶几等客厅设施等;虚拟演播室则与真实演播室相反,受众从画面上看到的演播室效果事实上并不存在,有的是通过美工绘制或大屏幕显示的图画,如《东方时空》的演播室,有的则干脆是后期通过电脑手段制作的特技效果,如原凤凰卫视的《非常音乐》以及湖南卫视的《娱乐无极限》等。由于制作成本相对低廉以及不会因一次性使用而造成浪费,目前虚拟演播室的情况在主持传播中越来越常见。

主持传播的环境与主持人的服饰对主持传播的符号意义大同小异,都需要和主持传播的内容、情境及主持人的特点和个性相统一,并能够发挥出应有的辅助和配合作用,而不是各行其道或是相互干扰,影响主持传播的传播效果。如果是严肃真实的事实类或生活类传播,主持人的背景最好也选择真实的现场实景,即使是演播室的背景也应最好以实物或以实物的复制物和图片出现,不宜过分琐碎和抢眼,如在温芙瑞的节目中,观众通常看到的就是一张沙发以及由此营造的谈话气氛;如果是一些特殊的时刻,例如过节、庆贺等,演播室的背景则可适当突出和渲染传播的氛围,如《相约夕阳红》栏目春节时会在演播室里挂一些大红灯笼;遇上较为轻松活泼的娱乐类节目,演播室的背景则可以考虑采用虚拟演播室,用电脑制作一些特技效果。

主持传播中的演播室背景在设置上也应考虑主持人的特点和个性,并有意地突出。主持人如果是成熟、稳重的男性,演播室在色调的处理上就不宜过于明快和亮丽,而应适当深沉和暗淡,以突出主持人的成熟与权威;主持人如果是青春靓丽的女性,演播室背景的设计就不能将主持人映衬得过于老气和呆板。国外一些成功的主持传播都非常在意演播室的背景设计,如 CBS 当年为了突出丹·拉瑟的成熟可靠,为了使他灰白的头发突显出来,就特意将演播室的色调由米黄色改成灰色,而国内现在似乎对这些问题考虑得并不是很多。

道具,原本是戏剧和舞台表演、影视剧拍摄中的常用词,一般指在演出中用于装饰舞台、形成特定表演场所造型所需的物件,通常包括一些实物或实物的仿制品。在主持传播中,道具通常指用来辅助主持人传播的工具。从广义上说,主持传播中的背景,尤其是演播室内的实物复制品都算道具,这里所说的道具主要用其狭义,即主持人用来辅助传播的物件。从国内外目前的主持传播实际来看,主持传播中使用的道具主要也可分为三种。一种是有实际含义,对主持人的传播起补充、解释或强调作用的物件,如主持人为了解释某些法律和数字的纸板、为了展示事实的照片以及为了佐证信息的实物等。另外两种道具并不解释、补充和验证主持人传播的内容,却可以对主持人传播起辅助作用。其一是主持人用来进行虚拟对话的人物或动物卡通,这些卡通人物和动物被主持人拿在手上,并配合主持人的传播做出各种动作,有时还会说话(其实由主持人自己或请别人配音),在传播中制造出许多情境以增加传播的趣味和交流感。其二是主持人拿在手中表明特殊含义或单纯为吸引受众目光、增加传播气氛的小玩具,如气球、毛绒玩具等。作为一种传播符号,道具在传播中的存在意义和使用原则与主持人的服饰以演播室的背景基本类似,这里不再重复。

### 四、音乐与声响

在传播现场出现乐队或加入音乐,在主持人传播的过程中不时响起音乐声也是目前国内外主持传播中较为常见的现象。由于音乐本身的表意功能和强大的感染力,这种方式正日益被传播者青睐。在主持传播的过程中设乐队(广播中多为加入音乐)或音乐之于主持传播的符号性意义主要体现在这样几个方面:

1. 调节和烘托现场气氛,形成有利的谈话场。
2. 及时表情达意,为节目锦上添花。
3. 调节节目节奏,缓解受众收视(听)疲劳。

以《实话实说》为例,因为这是一档即兴的谈话节目,所以前来参加节目的人,包括主持人在内都不免会产生紧张情绪,出现说话谨慎"放不开"的局面,用专业的话说就是"无法形成有利的谈话场"。音乐,作为缓解人类情绪紧张最有效的手段,这时就派上了用场。一段舒缓、悠扬的音乐之后,主持人和嘉宾包括观众进入谈话就容易多了。据《实话实说》栏目编导讲:"音乐给现场增加了几分轻松。每次节目开录前,乐队都会奏段曲子,让观众和嘉宾先放松一下。有时谈话间唇枪舌剑,火药味比较浓了,崔永元也会说,现在大家轻松一下,让我们的小乐队奏段音乐。这样效果特别好,气氛一下就缓和了。"[①]除了调节现场气氛,形

---

① 参见时间、乔艳琳主编:《实话实说的实话》,上海文化出版社1999年版,第60页。

成有利的谈话场,让嘉宾和主持人能畅所欲言、妙语连珠之外,乐队还有一个更重要的作用就是在节目中及时地表情达意,为主持人的传播锦上添花,用《实话实说》栏目内部的话说,就是"我们也在用音乐说话"。在《实话实说》节目里,经常可以看到或听到这样的情形:每次节目开场,当主持人向观众介绍嘉宾亮相时,乐队都会跟着奏出表示欢迎的音乐;在节目进行当中,如果出现嘉宾和主持人谈话特别精彩的时候,乐队就会奏出欢快音乐表示肯定和赞赏,而嘉宾和主持人一旦说出让人不能赞成的话时,乐队又会弄出许多"鬼叫",引得全场一笑了之;有时节目中出现比较感人的场面,嘉宾和主持人都因动情哽咽出现沉默时,乐队又会插上一段音乐,可谓意味悠长。由于乐队在表情达意、调节现场气氛、烘托谈话内容上的独特作用,有人甚至这样说:"如果把一次谈话比作一篇文章,小乐队的音乐就像标点符号,激情洋溢地穿插其间,把谈话烘托得起伏有致。"[①]

音乐及声响作为传播符号固然可以用来调节气氛、增进主持传播的效果,但音乐与声响的运用也需与节目的内容和氛围匹配。由于音乐的主观性较强,如果不加区分地将音乐用到主持传播上,特别是将一些主观表达强烈的音乐运用到纪实类的节目,如新闻节目中,就会在一定程度上影响传播内容的真实性和主持人的客观性。这种情况目前在广播电视媒介,特别是广播媒介(包括中央人民广播电台)中仍较为常见,应该引起足够的重视。

**五、时间与情境**

在主持传播中,主持人如果能够正确把握传播的时间和情境,同样可以得到意想不到的传播效果。时间作为一种传播符号有时被人们称"时语"。所谓时语,更多的是通过行为人的时间观来体现,如一个人开会时准时或稍稍提前与一个人开会时经常迟到留给人的印象肯定是不同的,而一个人做事时的争分夺秒与另一个人的拖拖拉拉给人的感觉也会截然不同。对于主持传播而言,主持人不管是在节目内、外与嘉宾约会,还是出席社会公益活动,如能准时或及早出现,无疑会给受众留下好印象。主持节目时,主持人如能对节目进程和节奏进行有效把握,同样会给受众留下干练、主动等能力较强的印象,反之,则会影响主持人的传播效果。

情境,也叫场景,是指与交际相关的各种客体因素所构成的交际场面,即围绕着交际空间可以直接、间接影响人际交往的各种客体因素的总和。情境既是人们进行和发展交际的特质空间,同时是交际活动的基础和交际过程中的客体

---

[①] 时间、乔艳琳主编:《实话实说的实话》,上海文化出版社1999年版,第60页。

因素。情境的含义非常丰富,包括有形场景因素,如建筑、家具、陈设等,也可以包括颜色、声音、气味、温度与湿度、光线等无形场景因素。作为一种符号,场景除了传递信息,还对传播者对象具有某种吸引、调节、约束和否定作用。对于主持传播来说,情境或场景选择得当,可以帮助主持人传达信息,同样可以影响传播效果。中央电视台对农节目《乡约》的谈话情境选择在农村的田间地头,既体现了主持人亲切、诚恳、善于和传播对象打成一片的一面,也让参加节目的嘉宾因置身于自己熟悉的环境而少了拘谨,对于农村的受众来说,这种场景显得亲切、自然而富有吸引力。《实话实说》节目现场布置成客厅的样子,北京电视台《档案》节目现场的文物、档案及神秘气氛,对塑造主持人形象、调动嘉宾情绪都大有裨益。

符号的运用固然可以对主持人的传播活动起到促进作用,但符号运用不当同样会削弱,甚至干扰主持传播的效果。主持人在有意无意地运用非语言符号进行传播时,既要赋予这些符号以明确的含义,使其真正为受众理解和接受,也要掌握适度的原则,不能让非语言符号喧宾夺主,干扰语言符号的信息传达。在节目中使用符号过于频繁、复杂,不仅会使符号本身失去意义,而且会干扰受众对传播内容的理解,成为影响主持传播效果的不利因素。

## 思考题

1. 为什么说有声语言是主持传播中最重要的传播符号,其含义如何?
2. 试述非语言符号在主持传播中的体现及运用。
3. 除了语言符号和非语言符号,主持传播的符号体系还包括哪些方面?

# 第九章
# 主持传播的策略(上)

孔子曰:"工欲善其事,必先利其器。"如果将主持传播的效果视为"工欲善"之事,主持传播的传播策略就相当于"必先利"之"器"。因而,主持人在传播之前,首先要学习和掌握传播策略。"策略",按照《现代汉语词典》的解释,即"根据形势发展而制定的行动方针和斗争方式",①其中除"斗争方式"表明策略一词语出战事、与兵法有关之外,其他解释对于主持传播,尤其对于要考虑传播效果的主持传播来说也算精当。主持传播策略,即主持人在传播活动中为达到预期目的和传播效果而采取的方法或技巧。

早在对主持传播做专门探讨之前,主持人的传播策略便已在主持传播的实际业务中广泛存在,"主持人要有好的口才""主持人要成熟稳重""主持人要注意自己的公众形象"等都是主持传播策略的具体体现。从中外主持传播的发展实践以及大众传播的理论发展来看,既符合社会伦理道德规范,体现社会文化价值,又符合传播规律,能提高主持传播的收视(听)率,增进主持传播社会效果的传播策略至少应该包括这样几类:主持传播的话语策略、符号策略、情感策略、文化策略及信誉策略等。

## 第一节 主持传播的话语策略

### 一、主持传播话语策略的含义

列宁曾说,"语言是人类最重要的交际工具"。② 对于以有声语言为主干进行传播的主持传播而言,语言既是主持传播最常用和最直接的传播手段,也是主持传播最基本和最常用的传播策略。"语言不仅提供信息,它还为意义环境的形

---

① 《现代汉语词典》,商务印书馆 2016 年版,第 132 页。
② 转引自黄伯荣、廖序东:《现代汉语(修订本)》(上),甘肃人民出版社 1988 年版,第 1 页。

成提供了可能性"①,除了能有效地传递信息,语言也是反映主持人素质、修养的物质外壳,是构成主持人形象的首要因素。一个主持人,即使其外形、气质富有吸引力,学识、人格富有魅力,倘若语言表达能力不足,肯定也不能胜任主持人工作。没有人会对连话都说不利索的主持人产生好感,并对其传播内容发生兴趣,这样的主持传播也谈不上有好的传播效果。国家广电总局发布的《播音员主持人持证上岗规定》在对主持人的基本条件做要求时,便明确规定"嗓音良好,具备较好的语言表达能力"。一些专门从事主持人培养的学校、机构也理所当然地把训练主持人的语言表达能力放在了首位。所以,主持传播的策略实际上是指主持人在语言使用上所应把握的规则和技巧,掌握了正确的话语策略,主持人就有可能在主持传播中取得好的效果,反之,主持人的传播活动就有可能效果不佳甚至失败。

**二、主持传播话语策略的使用原则**

已故知名播音学教授张颂曾说:节目主持的核心是有声语言的创作。他将有声语言在主持传播中的地位给予了十足的肯定,足见有声语言对于主持传播的重要性。作为一种拟态人际交往,主持人在传播中所使用的有声语言(这里暂且称之为口语)与日常生活中人际交往所使用的口语有很大的相似性,都不如文字语言那样严格讲求章法、规则和逻辑,有很大的随意性和情景性等,但主持人的口语又不完全等同于人际交往中所使用的口语。因为类交往情境和反馈滞后等特点,主持传播所使用的口语在随意性和情境性、章法、规则和逻辑方面较之真正的交际式口语要求更高。与其说主持人所使用的口语是真正的口语,不如说它是一种介于日常口语和书面语之间的复合式口语或书面式口语,用专门研究主持人语言艺术学者的话说,主持人的有声语言应该是一种"吸取书面语的精粹口语,强调规范性的大众口语,讲究艺术性的宣传口语,个性的正式口语,应对得体的机智口语"②。用心理学家的话来说,则是一种介于"对话"和"独白"口语之间,兼具"对话"和"独白"口语特点的复合式口语。有声语言作为主持传播的能动策略,主持人的口语在发挥能动作用时应至少符合这样几个标准。

**(一)规范标准**

所谓规范,即主持人在使用有声语言的时候,既要能正确读出语言的标准读

---

① 〔美〕丹尼斯·K.姆贝:《组织中的传播和权力:话语、意识形态和统治》,陈德民等译,中国社会科学出版社2000年版,第113页。
② 吴郁:《主持人的语言艺术》,北京广播学院出版社1999年版,第126页。

音,能够讲标准普通话,也能够正确使用合乎语法规范的词汇,通俗地说就是主持人既不能读错字,也不能随意改变和自行创造现有标准语的用法,即说错话。用语言学家张志公先生的话说就是:能用基本标准的标准语,即普通话,有力而得体地达到说话目的。主持人有声语言合乎规范既是主持人文化修养的体现,也是信息传播和接收的需要。传播学研究表明,"意义的交换有一个前提,即交换的双方必须要有共通的意义空间"①,只有使用合乎规范的标准语,才能使信息的传播者和接收者之间因存在共同的意义空间而在信息的理解上达成一致,否则,主持人满口方言、网络语或是洋泾浜式的英语,就有可能使受众和主持人之间因为缺少对这些语言的共同知识而无法相互理解。从这个意义上来讲,目前广播电视媒体中不断涌现出的方言主持传播,即主持人以地方方言从事传播,如浙江杭州西湖明珠频道的《阿六头说新闻》、山东齐鲁电视台的《拉呱》以及广州的《新闻日日睇》等节目并不可取,这类节目虽然可凭借地域上的接近性受到当地受众的喜爱,但在更广的范围之内则无法传播,"在一个拥有强烈少数民族特征的人群中使用方言是恰当的,但在使用标准语言的场合中使用方言可能就不恰当了"②。

因此,由国家广电总局制定和颁布的《中国广播电视播音员主持人职业道德准则》第二十二条中明确规定:主持人在主持节目时,"除特殊需要,一律使用普通话。不模仿有地域特点的发音和表达方式,不使用对规范语言有损害的口音、语调、粗俗语言、俚语、行话,不在普通话中夹杂不必要的外文"。第二十三条则规定:主持人"用词造句要遵守现代汉语的语法规则,语序合理,修辞恰当,层次清楚。避免滥用方言词语、文言词语、简称略语或生造词语"。

(二)简洁凝练

美国的两位传播学者塞弗林和坦卡德认为:"大众传播,顾名思义,要传播到尽可能多的受传者,所以必须写得(用其他形式表达得)尽可能明白易懂。"③语用学家们从语用的角度发现,口头交际中一直存在着求简、求省的天然倾向,这些原理在主持人的语用策略上体现为简洁凝练。语言简洁,用鲁迅先生的话说就是"将那些可有可无的字、句、段删去"。用现代信息理论的术语来说就是将信息载体中的冗余信息剔除掉,通俗地说就是在传播中尽量少说废话。实践中确实存在不少主持人主持节目时废话连篇的情况,有人曾做过统计,有的主持人在

---

① 郭庆光:《传播学教程》,中国人民大学出版社1999年版,第53页。
② 〔美〕桑德拉·罗贝尔斯、理查德·威沃尔:《有效沟通(第5版)》,李业昆译,华夏出版社2001年版,第79页。
③ 〔美〕塞弗林、坦卡德:《传播学的起源、研究与应用》,陈韵昭译,福建人民出版社1985年版,第69页。

不到10分钟的时间竟然用了36个"那么",而且绝大多数是用错的。传播中大量存在冗余信息,不仅造成信息传播资源的浪费,而且使真正有用的信息被稀释、被淹没,影响信息的有效传达。心理学的研究已然证明,人类大脑在处理烦琐、复杂信息时的耗时要远远大于处理简明信息。对于稍纵即逝的广播电视传播而言,受众没有足够的时间领悟和消化过于复杂的信息。主持人的语言简洁,也绝不是为了简而简,而是在保证有足够信息、不影响受众理解的基础上当简而简。古人在提倡"言简意赅""辞约义丰"的同时,还要注意"文贵约而指通、言尚省而趋明",这既是信息传播规律的必然要求,也是主持传播避免过分人际化的关键所在。

（三）畅晓明白

主持人将有声语言作为传播手段时还存在一种情况:主持人的语言虽没有违背现代标准汉语的规范,语言的冗余信息也没有超出一般受众的可容忍度,但受众依然抱怨无法听懂主持人的话,主持传播的效果不很理想。出现这种情况的原因是主持人的语言往往过于抽象、晦涩,超出了受众的语言理解能力范畴。传播学者施拉姆曾经说过:"有效传播的一个秘密是把一个人的语言保持在听众能够适应的抽象程度上的能力,以及在抽象范围内改变抽象程度的能力,以便在具体的基础上谈论比较抽象的内容,使读者或听众能够不感困难地从熟悉的形象转到抽象的主题或概括上来,并在必要时能够回到原来的形象上去。"[①]施拉姆的话既可以用来解释受众无法理解主持人语言的原因,也向主持人提出了说话必须具体、形象,不能超出受众理解范畴的要求。主持人满口术语和专业名词,满口佶屈聱牙的贵族式语言,且不说会暴露主持人的无知、刻板,这样说话亦会使语言成为死线抽绎,阻碍受众理解,并最终导致传播失效。《中国广播电视播音员主持人职业道德准则》第二十四条规定:主持人的"表达要通俗易懂、准确生动、富有内涵、朴素大方。避免艰涩、易生歧义的语言和煽情、夸张的表达"。

主持人的有声语言要明白无误、通畅有效地传送到受众一端,除在语言的所指和能指上保持一定的抽绎水平之外,还须兼顾语言的速度及音量等因素。声音太小,传播中的信噪比会减小,受众会无法听清楚主持人传播的内容;声音太大,则同样影响受众理解主持人传播的内容。即使音量没有高到让人无法听清的程度,但主持人的音量过高,如过去播音员那种提着嗓子的口号式播音仍会使

---

① 〔美〕威尔伯·施拉姆、威廉·波特:《传播学概论》,陈亮、周立方、李启译,新华出版社1984年版,第113页。

受众很不舒服。这既是中央人民广播电台主持人虹云改变传统播音腔调,采取"近话筒、小音量"播音方式的原因,也是近几年"说新闻"大行其道的原因。语速过快,受众在一瞬间不可能全部获取和理解主持人语言中的信息,语速过慢,则无法传递更多信息,浪费有限的传播资源,容易让受众感到疲倦,同样不利于主持传播。

除了语音、语速,主持人在使用有声语言作为传播策略时,还需注意有声语言的语频,即主持人在某段时间内有声语言的容量问题。在某时间段内,主持人说话过少,会使信息的充分传递打上折扣,主持人说话过多会因为压缩了受众的理解空间而影响和干扰受众对信息的接收。在某些体育节目,尤其是体育现场的电视转播当中,当受众已然看清场上情形、已陷入某种紧张和亢奋的情绪之中时,如果主持人仍在一旁喋喋不休地描述现场,就会激起受众的反感。现在的电视观众基本上已不能接受高语频的广播式主持,而是更喜欢语频相对较低的主持风格。

(四)生动有味

曾在中国近代史上留下许多光辉业绩并将时务文体发扬光大的著名报人梁启超曾就写文章,尤其是写论说文提出过两点意见,一曰"动听",二曰"耐驳"。在主持传播中常有这样的情况,同样的内容由两位不同的主持人传播,一位主持人的传播会让受众欲罢不能,而另一位主持人的传播则让受众昏昏欲睡。这种情况在很大程度上是因为主持人语言不够生动。造成主持人语言不生动、缺乏吸引力的原因则是主持人的语调平淡、热情不高,语言空洞、不够形象,以及主持人的语言呆板沉闷、不够鲜活,迟钝木讷、不够机智等。一些著名的主持人对此深有体会,白岩松表示"人们只有感受到了你的真情,他们才会被你的语言内容真正打动"[1]。而水均益明确提出:"我们所说的'口语化'绝非指'淡而无味',对于主持语言我们要求,第一平常但不能平淡,要精彩;第二平常要有内容,每一句话力争做到'言之有物、言之有趣、言之有益'。"[2]

(五)富有个性

我国古代文艺学家刘勰在总结语言运用的策略时提出,语言的运用也要乘一总万,通变创新。作为具有鲜明人际特色的个性化传播者,主持人有声语言的运用除了要规范、简洁、明白、生动,还应尽量与众不同,体现一定的语言个性。这既是主持传播的特色,也是实现主持传播特色、取得良好传播效果的主要手

---

[1] 白岩松:《我们能走多远——关于主持人话题的思考》,《现代传播》1996 年第 1 期。
[2] 水均益、赵俐:《个性展现的基础》,《现代传播》1995 年第 4 期。

段。只要稍稍留意已在社会上享有盛誉的主持人,便不难发现,这些主持人的有声语言都极富个性魅力。原北京电视台《7日7频道》栏目主持人元元即为一例,她在评论一些考上大学的学生谢孔子而不谢老师的现象时这样说道:"据说一家餐厅推出过'谢师宴',是专为金榜题名的学生准备的,让他们感谢老师,请老师吃饭,结果问津者寥寥。原因有两个:一个是因为想谢老师的学生不多,二是因为即使有人想谢,老师也不会来。感谢老师不必请客吃饭,说几句感谢的话,告个别,老师也就满足了。遗憾的是,人们往往只想着高高在上的,缥缈的;而忘记身边为你默默付出的,真实的。我就想,今天门前热热闹闹的孔子,当年在教书的时候,是不是也没人谢,私塾里的学生毕业的时候,他收获的是不是也是满把凄凉呢?"[①]如此富有个性的语言,难怪观众会竖起大拇指说:"元元这丫头说话,就是让人爱听。"相反,那些一味模仿他人、毫无个性而言的播音腔或是主持调都是令观众反感的。2015年4月,在安徽卫视播出的一期《超级演说家》节目里,作为评委的著名舞蹈演员金星就不客气地指出选手在说话时有播音腔,并批评当下国内新闻主播说话太假,再一次引起人们对于主持人语言表达方式的讨论。

以上仅从语言的内容方面对主持人的语言运用策略进行了简单论述,语言作为一种传播策略,除了在内容方面有规律可循,语言使用的情境、语言所体现出的传受双方关系等也是语言使用策略的重要内容。在这方面,中国古代讽谏术和古今中外说服学方面的有益经验可为主持传播语言策略提供借鉴。主持传播能够从讽谏术和说服学中汲取精华,是因为主持传播与讽谏术和说服学在传播目的、传播方式和传播效果上有许多相似之处,如传播目的都是希望在一定程度上影响传播对象的态度和行为、在影响受众态度和行为上都不能采取强制性方式、在一定程度上都必须依靠传播者的个人素质和说服水平等。结合讽谏术和说服学的成果,主持传播中的主持人在运用有声语言进行传播的时候,除了考虑语言信息在内容方面的质和量,还须注意语言在关系、形势等方面的语用策略。

第一,量权与揣情。

量权与揣情,是我国古代著名说服学理论大家鬼谷子在其名著《鬼谷子·摩篇》中提出的概念。量权,是指衡量说服对象的个人实力和处境;揣情,则指了解对象的主观感情。说到底,量权与揣情就是传播时首先要认清传播对象,根据传播对象的具体情况,如结合其禀性、志趣、爱好等采取不同策略,选择不同的话语

---

[①] 元元等:《元元说话》,光明日报出版社1999年版,第74页。

方式。鬼谷子提出:"与智者言,依于博;与拙者言,依于辩;与辩者言,依于要;与贵者言,依于势;与富者言,依于高;与贫者言,依于利;与贱者言,依于谦;与勇者言,依于敢;与过者言,依于锐。"鬼谷子这番思想用今天的话来说,就是"上什么山唱什么歌,见什么人说什么话",用传播学的说法,就是根据受众的需要采取相应的语言策略,不能忽视受众的心理需要,并要有效避开受传者的心理雷区,"无婴人主之逆鳞"。"逆鳞"一词出自战国著名思想家韩非,按照他的说法:"龙之为虫也,柔可狎而骑也,然其喉下有逆鳞径尺,若人有婴之者,则必杀之。人主亦有逆鳞,说者能无婴人主之逆鳞,则几矣!"①逆鳞其实就是人的某些感情脆弱或心理戒备之处,是受众接受传播时的"雷区"。量权与揣情除了能够帮助传播者认清传播对象的逆鳞所在,还有助于传播者确定和选择有利于传播的时机,避开不利于传播的情境。鬼谷子说"言必时其谋虑",意思是传播者在进行说服传播时,必须要考虑对时机的选择。同样的话,在不同的时机讲,可能产生不同的效果,时机不对,则可能遭到客方的反感或拒绝,例如在人家举行婚礼的时候,去讲离婚的话题,就会引起受传者的反感。所以,主持人在运用语言策略进行传播时,还应注意选择说话的时机,即"揣切时宜"和"往应时当",当言则言,当默则默。

第二,善喻与藏钩。

我国古代另一位对谏诤术有深入研究的大学问家韩非在其著作《韩非子·难言》中一开始就指出了12种言谈方式可能引发误解,这12种方式包括:

(1) 说话恭顺奉承,洋洋洒洒,听者会误以为此人说话好听而不实在。

(2) 说话端正敦厚、耿直缜密,听者会误以为此人笨拙不合人情。

(3) 多话繁复、旁征博引,会让人误以为空言无益。

(4) 言语简洁、不注意修辞,会让人误以为疾言唐突,不会说话。

(5) 严词批评君主所亲切的人,揭露人之私情,会让人误以为诬陷谮谗不知礼节。

(6) 言辞夸大广泛,有如天马行空,难以测断虚实,会让人误以为荒诞难信而无用。

(7) 说话像闲谈家务小事,三言两语,听者将认为浅薄简陋。

(8) 言辞适就世俗,不敢拂逆人主,则会让人误以为怕死,谄媚阿谀。

(9) 说话超脱世俗,游戏人间,则让人误以为荒诞不经。

(10) 口才敏捷,富于文采,可能让人误以为徒具虚文,不够踏实。

---

① (战国)韩非:《韩非子·说难》。

（11）言辞不注意文学修饰，质朴直言，人主将误以为没有修养，浅陋鄙俗。

（12）言谈老是引用诗书、援引古事为法例，人主将误以为只会背诵诗书，泥古不化。①

韩非所举的这12条言谈方式，除有的涉及传播者的态度，大部分仍属于言语的内容与谈话方式。虽说主持传播中的主持人不能等同于古代的谏臣，受众也未见得是高高在上的人君，但韩非所列出的这些心理现象于属人之常情，不能不引起主持人的重视。从历史上来看，中国人比较容易接受的言谈方式似乎以"善喻"和"藏钩"居多。"善喻"，即善于运用比喻，用古人的话说就是"欲开其情，先设象比以动之"，"藏钩"，就是说话含蓄，由受者自己得出结论。古人的这些思想与现代传播学的许多传播策略，如"在适当的抽绎层次上传播""引导受众得出必要的结论"，以及上面所举主持人有声语言的要求等都可谓不谋而合。

第三，矜庄与端诚。

韩非所列出的12种谈话方式中有针对传播者言语方式的内容，也涉及传播者的态度，如"说话恭顺奉承""端正敦厚"等。意识到传播者态度会对传播造成影响的不止韩非，儒家的代表人物荀子在其《非相篇》中就明确指出："谈说之术，矜庄以莅之，端诚以处之，坚强以持之，分别以喻之，譬称以明之，欣欢芬芗以送之，珍之宝之，贵之神之，如是则说常无不受；虽不说人，人莫不贵。"其中"分别以喻之"和"譬称以明之"算是传播者的说话方式，即"善喻"，其余皆是针对传播者的态度而言。荀子得出的结论是，传播者在传播时的态度庄重、端诚、坚强，才会引起传播对象的重视，传播者说话时的态度和蔼欣悦，则容易使受传者乐于接受。除了韩非和荀子外，庄子、程颢等也都对传播者的态度格外重视，庄子曾说"不精不诚，不能动人"，程颢则说"责善之道，要使诚有余而言不足，则于人有益，而在我者无自辱矣"。今天看来，中国古人的这些思想不仅仍闪耀着智慧的光芒，而且是主持人使用有声语言策略时的瑰宝，主持人在运用口语时需要说得清楚、明白、形象、生动、富有个性，也必须端正自己的态度，采取矜庄与端诚的态度，否则，主持人的有声语言将很难产生预期的传播效果。

第四，道德与党友。

在说服传播中，传播者在使用有声语言作为其传播策略时，有时尽管对受传者揣摩到位，言辞动人，态度亦很诚恳，传播时机的选择也没有问题，但受传者仍然对传播者的传播有反感情绪，这时在传播中起作用的就不再是传播者的言辞、态度和时机，而是传播者本人的品格与身份，可能是由于受众对传播者的不信

---

① 以上引自孙旭培主编：《华夏传播论》，人民出版社1997年版，第355—356页。

任、不喜欢或关系疏远而对传播者的言说采取了抗拒态度。关于传播者的品格与身份,中国古代的说服学理论家们也有专门论述,鬼谷子曾明确提出"或结以道德,或结以党友",以及"计谋之用,公不如私,私不如结,结比而无隙者也"等说服策略和说服理论,提示传播者在传播中要注意发挥自身道德力量以及有效利用与受者之间的亲密关系来达到说服目的。《论语》中的"君子信而后谏,未信,则以为谤己也",以及清末申居郧《西岩赘语》中的"惟正己可以化人,惟尽己可以服人",强调的都是传播者自身信誉在传播中的作用。"道德",既是主持传播的语言策略,也是主持人信誉在传播过程中的价值体现,属于主持传播的信誉策略,本书后面对此策略会有专门论述,这里不再赘述。至于"党友",其实就是主持人印象管理中的"社会渗透",是人们之间相互接近和变得亲密的过程,前文也有专门论述,这里不再重复。

主持人运用有声语言或者其他传播策略参与传播,必须先对传播的各个方面,尤其是受者的情况进行认真的审视和分析,努力寻找哈贝马斯所谓的理想化的言语情境[①]再来实施传播。在理想化的传播情境不存在时,能够根据传播的语境"节情适变",随时(如传播时机、传播对象、媒体类型等)调整和改变传播策略,要真正做到明末进士吕坤所谓的"四审",即"审人、审事、审世、审时",否则"一有未审,事必不济",要像语言学家吕叔湘所说:"此时此地对此人说此事,这样的说法最好;对另外的人,在另外的场合,说的还是这件事,这样的说法就不一定最好,就应用另一种说法。"[②]

## 第二节 主持传播的符号策略

### 一、符号的含义

符号,即"信息的外在形式或物质载体",或"某种对某人来说在某一方面或以某种能力代表某一事物的东西",[③]在不同的领域有不同的含义。在数学中,一般把"1、2、3、4"等称为数字符号。在传播学中,符号具有更为广泛的含义,日本学者永井成男认为,只要在事物 X 和事物 Y 之间存在着某种指代或表述关系,那么事物 X 便是事物 Y 的符号,Y 便是 X 指代的事物或表述的意义。厄姆

---

[①] 参见〔美〕马克·波斯特:《第二媒介时代》,范静哗译,南京大学出版社 2001 年版,第 140 页。
[②] 钱冠连:《汉语文化语用学》,清华大学出版社 2002 年版,第 286 页。
[③] 〔英〕特伦斯·霍克斯:《结构主义与符号学》,瞿铁鹏译,上海译文出版社 1997 年版,第 130 页。

贝托·埃科斯则指出,符号就是任何可以拿来"有意义地替代另一种事物的东西"①。符号的形态是多种多样的,凡是可用来指代某种事物或意义的方式都可以视之为符号。为了整理纷纭复杂的符号世界,学者们提出了许多分类方法。如美国符号学的创始人皮尔士就提出过三分法,并对其进行过详细的分析。为了避免烦琐,人们又总结出了更为简单的分类方法。一是二分法,即把符号分为信号和象征符两大类。二为三分法,即把符号简单地分为语言符号、非语言符号和其他传播符号(本书上一章在论述主持传播符号时即采用此种方法)。作为人类传播的介质,符号的基本功能可以概括为三个方面:一是表述和理解功能,二是传达功能,三是思考功能。②

符号具有这些功能,可以作为人们交流意义的基本手段,但符号所表达的意义并不总是很清晰,有时甚至很模糊,人们发现,"符号具有'任意''模糊''抽象'的特点"。同样是摇头,有时可能代表的是一种否定,有时又可能代表着一种无奈,有时还可能代表的是不置可否。符号的这种暧昧性也体现在符号的多义性上,如现在社会上颇为流行的一个词"酷"的本身意义就非常模糊,除了来自英文的原意"冷",还有"时尚""冷漠""潇洒""帅气""有个性"等多种含义,在不同的语境下意义不同。根据符号在表达意义上的不同,人们一般又将符号的意义区分为若干类型,如明示性意义与暗示性意义、外延意义与内涵意义、指示性意义与区别性意义等。符号在具体的社会传播活动中,参与进来的不仅仅是符号本身的意义,还有传播者的意义、受传者的意义以及传播情境所生成的意义等,这些都决定了符号在使用过程中必须遵循一定的原则方能有效地表达意义。

二、主持传播符号策略的含义

根据语用学对语用策略的定义,即"说话人遵守了它们便使交际更顺畅、使说话人的行为更符合社会规范的一套措施",③主持传播的符号策略就是主持人传播时的符号运用,如果遵守了它们便能使传播更顺畅,使主持人的传播活动更符合社会规范的一套措施。正如本书在第八章所论述的,主持传播中使用的符号既包括主持人的有声语言及有声语言的伴随物,也包括主持人的表情、动作等体态语言符号,可以是物化、活动化、程式化的非语言符号,可以是听觉符号,也

---

① 〔英〕特伦斯·霍克斯:《结构主义与符号学》,瞿铁鹏译,上海译文出版社 1997 年版,第 138 页。
② 参见郭庆光:《传播学教程》,中国人民大学出版社 1999 年版,第 43 页。
③ 钱冠连:《汉语文化语用学》,清华大学出版社 2002 年版,第 151 页。

可以是视觉符号。本章第一节对主持人的语言(主要是有声语言)策略已有论述,这里的符号主要是指除有声语言之外的符号,即符号三分法中的后两类,是除语言(包括言语和文字)之外的一切符号,包括体态表情、外貌、服饰、环境、器物和触觉、味觉等。因为上一章已对其内容做了详细论述,这里仅重点探讨符号在使用时应该注意的原则问题。

### 三、主持传播符号策略的使用原则

(一) 简洁性原则

人际传播研究表明,口头交际中有求简求省的天然趋向。求简求省的趋向不只存在于口头交际中,在非口头交际的过程中同样存在。主持传播中主持人对非语言符号的运用也应遵循简洁性或适度性的原则,"有理、有利、有节",不管主持人运用哪种符号进行传播,都应有明确的传播目的,都应本着利于传播目的的原则,不能无目的地任意滥用。

拿主持人的手势来说,作为一种表情达意的手段,手势能够成为有声语言的补充和延伸,手势的使用要服从和符合传播的整体情境,与传播的内容和主持人的个性(包括性别、年龄等)相符,要有明确的含义。主持人的手势不能过多过滥,或过于机械和单一,以防产生类似有声语言中的大量冗余信息。主持传播中常有这样的情形,也许是出于紧张,也许是为了表现潇洒,主持人在主持节目时会频频使用手势,尤其是使用某些单一固定的手势。有的主持人始终举着一个手指说话,有的主持人则不停地搓手、"洗手",或反复将两手交叉、松开、交叉再松开等。这些手势既没有明确的含义,也无助于主持人信息或情感的传达,还会因为单调而频繁,让受众觉得不舒服。主持人在使用非语言符号时需要放弃那些冗余的"信息垃圾",真正做到"宁缺毋滥"。

(二) 一致性原则

伴随着人、附着于人的非语言符号虽然在数量上异常丰富,不可穷尽,但这些多方附着的符号最终会形成一个与话语同步的符号集合,成为符号束,或符号簇。只有当所有参与传播的符号束与传播者的话语信息达到同步、实现和谐一致时才会对话语信息起到一定的促进作用,反之,非语言符号与话语信息存在不和谐,非语言符号不仅对话语信息的传播无益,还会在第一时间暴露话语信息的不真实或其背后的"另有所图",孟子所说"眸子不能掩其恶"就是这个道理。非语言符号策略在使用时的要求是既真实、自然,又和谐统一。真实、自然,就是不故作姿态,与说话者的身份和个性吻合;和谐、统一,就是非语言符号要注意配合有声语言的运用,与体态、表情、手势等肢体语言协调一致,彼此呼应。研究表明,有声语言传达的信息有时可信度相对较低,任何传播者在语言上的伪装最终都会通过非语言符号泄密,而在能够泄密的非语言符号中,越是离脸部远的肢体所发出的信息越容易被识别出真伪。

在主持传播中,这样的例子随处可见:一些主持人嘴里说着"欢迎收看(听)××节目",以表示自己的真诚和谦和,在节目中却是摇头晃脑、目光空洞,与语言形成了巨大的反差,主持人自己可能并未意识到,但受众能感觉到他(她)的虚情假意。主持人在节目中表现得非常轻松、自信,但发抖的双腿、发颤的声音却将他(她)的紧张不安暴露无遗。

主持人在将非语言符号应用于主持传播中时,还须将非语言符号与传播内容、场合、氛围、环境,主持人自身的角色、身份、形象,所在栏目、媒体,以及具体的传播对象结合起来,达到非语言符号使用的一致性。如果主持人主持的是游戏或娱乐类栏目,主持人非语言符号的选择和使用则可以相对开放,在服饰、发型上相对时尚,在表情、姿势上也可以相对频繁、夸张,而如果主持人主持的是新闻或社教类等较为严肃的栏目,主持人无论是在其服饰、发型还是表情、姿势上都不宜夸张,否则就可能给受众留下轻率、不稳重、不严肃的印象,影响到传播内容的可信性和权威性。

如果是地方台或港台地区广播电视媒体的主持人,则可以在非语言符号的使用上表现出某些自由和随意,而作为国家级广播电视媒体的主持人,在非语言符号的选择上则要受到更多的限制,这也是中央电视台的主持人在形象上似乎要"落伍"于港台及地方台主持人的原因。

对于传播对象主要是少年儿童的少儿类栏目,主持人在非语言符号的使用上除了要表现出活泼、可爱的一面,也必须考虑对少年儿童成长的影响,不能过于随意或者所谓的"性感",《中国广播电视播音员主持人职业道德准则》第十七条就规定:"少儿节目主持人的服饰、发型、化妆、声音、举止要充分考虑到对未成年人的影响,展示积极健康向上的形象和精神风貌。"对于传播对象主要是老年受众的节目,主持人在非语言符号的运用上也不能过于夸张或是轻佻,而是既要体现出应有的生气和活力,又要体现出对受众的尊重和理解。

出于一致性原则的考虑,《中国广播电视播音员主持人职业道德准则》第十五条要求主持人"服饰、发型、化妆、声音、举止等要与节目(栏目)定位相协调,大方、得体,避免媚俗"。

### (三) 社会性原则

非语言沟通是由文化决定的。符号,尤其是非语言符号就其本身而言具有较强的模糊性,非语言符号在传递信息时必须具备一定的条件,其中之一就是要满足社会性的条件和原则,符合话语者所在社会的文化规范。在我国被理解为表达同意、肯定之意的点头动作在土耳其、希腊、印度等一些国家里则表达相反的意思,点头在这些国家就不能作为表达肯定意思的非语言符号使用。非语言符号的社会性首先表现在符号的可识别与可理解方面,主持人在表达某种含义时如果使用了只有自己才能辨别和理解的符号,比如主持人用手语来表达"我爱你"的意思时,可能电视机前绝大多数不懂手语的受众就无法理解他(她)的意思。

主持传播中符号策略运用的社会性原则共识也体现在符号的可接受性方面。能够被大多数社会成员所接受的符号首先要有社会文化共识,如在中国红色一般表示欢乐、喜庆或严重警告,黑色一般表达肃穆哀悼。符号的可接受性更多体现为社会大众对符号的欣赏和评价。在中国,乃至在全世界,表示尊敬、友好、谦虚等社会美德的非语言符号,以及让人感觉舒服、高雅的非语言符号都具有较大的可接受性,相反,那些含有不礼貌、不文明意味的非语言符号在一般受众的眼里是不可接受的。这种欣赏和评价也无不受到社会主流文化价值的影响,如中国历来有"站有站相,坐有坐相"以及"站如松、坐如钟"的审美要求和欣赏习惯,一些西方主持人主持节目时可以一屁股坐在桌子上,在西方受众看起来自在潇洒的这一举动,在我国一般受众的眼中则可能会显得粗鲁,容易引起受众的反感。

(四)个性化原则

与有声语言的使用一样,主持人在使用非语言符号时也必须体现出一定的个性特色,不能盲目模仿或东施效颦,正如卡耐基所言:"一个人的手势,就如同他的牙刷,应该是个人的东西。"[①]非语言符号在使用时的个性化或与众不同既是主持传播作为人际化的大众传播的定位使然,也是出于塑造主持人鲜明的个性形象、参与竞争的需要。在主持传播实践中,在非语言符号使用上具有鲜明个性的主持人也都在受众心目留有深刻的印象。一提起原中央电视台经济频道的主持人李咏,受众马上会想起他那一头略带卷曲的半长发,想起他衣襟上绣有大花图案的时尚西装,想起他竖起拇指和小指的招牌性手势。一提起凤凰卫视的节目主持人鲁豫,很多人首先想到的是她整齐地倒向一边的黝黑短发和她手托下巴睁大眼睛倾听嘉宾说话的神态。在西方主持人中,通过招牌式动作等非语言符号来塑造个性形象的情况也比比皆是,提起日本受欢迎的主持人久米宏,很多人都会想起他时而将手交叉在胸前,时而以手托腮思考,时而摆弄手中钢笔等

---

① 〔美〕戴尔·卡耐基:《语言的突破》,刘沅编译,中国文联出版公司1987年版,第206页。

自然流畅的动作,美国电视节目主持人靳羽西当年的蘑菇式发型以及拉里·金身着背带裤、身体前倾、手托下巴的形象都已深深地嵌入了受众的脑海中,成了他们的形象中不可缺少的组成部分。

## 第三节　主持传播的情感策略

达尔文等生物学家早已证明,动物也具有类似于人的心理和情感活动,但不容否认的事实是,只有人类才是世界上心理和情感活动最丰富、最复杂的物种。情感作为人的重要心理过程在构成和影响人的动机、态度乃至行为方面始终发挥着巨大作用。传播学先驱霍夫兰将态度分解为认知、情感和行为三部分,并进一步指出,在态度中起关键性、支配性作用的要数情感成分。在当代社会,随着社会高技术现象越来越多,人们更是希望创造高情感的环境,用技术软性的一面来平衡硬性的一面,即"我们周围的高技术越多,就越需要人的情感"[1]。群体心理学研究表明"我们不是在应付理论的动物,而是在应付感情的动物"[2],传播学者施拉姆也提出"动感情的呼吁较之逻辑的呼吁更可能导致态度的改变"[3]。这些研究从不同侧面验证了情感在人的社会交往和传播中的重要价值。这里,不妨把主持人在传播中为取得良好传播效果而有目的地表达和运用情感的做法称为主持传播中的情感能动策略。

### 一、主持传播情感策略的构成

古今中外的传播者早已证明情感在传播与交往中有着不同凡响的效果,并已把情感策略运用到大量的传播实践中,中国古代就有"根情、苗言、华声、实义""感人心者,莫先乎情""情合者听""繁采寡情,味之必厌"等说法。在西方社会,古代亚里士多德在总结"人为证明"的说服手段时举出"情感证明",近代英国哲学家罗素提出了"宣传和被宣传的人心理的感情和谐一致,始能成功"的说法,现代新闻学上则有"以冷静而不动感情的方式报道新闻是遭人讨厌的",[4]李普曼则提出"要获得读者的注意力并不等于在新闻中发表对宗教或伦理的看法,而是

---

[1] 〔美〕约翰·奈斯比特:《大趋势——改变我们生活的十个新方向》,梅艳译,中国社会科学出版社1984年版,第53页。
[2] 〔美〕戴尔·卡耐基:《人性的弱点》,童龄译,新疆人民出版社1999年版,第13页。
[3] 〔美〕威尔伯·施拉姆、威廉·波特:《传播学概论》,陈亮、周立方、李启译,新华出版社1984年版,第228页。
[4] 〔美〕J.赫伯特·阿特休尔:《权力的媒介》,黄煜、裘志康译,华夏出版社1989年版,第148页。

要激起读者的感情"①。这里的"情""感情"等指的就是情感这一人类独特的心理活动。就主持人及其传播而言,则是主持人的真情、热情、激情以及对传播对象乃至整个人类社会的深切同情等心理情感。主持人在主持节目时只有准确把握和适当运用这些情感,才能最终赢得受众的喜爱和信赖,取得良好的传播效果。

（一）真情

朋友之道,在于真诚。真情,即主持人在主持传播中个人真实情感的自然流露,既是主持人一切情感策略的前提,也是主持人情感策略生效的基础。大量的心理学研究证明,真情乃是一切人际交往和社会交往得以存在和维持的基础,也是一切社会交往得以实现和成功的秘诀。我国古代思想家庄子曾说:"真者,精诚之至也。不精不诚,不能动人。故强哭者虽悲不哀,强怒者虽严不威,强亲者虽笑不和。真悲无声而哀,真怒未发而威,真亲未笑而和。真在内者,神动于外,是所以贵真也。"②在人际传播学中,"一个人能否真诚地表现自己,有无交谈的诚意,会影响到对话的质量"③,这直接将真情对传播的意义限定在了人际交往之中。由于主持人所从事的传播活动实际上是一种人际传播在大众传播中的融合运用,这样的结论对主持传播同样适用。这种情境在主持人传播的实践中并不鲜见,崔永元在其主持的一期节目中由于被嘉宾情绪感染,忍不住潸然泪下的情景就感动过无数观众。著名主持人杨澜在总结美国著名黑人女主持温芙瑞成功的原因时也发现,她成功的秘诀其实非常简单,那就是与观众真诚的感情交流,与传播学上"传播者的坦诚是传播者极为重要的品格,这种品格既能赢得受众的信任,也能赢得受众的喜欢"④的结论不谋而合。

（二）热情

黑格尔说过,"没有热情,世间任何伟大的业绩都不能实现"。在主持人的传播活动中,将这句话中"伟大的业绩"稍作改动,换成"良好的传播效果"也同样适用。热情,按照《现代汉语词典》的解释,是指"热烈的感情",通俗地讲就是赋予感情或情感一定的强度,使交往对象能感受到传者的热烈气氛。主持人在主持节目时表现出足够的热情能获得较好的传播效果,很容易在社会心理学的研究中找到理论支持:如热情是吸引他人的核心品质、对人们印象的产生有着强烈的影响、是人们产生喜欢态度的基础等。

---

① 〔美〕李普曼:《舆论学》,林珊译,华夏出版社1989年版,第198页。
② 《庄子·渔父》。
③ 王怡红:《人与人的相遇——人际传播论》,人民出版社2003年版,第281页。
④ 郑兴东:《受众心理与传媒引导》,新华出版社1999年版,第254页。

### (三) 激情

亚里士多德认为:"富有激情的演说者总能让听众在感情上与自己产生共鸣,即使他的讲演内容空洞"。① 人际交往的经验也表明:对一切人和事缺乏激情的人,人们很难对他存有激情,更别说对他产生喜欢的心理感受。激情,一般的解释是"热烈、激动的情感",在实际生活中,人们对激情的理解往往是在热情的基础之上多了热爱、执着甚至更富活力的色彩,属于浓度更高的热情。不少关于主持人研究的书籍或文章都不约而同地提到,要想成为一个优秀的主持人首先要热爱自己所从事的事业,热爱受众,对工作抱有热切的执着之心,时刻保有兴奋、激烈的热力和活力。

### (四) 同情

英国哲学家罗素曾说,宣传和被宣传的人心理和感情和谐一致,始能成功。对从事主持传播的主持人来说,如果主体对一切人和事缺乏同情,在心理上不能与受众产生共鸣,或主持人自己不能先感动自己,不为传播内容感动的话,又岂能期待受众会与主持人产生共鸣,期待受众为传播的内容感动?"要想调动观众情感,让他们产生共鸣,主持人首先要有感情投入,要与观众同喜、同悲、同激愤、同感动。主持人只有与观众交换内心的思想,找到情感上的共鸣,才能收到最佳收视效果。"② 央视著名主持人敬一丹用自己的实践对此给出了诠释。一直以来,敬一丹都特别关注包括农民工在内的社会弱势群体的生存处境,对农民工的生活有着深切的同情。据她讲,有一天下午,当她路过某个电影院旁的工地,发现午休的农民工百无聊赖,便主动上前与他们聊天,了解农民工的业余精神文化生活,并最终以此为题进行了专门报道。正是因为对观众及其传播对象给予了深切的同情,敬一丹才成了弱势群体的代言人,也才会成为受观众尊重和喜爱的主持人。

主持人心理能动策略的另一方面是主持人要善于感受和理解受众的心理活动,并能根据受众的心理变化随时调整自己的心理状态,尤其是要尊重观众和嘉宾等传播合作者的情感,不能在传播中有意触及他们的情感痛楚,更不能无所顾忌地打探他们的情感隐私。一旦传播合作者的情感出现非预期的波动,尤其是出现某些抵触情绪时,主持人还应对受众进行心理引导和调适,使受众恶化的传播心理状态重新回到正常的传播情境中来。

---

① 转引自龚文库:《说服学——攻心的学问》,东方出版社1994年版,第21页。
② 张锦力:《解密中国电视》,中国城市出版社1999年版,第169页。

## 二、主持传播情感策略的运用原则

情感固然可以成为主持人的传播策略,但片面追求情感效果也有一个弊病,即"诉诸情感的作用"尽管是强烈的,但它维持的时间并不长,一旦激动平息,通过这种方式获得的观念会不由自主地逐渐减弱甚至消失,产生所谓睡眠效应。因为单纯的情感激动是暂时闯入个性结构的东西,而诉诸理性的一旦有效,就稳固得多。要使情感策略的有限效果得到好的发挥,主持人在主持节目时就不能滥用情感,不能矫情或虚情假意,更不能煽情。

### (一) 情感不宜泛滥

对情感不加控制地滥用,即通常所说的滥情或上演苦情戏不仅不能打动受众,而且会使受众产生本能的抵制和厌恶,对主持人传播有百害而无一利。从传播学理论角度来看,诉诸感情虽能激起受众的强烈反应,但随着时间的流逝,通过这种方式获得的观念会不由自主地逐渐减弱、消退。著名主持人倪萍算是个典型的例子。从某种意义上说,充沛而朴实的情感是倪萍赢得受众好感的主要因素,但过于充沛而易于唤起的情感恰恰又是倪萍引起受众不满的主要原因,以至于到了后来,受众只要看到倪萍的主持,马上会在心里发问:她是否又在煽情?尽管倪萍一再声明她节目中的每一次感动都发自内心,绝非煽情,但观众还是因为她动情过多过滥而对其情感的真实性产生了怀疑,对其传播产生了怀疑和防备心理。鉴于此,一些成功主持人对待情感或在情感策略的运用上都非常慎重。如曾经在节目中多次感情"失控"的著名主持人崔永元就不赞成主持人在节目中的感情泛滥,并表示他不愿意在节目中表现得过于感情用事,生怕那样会影响节目的客观性,生怕那会引起受众对他的误解,因而在节目中一直都会控制自己的情感。

### (二) 情感必须真实

虽然不赞成在节目中"感情用事",但崔永元并不反对主持人在节目中的真情表露。在他看来,"这也是一个主持人本色的东西"。崔永元的话无意之中验证了"真实的东西不一定是美的,但美的东西一定是真实的"这一朴素的真理,也为主持人运用情感策略提出了明确的原则,即主持人所有的情感都必须以真实性为前提。崔所提到的主持人在节目中要真情流露、反对主持人在节目中虚情假意便是这里所说的"矫情"或"虚情",即主持人在运用情感策略时的表里不一、对感情的故意掩饰和粉饰等不良倾向。

### (三) 不宜过分煽情

主持人倪萍的例子,除了说明主持人的情感要适度,过于泛滥的情感终将受到受者质疑之外,另一个重要的启示则是,主持人在情感策略的运用方面亦不能煽情,不能有意去制造或煽动出对传者有利和富有效果的情感。煽情,作为一个当下颇为流行的词,不能不说是主持人的贡献之一。情感策略作为一种有效的传播策略,对主持人的形象塑造和传播效果的优化都是有利的,但这种有利只能建立在情感的自然流露的基础之上,不能刻意制造和煽动。过于功利地为了情感而情感,故意制造某些情境和场面以激发传播对象的情感,在某一刻有意等着传播对象情感的表露和爆发,都是对情感能动策略的误解和亵渎,时间久了,必然会激起受者的反感,也会失却传者所期待的所谓"效果"。

(四)必须审时度势

主持人在运用情感策略从事传播的实践中,还须分辨和把握不同的传播情境,做到"审人、审己、审时、审事",掌握灵活和机动的情感策略使用原则。主持人必须根据传播的内容、传播的环境以及传播的对象来决定情感策略的运用。传播学的研究已经证明,对于那些知识水平较高、理性倾向较强的传播对象而言,传播者不能过多地使用诉诸感性的传播策略,这时运用情感策略,非但效果不明显,还可能遭到传播对象抵制,适得其反。

由于主持传播和主持人角色的特殊性,要成为一个优秀的节目主持人,积极掌握和运用一定的传播策略以达到良好的传播效果是十分必要的,情感能动策略只是其一,"做主持人,除了知识积累,一定还要注意感情积累,知识的积累可以丰富自己,情感的积累可以更好地表达自己"[①]。

## 思考题

1. 主持人在使用有声语言时需掌握怎样的原则方能发挥效应?
2. 符号的含义是什么?主持传播中的符号能动策略体现在哪些地方?
3. 主持人在主持传播中为何要有情感,其情感的流露与运用该注意哪些方面?

---

① 李立主编:《尴尬与超越》,北京广播学院出版社 2001 年版,第 75 页。

# 第十章
# 主持传播的策略(下)

## 第一节 主持传播的文化策略

### 一、文化的含义

文化是人类社会在适应自然和改造自然的过程中不断积累的一切文明成果的总和。在人类生存的各个角落,文化无处不在,但要对文化一词做出准确的界定却着实不易,古今中外人们对于文化的理解各有侧重。有人做过统计,1871年到1951年之间的80年间,关于文化的定义有164种之多。现实生活中,人们在使用文化一词时往往在意义上又存在广义与狭义的区分。狭义的文化通常是指从正规学校教育或课堂、书本上学来的各类、各科知识,如人们常说的"小学文化""到学校去学文化"即为此义。这里的文化领域较窄,将其他诸如经验、礼俗、禁忌、观念等广义的文明成果排除在外,而广义的文化则包含了人类社会已有或将有的一切文明成果,"是一个复合整体,包括知识、信仰、艺术、道德、法律、习俗以及作为一个社会成员的人所习得的其他一切能力和习惯"。[①] 由于狭义文化的实在和直接,狭义的文化概念在生活中更常用,甚至可以成为广义文化的模糊替代品,例如当有人被指"文化不多"或"文化水平不高"时,人们往往首先想到的是这个人书念得不多、学历不高等,而很少想到此人在社会礼俗、禁忌等广义文化方面的积累是否够多。

由于所处的年代、地域不同,各个时期、各个地区乃至各个民族、各个群体都有各自不同的文化。"文化的功能之一便是在人与外部世界之间树起了一面选择性很强的网筛"[②],文化既是人类一切社会活动的创造性成果,又是影响人类社会一切活动的重要因素。在文化传递中,传播塑造了人们对文化的理解,同

---

[①] 〔英〕泰勒:《原始文化》,连树声译,上海文艺出版社1992年版,第1页。
[②] 参见〔美〕史蒂夫·莫滕森:《跨文化传播:东方的视角》,关世杰、胡兴译,中国社会科学出版社1999年版,第32页。

时，文化也不可避免地影响人的传播。利用社会文化对人的影响来实现信息的有效传播，即传播中的文化能动策略也是人类传播中一项值得重视的传播策略。由于文化价值取向的不同，在一种社会文化中受到理解和欢迎的东西在另一种社会文化中可能并不会受到理解和欢迎。就主持传播而言，主持人在选择和运用传播策略时同样存在"入门问禁""入乡随俗"的问题，文化战略不仅是世界发展战略中的十大流派之一，也是主持传播的重要策略。主持人的传播策略只有契合了受众所处文化的价值取向和价值标准才会发生作用，前面提及的情感泛滥就是因与中华民族深沉、含蓄的文化价值取向相抵才不被受众接受。

## 二、主持传播文化策略的含义

主持传播策略中的文化能动策略，是主持人在理解所处社会文化传统的前提下，尊重该社会的文化观念和习俗，并在该社会文化的制约和指导下完成传播活动，使之因为符合社会文化的价值取向而赢得受众的接受和喜欢，最终达到增强传播效果的目的。

将文化视为一种能动的传播策略来提升主持传播的效果通常表现在两个方面：其一是主持人对文化的理解和尊重，尤其是对受众所在社会固有文化的熟悉和热爱。我国资深节目主持人赵忠祥曾意味深长地说："没有对中华民族优秀文化怀有如醉如痴那样一种抑制不住的爱，就不能当好中国的节目主持人。"[①]其二是主持人本身的文化素养，以及主持人文化内涵和文化品位的适当释放。作为一个有着悠久历史的民族，中华文化在世界文化之林中个性鲜明，中华民族在这种文化的浸泡中形成了独特的民族性格和文化品位，辜鸿铭、梁漱溟、林语堂等文化大师都对此有过论述。这里仅以对国人影响最深的儒家文化的枝节为例，窥一斑而见全豹，目的是说明文化在主持传播中的策略性作用。

## 三、主持传播文化策略的运用原则

由于长期受到儒家文化的影响，"以人为本""仁爱""平和""中庸"等观念早已在大多数中国受众的思想和性格中根深蒂固；由于某种历史原因而形成的对人性的长期压抑，中国大多数受众内心深处又有着对个性解放的强烈向往。这种心态反映到主持传播中，就是受众一方面期望主持人平和、友好和含蓄，另一方面又期望主持人具有独立个性。主持人如果能够在这种背景下理解和把握文化，在主持节目时多一些人文关怀的色彩和平民意识，体现出对人（包括对自己、

---

① 赵忠祥：《岁月随想》，上海人民出版社1995年版，第346页。

对嘉宾和受众)的充分尊重,就容易得到中国大多数受众的认可,整个节目的传播效果也会随之改观。反之,任何居高临下的说教或是任何对人格尊严的不敬,都会被当成与传统价值观念冲突的东西而遭到排斥和拒绝。

  我国是几千年来的礼仪之邦,含蓄、平淡的"君子之风"以及浓厚的中庸思想,使中国人在人际传播中有着"强调观人"(察言观色,注重传播对象的反馈性表征)、"强调伦常"(注重传播双方之间的关系)、"强调缘"(用某种宿命观来解释人际关系的建立与变化)、"强调人情"(强调相处之道和重视情感回赠)、"强调面子"(重视对方的尊严与情感)、"强调君子之交"(交往的关系与程度因交往对象的品格而不同)、"强调谦逊忍让"(在传播中注重扬彼抑己)等特点,[①]这要求主持人在主持节目时在穿着、行为、语言方面,都要表现得稳重、大方、谦和、有礼,可以追求个性,但不能过分张扬。主持人要懂得尊重受众和嘉宾的情感与尊严,要重视受传者的反馈,才能使其传播符合社会主流文化价值,得到接纳。反之,像《吐槽大会》《叶文有话要说》这样的栏目不仅会受到受众的抵制,也会被管理部门下架。

  陈志峰原是中央电视台长年主持老年节目的主持人,在他主持的节目中,观众时时都能感到他对老年人的尊敬和爱戴,这正是他受观众喜爱的原因之一。中华文化一直有着尊老、敬老的传统,陈志峰的一举一动所体现的正是这种文化精神。相反,有些主持人在主持节目时根本不考虑文化的因素,总是试图模仿西方或港台主持人的新潮做法,满口洋泾浜式英语或港台普通话,在着装上故意弄得稀奇古怪,甚至直接拿嘉宾或观众开涮。这固然能迎合一部分人的口味,但从长远和全局来看却终不能被受中国传统文化熏陶的受众接受。2003年湖南电视台曾推出一档名为《星气象》的另类气象节目,由于镜头过于暧昧,主持人声调及形体语言过于煽情,音效过于刺激,在推出后不久,就迫于各方面的压力而停播。这再次证明,无论如何,传统文化"都是一种观念之流,是一种价值取向,是肇始于过去融透于现在直达未来的一种意识趋势和存在。……这些业已积淀为人的普通心理、生理素质的因素,时刻在规范、支配着人们未来的思想、行为"[②]。东施效颦、搬用西方主持人的传播策略即使一时奏效,最终还是会因与中华文化格格不入而不能被大多数受众理解和接受。所以《中国广播电视播音员主持人职业道德准则》第十六条才会提出:主持人的"形象设计要符合中华民族的文化传统,不盲目模仿境外和外国人的形象"。

---

[①] 参见孙旭培主编:《华夏传播论》,人民出版社1997年版,第331—343页。
[②] 王举忠、王治主编:《传统文化与中国人》,辽宁大学出版社1988年版,第12页。

受众对主持人不满的一个重要方面就是嫌主持人没有文化或文化素质太低,这其实为主持传播的文化能动策略提出了新的要求和方向:既然主持人不被认可的原因是缺少文化,主持人如在传播中适当表现文化底蕴和文化品位,势必就会赢得受众的喜爱。由于文化固有的沉积作用,主持人在节目中增加和表现自己的文化底蕴也绝非易事,非一朝一夕所能实现。提高文化水平固然不易,但文化犹如人类社会的血液无处不在,主持人的每个细微之处都体现一定的文化,主持人在穿着打扮的细节、待人接物的言行举止中处处体现对文化的尊重,同样是有文化的表现,同样可以增加主持人的气质魅力。

主持人的文化能动传播策略是个含义和覆盖面都异常丰富的概念,甚至渗透在主持传播的每个细节。主持人的文化能动策略不是短期内能够达到和掌握的,它需要主持人不断加深自己的文化素养。央视主持人水均益说:"作为一个电视节目主持人,你是一个一定程度的公众人物。而你的存在,你的生命力在于你的人品,你的心态,你的文化。准确地讲,在于你面对关注的时候是否能静下心来,有更高的追求。"①

文化能动策略对于主持传播的影响还可以在女性主持人的身上得到验证。毕竟,性别角色与其说是一种生理性的先赋角色,不如说是一种社会文化作用的结果。

**四、女性主持人的文化传播策略**

也许是女性在口语表达方面具有先天优势,女性不仅较早走上中国广播电视媒体成为主持人(如最早的主持人徐曼、沈力等),也一直是我国广播电视媒体主持人的主力军,在数量上一直多于男性。有报道说,到 2005 年年底,国家广电总局颁发的播音主持证共有 16041 个,其中近七成是女性。但非常有意思的是,尽管女主持人在数量上较之男性占有优势,但经过了三十多年的发展之后,如今真正成为这一团体中的佼佼者、在这一职业上具有持久而显著影响力和号召力的是男性居多。尤其是当越来越多个性化、类型化的并非俊男帅哥的男主持人在一夜之间走红之后,女主持人,特别是那些年轻貌美的女主持人似乎面临着更大的发展挑战。在传统审美遭遇无情的审美疲劳,在目前的社会文化气氛之下,女主持人不可能像有些男主持人那样通过所谓的"审丑""坏笑"以及"俗幽默"来赢得观众的喝彩。于是,女主持人不得不面对诸多无奈,许多曾红极一时的女主持人要么转行跳槽,在别的舞台寻求发展,要么回到学校忙着充电学习,有的甚

---

① 转引自张砚青:《电视节目主持人的个性物质分析》,《新闻传播》2015 年第 7 期。

至干脆走下屏幕,淡出了人们的视野。一些刚刚走上主持人岗位的女主持人则试图模仿或照搬港台及国外某些女主持人的做法,结果不仅得到的掌声有限,甚至还招致了各方面的众多非议。

　　主持人从事的传播活动,或曰主持传播乃是一种介于大众传播与人际传播之间的独特的传播活动,其实质上是一种虚拟人际传播状态下的类人际传播。这种状态既由电视传播媒介往往是作为电子家庭成员进入家庭的独特地位所决定,也由主持人在媒体中以个人身份直接面对受众参与传播决定。主持人在媒体中的定位必须符合观众的收视期待和媒介特点,体现出一定的人际交往特色。对于女性主持人来说,就是其定位须与女性在现实人际传播中的角色定位以及社会普遍对女性的角色期待和文化评价相吻合。就目前我国社会的总体文化特征而言,虽说普通受众对于女性的期待较之传统的贤妻良母已相去甚远,更不会用传统的"三从四德"来要求女性,但由于传统儒家文化的影响,社会总体普遍接受的女性形象仍是美丽大方、温柔善良、知书达理、含蓄端庄等。在实际交往中,大多数人还是不大希望女性个个都是女汉子,与男性不相上下,呈现越来越多的中性化特征,不希望女性个个都是"傻得可爱"的"花瓶"或"绣花枕头",也不大能够接受女性的过分张扬乃至无所顾忌。对于大多数受众来说,他们还是希望女主持人能够像邻家大姐、邻家小妹一样可亲可近,这一点在一些颇受观众喜爱的女主持人,如沈力、敬一丹、元元等身上体现得尤为明显。在美国社会颇受欢迎的女主持人温芙瑞等之所以受到无数人的喜爱,也是因为她更像生活中"一位好打听的邻居"。从这一点来看,女性主持人在定位上的明星倾向及素质上的美貌至上是不切实际的。

　　不无遗憾的是,现在有许多女主持人,尤其是一些所谓的新新人类型女主持人似乎并没有意识到这一点。放眼看去,有许多女主持人要么格外在意个人的外在形象,始终坚持走"美女"路线,要么非常在意自己的个性风格,走的是所谓的"麻辣路线",要么特别在意自己的个人能力,在节目中走的是女强人的路线。然而,只要对照女性在社会现实中的角色定位则不难发现,由于与社会大众对女性主持人的角色期待格格不入,这些路线都无法真正走远。当"美女"主持人年龄优势不再,首先乱了阵脚的往往是主持人自己;当"麻辣"被越来越多的人贴上"低俗"的标签时,女主持人似乎也无法找到适合自己生存的土壤;而所谓的女强人在现实社会中已是饱受艰辛。在目前的条件下,女主持人在节目中较为稳妥的定位当是所谓的知性女人,既不失女性的温柔质朴,又不乏聪明能干的优秀品质,总之,是要符合当代现实社会大众在人际传播中对女性角色定位的期许。

　　由于女主持人在角色定位与素质方面和男性主持人存在诸多不同,女性主持人在其生存发展的空间上较之男性主持人也有较大不同,甚至存在更大局限,这也是不争的事实。而说到女主持人的生存和发展空间,一般来说大体包括以下两个方面:纵向的发展空间和横向的发展空间。纵向发展空间是指女性主持人在时间维度上的持久力,横向发展空间则指女性主持人在不同节目类型上的拓展。从目前的情况来看,虽然女性主持人在主持队伍中居于数量上的优势,但女主持人在定位上的某些艺人倾向以及在个人素质方面的美貌至上等影响和制约了女主持人的纵向发展,很多女主持人在年龄与容貌优势渐失时往往很难继续胜任以前的主持工作。在横向发展方面,目前我国的大部分女主持人又都相对集中在新闻播报和综艺娱乐节目领域,无法向更多类型的节目领域拓展。新闻节目对主持人快速达到深度的要求有时往往要求主持人要有更多的理性色彩,这显然与女性主持人偏感性色彩的特点不符。在综艺娱乐节目(尤其是内地的娱乐节目)方面,主持人司仪性的定位确实需要的是女主持人的年轻漂亮,因此,女主持人目前虽然在这两类节目中仍占多数,但其在节目中的定位和作用仅仅停留在表面,很难深入,这也最终决定了女性主持人很难在此类节目中异常突出和具有持久影响力。而就受众对女性的文化审视及女性本身的特点而言,由于女性较之男性有很多优势,如细腻、敏感、热情、含蓄等,女主持人似乎更适合主持服务、谈话及某些对象性节目,这也可以在一定程度上消减年轻美貌对女性主持人的制约,使其主持职业生涯更有持久力。一旦女主持人将自己定位在新闻评论或综艺娱乐节目上并想在此类节目中有更多的发展空间,则必须在客观、理性或才艺、智慧等方面不断刷新和提升自己,甚至要为此付出比男性更多的艰辛。

  总之,性别对男女主持人造成的差异,与其说是生理使然,毋宁说是社会文化使然,女性主持人的发展必须顺应一定社会文化的要求,体现出对社会文化价值的尊重。因此,采取文化能动策略是女性主持人行之有效的传播策略之一。由于深受传统儒家文化的浸染,受众对女性主持人的审视远远多于男性,对女性主持人的宽容则远远少于男性。受众对女性主持人的这种文化审视体现在对主持人节目之内的形象(包括其着装、言谈、举止、气质、风度)的审视,也体现在对其在节目之外的社会公众形象的监察,其中女性主持人的道德、品行以及热心公益等又直接决定着受众对主持人形象的评判。女性主持人无论在节目内外都必须时刻体现和顺应社会的这种文化审视。由于这个原因,女性主持人在节目中就不能像男主持人那样"随意""潇洒"甚至"放肆",对节目内外的观众和嘉宾也必须体现更多的尊重和谦让,更不能学习某些西方及港台女主持人的主持方式,动辄撒娇发嗲,要么插科打诨,甚至自以为前卫和开放地开一些格调不是很高的玩笑。这样只能使主持人的形象流于低俗,引起观众的反感。在节目之外,女性主持人则须竭力维护个人的公众形象,遵纪守法,品行正派,尽量体现出更多的母性情怀和社会热情,并以此赢得观众的赞誉和欣赏。这在许多热心公益的女主持人,如杨澜、敬一丹等主持人身上都已经有着很好的例证。

在目前的选秀活动中,一些所谓的"人气王"已不再是传统女性或男性的代表,而是越来越出现了中性化的特征,似乎动摇和改变了国人对于女性形象在文化上的审美取向,但从长远的发展来看,这种现象不过是暂时的,文化的功用如果能在瞬间消解殆尽,这样的文化必定是短暂或脆弱的,经过几千年积淀的中国文化显然具有深厚和顽强的生命力。

## 第二节 主持传播的信誉策略

### 一、信誉的含义

根据《辞海》的解释,信誉是"道德评价的概念之一,个人或社会集团履行承诺和义务的水平,以及他们在人们心目中的可信任程度,是人或社会集团的社会信用和相应的社会赞誉的统一。讲究信誉是职业道德的重要内容,也是个人道德品质修养的重要方面"。[①] 在当今社会,信誉对于个人与社会组织来说,都不啻为宝贵的无形资产和财富。对于企业组织来讲,信誉是一种最难计算的资产,对企业的账目价值影响最大。市场调查证明,良好的信誉具有以下效果:

1. 是招徕顾客的吸铁石;
2. 具有良好信誉的产品在市场上可以增值;
3. 吸引优秀人才为企业工作;
4. 对于可能的竞争具有遏制效果;
5. 从长远来说,给企业带来良好的资金业绩。

因此,信誉往往关系着一个企业的生存和发展,甚至是企业产品的生命所系。对于个人而言,信誉则直接关系着个人在社会和他人心目中的形象和地位,决定着个人的可信度和影响力。中国古人很早就有"国无信不立,人而无信则不知其可"的说法,尽管这里的"信"只是"诚信",不完全是"信誉"的意思,但这也说明了人离开信誉无法在社会上立足的道理。

---

[①] 《辞海(缩印本)》,上海辞书出版社1989年版,第280页。

## 二、主持传播信誉策略的含义

两千多年前,古希腊思想家亚里士多德在其巨著《修辞学》中曾提出过"人为证明"的说服策略,并进而将人为证明细分为信誉证明、情感证明和逻辑证明三种具体手段,其中信誉证明,即讲演者运用自己的个人品格来说服听众。用亚里士多德的话来讲就是:"如果能在演说中使听众对讲演者产生信赖,讲演者就是在运用自己的个人品格取得说服的成功。"[1]亚里士多德的论断虽是针对古希腊的演讲者而言,但演讲者的信誉证明手段却不失为主持人可借鉴和利用的传播策略。大众传播学研究表明:传播来源的可信度同传播效果成正比,即传播来源的可信度越高,能取得的传播效果越大,反之,传播来源的可信度越低,所能取得的传播效果越小。这里不妨将传播者依靠自身信誉争取良好传播效果的策略称为信誉能动策略。将信誉视为主持传播的一种策略,除因传播者信誉对传播效果的巨大影响,还在于信誉自身可以通过后天努力获得。

因为与权威有天然的联系,信誉的建构可以借鉴权威建构的路径。一般来说,合格的权威至少应具备这样几个条件:

(1)他所处的地位,有利于获得相关的事实和材料;

(2)他所受的教育和所积累的经验,使他能够对特定的问题作出较为准确的判断;

(3)他所判断的问题,不涉及自己的利益。

根据对权威的理解,主持人信誉的建立可以由专业、权威、道德、善意几个方面构成。

### (一)专业

在论述主持人的印象管理时,本书曾引述过塞弗林等人的观点:即"那些看来对自己所谈问题一无所知的人,其意见是很难受到注意的"[2]。在论述主持人印象管理的必要性时曾提出,主持人之所以要在受众心目中形成良好的印象,是为了赢得受众的喜欢和信任。根据霍夫兰的观点,"不论在实验室还是在实地,假如传播对象喜欢传播者,就很可能被说服。"[3]主持人通过给受众留下美好印象而赢得受众的喜欢,最终可能说服受众、取得理想的传播效果。因此,掌握专

---

[1] 转引自龚文庠:《说服学——攻心的学问》,东方出版社1994年版,第20页。

[2] 〔美〕塞弗林、坦卡德:《传播学的起源、研究与应用》,陈韵昭译,福建人民出版社1985年版,第35页。

[3] 〔美〕威尔伯·施拉姆、威廉·波特:《传播学概论》,陈亮、周立方、李启译,新华出版社1984年版,第227页。

业知识,在主持节目时体现出专业性,不仅是主持人印象管理的有效策略,也是主持传播的重要传播策略,是主持人信誉能动策略的重要方面。

专业性在信誉能动中的作用还可以从大众传播的常用做法中得到验证,遇上某些专业问题,大众传播机构通常会采访业内专家,主持人则会邀请专家到演播室解答受众关心的专业问题。作为传播者,他们看重和利用的是专家身上因专业而体现出的信誉,以及信誉在传播效果方面的巨大影响。这同样可以从社会心理学理论中找出依据,弗里德曼等人在《社会心理学》一书中明确指出:"一般说来,信息传达者具备的、能表明下述几方面的特征,比如他说得在行(是一位专家)、说得中肯(没有别有用心的动机),或者说得动听,都会增加信息交流的效力。"[1]社会心理学家不仅道出了信息传播者的语言能动策略方面的要素,如"说得动听",而且将信息传播者信誉策略中的专业("在行")放在首位,同时列出了信誉能动策略的另一个重要因素——"说得中肯"(后面所要论述的"善意")。在所谈的问题上具有专业性,将专业性作为重要的传播策略,不仅是主持人建立良好信誉的需要,也是受众对主持人的心理期待,"观众希望在屏幕上见到的主持人必须知识渊博。即便是主持人不熟悉的领域的话题,也应该掌握较全面的材料,否则很难谈到问题的症结上去"[2]。

(二)权威

构成传播者或主持人信誉的另一个重要因素是权威,主持人在受众中树立权威的形象,在传播中凭借权威获得良好的传播效果也是主持传播信誉能动策略的重要方面。研究者发现,"来自权威方面的信息往往比来自低信誉信源的信息更能引起信息接受者观念上的更大变化"[3],"人们一般都是毫无批判地、信以为真地接受来自权威来源的信息"[4]。权威通常有两种用法:一作形容词,指某种足以使人信服的力量和威望,如权威著作,权威人士等;二作名词,指在某种范围里具有威望、地位的人和事物,如医学权威、树立权威等。不管作名词还是形容词,权威的共同意义都有让人信服的力量这层含义。人之所以能让他人产生信服的力量,绝不仅在于人本身,而是由人的能力、知识、阅历、见解等决定的,权威虽然与专业在某些方面具有一定的交叉,但专业不能取代权威,权威的东西不一定必然专业,而专业的东西必然权威。从这个意义上来说,权威比专业更为不

---

[1] 〔美〕J.L.弗里德曼等:《社会心理学》,高地、高佳等译,黑龙江人民出版社1984年版,第360页。
[2] 参见时间、乔艳琳主编:《实话实说的实话》,上海文化出版社1999年版,第416页。
[3] 〔美〕塞弗林、坦卡德:《传播学的起源、研究与应用》,陈韵昭译,福建人民出版社1985年版,第20页。
[4] 〔苏〕肖·阿·纳奇拉什维里:《宣传心理学》,金初高译,新华出版社1984年版,第84页。

易。专业可能会在主持人的主观努力下见成效,但权威是一个不断形成和长期累积的过程,不以主持人的个人意志为转移。这也对主持人的工作提出了更高要求,要求主持人要像对待印象管理一样从一点一滴上树立权威形象。

我国主持传播权威性不足的另一个原因,是从事主持传播的主持人大多是年纪较轻的俊男靓女,年轻漂亮在传统社会心理中有时是不够成熟、不够权威的标志,正所谓"嘴上没毛,办事不牢"。人的年龄与生活阅历也是构成其权威的不可忽略的因素。由年轻主持人进行的传播很难让人觉得权威、可信。当受众需要获取较权威的意见性信息时,都会自然而然地将期待的目光投向社论(或本台评论)等传统大众传播,而不是主持传播。

### (三)道德

中央电视台主持人白岩松曾经引用相声表演艺术家马季先生的话说:"任何艺术拼到最后拼的都是人格。"[1]从人际交往心理学以大众传播效果研究的成果来看,人格确实为主持传播取得良好效果不可缺少的因素。个人显示其魅力或赢得他人喜欢与爱戴的方式不外乎三种:语言魅力、能力魅力和人格魅力,其中人格魅力又往往处于核心位置。有人在采访大量观众的基础上将主持人的魅力分成人格的魅力、语言的魅力、风格的魅力、思想的魅力和亲和的魅力等五种,其中人格魅力同样居于首要位置,验证了著名主持人赵忠祥的一段话:"主持人最能博得观众喜爱的就是人格上的魅力。"[2]当信誉成为主持传播的策略,主持人试图依靠自己的信誉在受众中产生影响时,不能不从修炼人格、加强道德修养方面入手,否则主持人即使才华横溢,如果在道德人格上一塌糊涂,才华也终将会因失去依托而无济于事,正如我国宋代思想家司马光所说:"才者,德之资也;德者,才之帅也。"

### (四)善意

说服学的创始人亚里士多德曾说过:"不管遇到什么情况,人们更容易相信好人;在意见分歧,又没有可靠依据可供判断的时候,人们就完全信赖好人的意见了。"[3]亚里士多德此话除表明演说者对传播对象的影响是基于其人格魅力之外,同时道出了另一层意思,即演说者的演说用意也是影响和左右受传者态度的重要因素。只有当受传者感受到传播者的传播用意是善意的,是为着受传者而着想,传播者的演说才能被受传者所接受。亚里士多德的话用传播学的原理来

---

[1] 参见《白岩松访谈录》,《电视研究》1998年第4期。
[2] 赵忠祥:《走自己的路——赵忠祥答本刊记者问(下)》,《电视研究》1995年第8期。
[3] 转引自龚文庠:《说服学——攻心的学问》,东方出版社1994年版,第20页。

解释,就是:"如果受众发现传播者的利益与所传信息内容无关,特别是相悖时,受众对传播的内容的信任就会增加,因为受众确信此种信息内容受传播者的主观干扰的可能性,相对来说要小得多。"①社会心理学亦证明,在说服个人去做某事时最有效的方法之一,就是"使他愉快,向他显示我们是真正关心他,非常希望他做好这件事"②。主持传播在运用信誉传播策略时,在传播的内容上保持客观的立场,或是从受众的立场出发,在受众看来,没有恶意,没有为主持人争取名利,才能期待良好的传播效果。否则,受众一旦发现主持人传播内容背后的主观立场或私心杂念,主持人的信誉连同主持传播的效果就都会受到影响。主持人更应多参加社会公益活动而适当减少商业演出,主持人的商业演出多了,受众会对其传播的动机及内容产生怀疑。《中国广播电视播音员主持人职业道德准则》提出:"广播电视播音员主持人应该清正廉洁,自觉抵制拜金主义、享乐主义、个人主义的侵蚀,反对任何形式的'有偿新闻'"(第二十七条)。"不利用工作、身份之便,直接或间接地为本人、亲属及其他人谋取私利"(第二十八条)。"不私自从事未经本单位批准的节目主持、录音、录像、配音工作及以个人赢利为目的的社会活动"(第三十二条)。

### 三、主持传播信誉策略的应用原则

主持人对信誉证明策略的运用也不能停留在专业或能力的展示上,不能仅体现为主持人有较高的学识修养和值得信赖的专业威望,而是更需要主持人在道德人格魅力方面的信誉。主持人除了要在专业权威方面能让受众信服,更要在道德人品上值得信赖。受众只有看到信息传播者在信息传播之后的人格形象后才会考虑是否对信息采取接受态度,一旦他们发现主持人在信息传播背后的人格低下,便可能全盘否定传播者的传播,至少会本能地产生抵触情绪。主持人的信誉能动传播策略不仅是其传播策略的核心,也是其他一切传播策略的基础。

主持传播的策略实际上远不止本书中所列的这些,如果将主持传播中能引起受众态度和行为改变的手段和方法皆称为传播策略,可以发现:心理能动策略,即主持人追求与受众之间的相似性,使受众对主持人产生更多的"自己人"的感觉;亚里士多德所谓的逻辑证明策略,即主持人以严密的逻辑推理使受众对其传播内容信服;以及我国古代说服学理论中如"明讽暗喻""以德报怨""恩威并举""不言之言"等。虽然主持传播的策略层出不穷,但主持传播活动应遵循一个

---

① 郑兴东:《受众心理与传媒引导》,新华出版社1999年版,第253页。
② 〔美〕J.L.弗里德曼等:《社会心理学》,高地、高佳等译,黑龙江人民出版社1984年版,第463页。

共同的原则,即在选择传播策略时,不能唯视听率是图,不能一味对受众讨好、迎合,而是应充分考虑不同传播策略的传播效果和社会影响,在保证大众传播媒介和主持人良好形象的前提下,自觉抵制传播策略的庸俗化倾向。

## 第三节　主持传播策略的不良倾向

传播策略之于主持传播效果的意义显而易见,随着主持传播的发展,主持人在传播内外有针对性地运用某种策略以增强传播效果也已开始由自发走向自为。与先前主持人对主持传播策略的无意识和不自觉运用比较起来,主持传播实践中同样存在传播策略滥用,甚至庸俗化的倾向,俄罗斯和我国台湾等地一度被炒得沸沸扬扬的"脱衣主播"事件、美国"垃圾脱口秀"中的"脱衣秀"等,从某种意义上来说都是主持传播策略的滥用。这些传播策略在吸引受众注意力、提高主持传播的视(听)率方面所取得的效果可以从侧面证明传播策略的重要意义,证明了解和掌握主持传播策略与技巧对增加主持人的知名度、提升大众传播水平和传播效果的意义不同寻常,但这种策略与社会主流伦理道德原则相抵触,并不被社会看好。

### 一、主持传播策略中的泛人际化

施拉姆说过:"传播是各种各样技能中最富有人性的。"[1]主持传播,即节目主持人的传播活动,在所有的大众传播活动中无疑是最具人性的。作为大众传播人际化与人际传播大众化的产物,主持传播最大的优势在于其丰富的人性或人际性。从这个意义而言,"将人际化进行到底"是未来主持传播,甚至一切大众传播的发展方向。

主持传播属于大众传播,大众传播尽管可以和人际传播实现"联姻",衍生出主持传播这种新颖而独特的传播样式,但大众传播不等同于人际传播,主持传播虽然可以实现人际传播在大众传播中的情景再现,但主持传播不能也不应照搬人际传播的全部做法。主持传播的人际性并不是无限的。由于社会及主持人认识上的误差,许多主持人误把泛人际化当作自然、亲切,把主持传播完全变成了自家客厅及宣泄个人情感的场所,在主持传播中出现了撒娇作嗲、打情骂俏等泛人际化倾向,说出格调不高的黄段子、荤笑话,甚至连包括国骂在内的污言秽语

---

[1] 〔美〕威尔伯·施拉姆、威廉·波特:《传播学概论》,陈亮、周立方、李启译,新华出版社1984年版,第20页。

也带到节目中来,显得庸俗不堪。

主持传播的发展,或大众传播的人际化是大众传播在现代化进程中对于传播的人际性的回归。与其把"将人际化进行到底"视为一种必然,不如将它看作大众传播发展中的一种理念,归根结底是要通过淡化大众传播的工具性而实现传受双方在传播关系中的对等。主持传播在践行"将人际化进行到底"理念的同时,须警惕主持传播的泛人际化倾向,警惕将主持传播简单机械地人际化,警惕某些原生态人际传播在大众传播中的泛滥。

### 二、主持传播策略中的泛娱乐化

英国哲学家赫伯特·斯宾曾说,人在完成了维持和延续生命的主要使命之后,尚有剩余的精力存在,这种剩余精力的释放,就是娱乐。娱乐,作为人生存中对必需性劳动的一种调剂和补充,使原本紧张的身心得以缓解与放松,是保持人的身心平衡、成全人之所以为人的必要途径。娱乐没有功利目的,满足的是人的内在精神需要。在哲学层面,审美快感的含义在于真正地为个体松绑,给个体在精神上以无限的生存空间。因此,娱乐也成为主持传播的重要功能之一。

然而,随着社会娱乐化大潮来袭,主持传播的策略也日益出现了泛娱乐化,甚至为娱乐而娱乐的倾向,只要能博受众一乐,主持人不惜采用恶搞的手段,拿严肃的主题和嘉宾开玩笑。有的体育节目主持人在主持中口误频频,后来干脆将其理解为娱乐,并表示要把这种娱乐进行到底。尽管娱乐是广播电视等大众媒体以及主持传播的重要功能,但主持人在传播策略的选择和使用上必须当心泛娱乐化的倾向,必须将娱乐的游戏性和娱乐的审美性结合起来,只有这样才可能避免因其娱乐而失却文化,或因守其文化而伤其娱乐。广播电视包括主持传播一味追求娱乐,可能导致所谓的"娱乐至死",一味拒绝娱乐,则可能将受众推向他处。

### 三、主持传播策略中的低俗化

主持传播策略的另一个不良倾向是主持人在策略运用中所表现出的低俗化。主持传播策略的低俗化主要是指主持人在主持节目时采取一些低级趣味的做法以达到吸引受众眼球的目的。为了拯救CNN,杰梅·凯尔勒在掌管CNN后提出了启用明星播报员的策略,不惜重金雇用出演意大利色情电影的女演员担任新闻播报员。俄罗斯也曾经出现新闻节目主持人一边播新闻,一边脱去上衣的现象。关于节目主持人低俗化的问题已经引起了不少人的关注。国家广电总局原副局长胡占凡多次在公开场合提出要坚决抵制节目主持人的低俗化倾向,一些名主持人对台湾某娱乐栏目进行"狠批",广电协会播音主持委员会接连向全国广电系统的主持人发出倡议,要求抵制低俗化倾向、树立健康形象,并专门召开研讨会就文艺、娱乐节目的主持进行研讨,全国范围内的几百名主持人也纷纷签署行业自律公约,表示要以实际行动来维护广电声屏的纯净。

放眼全国,节目主持人及主持人节目的低俗化主要表现在以下几个方面。

（一）有声语言

语言作为主持人主持节目的第一重要符号,除了传递信息,也是主持人塑造自身形象的重要途径。作为公众人物和负有传播社会先进文化之责的传播者,主持人的语言应该是纯净的、优美的,是具有较强艺术性和可欣赏性的,但在实际工作中,有些主持人为了达到所谓的平民化或亲切性的目的,往往置语言的规范性和示范性不顾,一味地模仿港台主持人,或将许多即使在生活中也令人不堪的话语运用到主持传播当中,让人觉得不雅。

（二）体态语言

主持人的行为举止,也叫主持人的形体语言,在主持人的传播活动中可以传递信息,也可以塑造主持人形象,表明一个主持人的品位高下。我国的主持人,尤其是港澳台地区的主持人在举止上的低俗更多地体现在动作粗俗方面。这种粗俗既体现为主持人坐没坐相、站没站相,也体现在主持人的夸张、低级、粗俗的动作上。

（三）其他非语言符号

作为媒体和栏目的门面与标识,主持人在着装上应该大方得体,符合社会主流审美标准,这样才会给人以高贵大方、气质优雅的审美感受。反之,主持人在穿着上刻意求新求异,如女主持人浓妆艳抹、着装暴露,男主持人着装花里胡哨,发型发色怪里怪气,甚至佩戴各种奇特的饰物,显得不男不女,则会给人留下浅薄无知、流里流气等较为低俗的印象。

（四）情感与态度

态度既包括主持人对受众的态度,也包括主持人对嘉宾的态度。不管是从主持节目的角度,还是出于维护主持人的个人形象的目的,抑或仅仅出于起码的人道主义,主持人对观众与嘉宾的态度都应该是平等而友好的。在现实中,一些主持人对这一点却全然不顾,对观众讽刺和指责,对嘉宾的谈话任意打断,对名人隐私穷追不舍以及对嘉宾内心痛苦无情揭穿,等等,不仅让观众觉得主持人缺少应有的人文精神,对人缺少起码的尊重,也让人觉得这些主持人俗不可耐。

### 四、主持传播策略低俗化的根源

主持传播策略出现不良倾向的原因很多,概括起来无外乎以下几种。

**(一)片面追求收视率**

收视率是一把双刃剑。收视率在一定程度上能代表某个栏目或主持人的受欢迎程度,但收视率并不是判断栏目或主持人受欢迎度的唯一指标。收视率只能说明一个栏目或主持人在收视人群数量上的优势,并不能体现收视人群对一个栏目或主持人的评价及毁誉情况,何况一些社会评价不高、低俗的栏目及主持人拥有高收视率而公认的优秀栏目和主持人收视率很低的现象并不少见。唯收视率或片面追求收视率意味着对观众口味的无原则迎合,满足的只是观众低俗或低级趣味的需要。正是对收视率的片面追求导致主持传播策略出现了低俗化的现象。

**(二)盲目追求个性**

随着广播电视频道、栏目以及主持人数量的不断增多,主持人之间的竞争越来越激烈,差异化竞争成了主持人决胜的必然选择。为了适应个性化的发展大潮,为了给观众留下深刻印象,在竞争中胜出,不少主持人试图在个性化上独辟蹊径。于是,受众便看到了许多靠说话、靠行为举止、靠穿着的与众不同来凸显个性的主持人。殊不知,个性乃是建立在深厚的文化底蕴及成熟的主持风格之上,为了个性而个性,就有可能陷入低俗的泥淖。

**(三)主持人综合素质(品位)不高**

低俗,是一个与审美价值取向密切相关的词,个人的审美价值取向和审美水平往往又取决于综合素质,尤其是政治素质、文化修养等。这里的文化不是以学历为代表的知识文化,而是作为人类社会文明成果的广义社会文化。广播电视事业的飞速发展及由此产生的对主持人的大量需求,社会对主持人的评价上存在的"重外表、轻内在"的误区,使综合素质不高的人也进入了主持人的行列,这也导致主持人整体的某些低俗化倾向。

**(四)主持人角色错位**

主持人以个人身份代表媒介或一定社会组织从事传播,主持人的角色定位具有一定的工作属性和公共属性。由于主持人传播角色的特殊性,主持人在传递信息时需要采取个人化或人际化的方式,需要有一定的自我暴露,以求得到与受众亲密无间的平民化效果,但主持人如果在角色定位上出现错位,将职业角色完全视为个人所有,将主持人的工作空间视为个人的展示舞台,就会导致主持人在节目中做出撒娇、个人炫耀等低俗动作。

以上所列的导致主持人低俗化的根源中,前两条主要来自社会,与主持人关系不大。正是社会(包括传播媒介)对收视率和主持人个性的片面追求,为节目主持人的低俗化提供了一定的土壤,成了主持人采取不当传播策略的"正当"理由。后两条与主持人有关,是主持人审美水平不高和对自身角色把握失当造成的。因此,在主持人的低俗化问题上,社会和主持人都难辞其咎,要真正抵制主持人的低俗化问题,则既需要从主持人入手,也需要在全社会形成良好的环境。

**五、防范主持传播策略中的不良倾向**

(一) 自律

要防止主持人的低俗化,首先要靠主持人的自律,节目主持人须在主持节目时约束自身行为,自觉抵制导致低俗化的因素,使自己的言谈举止达到语言美和行为美的要求,在节目内容上拒绝低俗,在自身态度上体现出对他人的充分尊重等。由广电协会播音主持委员会制定、国家广电总局正式下发的《中国广播电视播音员主持人自律公约》不失为一种办法。主持人通过自律来抵制低俗化也有一个前提,主持人只有在自身素质达到一定高度,能够对此问题有充分认识,有一定自律能力,对自己的主持活动具有一定决定权的时候,抵制低俗化才可能成为其自觉行为,否则,主持人的自律也将会落空。

(二) 他律

即通过社会反馈机制、社会监督机制以及相应的管理制度来保证对主持传播中的低俗化现象进行有效监督和约束,通过外力迫使主持人的低俗化倾向失去生存的空间和市场。国家广电总局原副局长胡占凡已明确表示,国家广电总局及主持人所在单位要尽快建立有效的反馈和预警机制,一旦发现主持人在主持节目时存在低俗化的倾向,或接到有关人士就此问题的举报,广电总局等部门会立即向主持人发出警告,责令其限期整改,甚至通过行政干预迫使此类主持人离开主持岗位。通过他律手段对主持人低俗化的约束管理能从制度上为抵制主持人低俗化提供保证,可以作为自律手段的有力补充,不失为一种好的思路。

(三) 努力提高主持人文化修养

苏东坡有诗云"腹有诗书气自华",一个人只有在文化修养上达到一定高度,才能在外在形象、内在气质方面表现得华贵典雅,自觉去掉庸俗乃至低俗的习气。主持人低俗化主要是主持人政治水平、个人素质和觉悟不够造成的。主持人只有在平时不断提高文化修养,提高在审美方面的修养,不断用美的优秀的文化成果来陶冶情操,才能够在一言一行中自觉地体现高雅、摒弃低俗。当主持人对低俗化的抵制成为一种自觉的时候,抵制主持人低俗化的目的才可能真正实现。提高主持人文化修养必须从主持人的源头,从把好主持人行业的"入口"做起。

(四)建立科学的主持人评价体系

主持人评价体系是主持人业务发展的风向标和指挥棒,对主持人在节目中的表现有着直接的引导意义,要防止主持人在节目中出现低俗化的倾向,须建立科学正确的主持人评价体系,对主持人的表现采取全面、科学的评价指标。在主持人评价体系中增加或引入社会评价的因素,如公众对主持人的美誉度、公众对主持人的信任度等,为主持人自觉抵制低俗化倾向提供必要的精神支持,改变以往唯收视率或过分倚重收视率的做法。主持人价值评价的指标体系该通过分层次、分环节的方法,以不同的层次划分和不同指标不同权重的分配,综合反映主持人在社会效益和经济效益方面的价值和作用,具体可以设定综合素质、市场价值、发展潜力、公众形象和社会影响等一级指标、二级指标和三级指标,再进一步细分和分配权重;考虑到传媒影响力的问题,要将主持人节目所处的广电媒体平台、节目播出时段等配合效率指标(平台系数)纳入设计的范围。[①] 如果没有科学的主持人评价体系,抵制主持人的低俗化问题将底气不足,也会失去前行的信心和动力。

## 思考题

1. 文化的实际含义是什么?文化在主持传播中的意义如何?
2. 主持人的道德信誉一般由哪几部分构成?
3. 个性对于主持人来说意味着什么?什么样的主持人才算真正有个性?

---

[①] 高贵武:《主持人评价与管理:路径·思维·方法》,中国传媒大学出版社2014年版,第92页。

# 第十一章
# 主持传播的发展

自诞生伊始,主持传播该如何发展就一直引人关注,也是检验大众传播价值取向和性质属性的标准之一。在国外,由于大众传播媒体的商业属性,主持传播在经历了各种尝试之后,商业色彩越来越浓,不仅主持人自身成了商品,以千万元的天价与传媒公司签订聘约成为可能,主持传播的内容和策略也蒙上了浓厚的商业色彩,随之出现了娱乐化和庸俗化的发展趋势。在国内,在主持传播的发展问题上,不仅早有人提出过采、编、播、控合一的发展路子,更有人开始建议学习西方走"转会制"的发展道路。最近几年,随着一些真人秀节目中主持人作用的弱化,甚至出现了"主持人将边缘化"或"去主持人化"的声音。主持传播如何保持和发展其独特的传播优势、主持传播未来将如何发展越来越引起学界和业界的共同关注与思考。促使人们对主持传播的未来发展做出思考的,还有虚拟主持人和智能机器主持人的出现以及人们对于虚拟主持人和智能机器主持人到底能否取代真正主持人的疑问。为从理论上对主持人的未来发展及社会大众的诸多疑问给予回答,以下从四个方面来探讨主持人及主持传播今后的发展趋向。

## 第一节 主持传播的专业化发展

美国学者约翰·梅里尔和拉尔夫·洛温斯坦 1971 年曾提出一个著名的 EPS 循环说,认为人类的文化发展如果以传播方式来进行划分,则可大致分为精英文化(E)—大众文化(P)—专业文化(S)三个阶段。[①] 美国著名社会学家埃米尔·涂尔干也曾陈述过类似原理,即随着有机体或系统的成熟,它们可能会逐渐出现某些愈加分化和复杂化……可以假设,媒介系统将变得更加专门化。[②] 大众传播学的研究者德弗勒等人根据这一设想,结合电子传播技术突飞猛进的发

---

[①] 参见蔡骐、蔡雯:《美国传媒与大众文化》,新华出版社 1998 年版,第 3—4 页。
[②] 参见〔美〕德弗勒、鲍尔-洛基奇:《大众传播学诸论》,杜力平译,新华出版社 1990 年版,第 159 页。

展态势,做出了媒介系统将变得更专业化的推断。对于大众传播,尤其是报纸的未来发展,也早已有专家预测:"世纪末的报纸为了生存,将会更全面地进入 EPS 阶段。"① 其实,不仅报纸,如果把广播、电视乃至其后的网络等所有大众传播皆视为像社会一样的有机体就会发现,这些传播无一例外都沿着 EPS 的循环模式前行,这也是广播、电视等大众媒体出现频道专业化以及专业化报纸、杂志大行其道的原因。这种状况用大众传播研究中较通行的话说,即大众传播的窄播化,用一般百姓的话说,就是当今社会已进入了一个各取所需的时代。作为大众传播的一种,主持传播的发展也不能脱离这种轨迹,同样会随着大众传播窄播化趋势的加剧而出现更加专业化的发展局面。这从主持传播的现状,如专业化主持人越来越多,越来越受欢迎,受众对主持人的心理期待中都已能够看出某些端倪,如在有学者所做的随机访问中,当问到"您认为我国主持人今后的发展趋势可能"时,就有超过 77% 的被访者选择了"越来越专业"的选项。② 结合大众传播的现状以及主持传播的特点,主持人传播专业化发展的专业性将至少体现在这样几个方面。

### 一、主持人学识的专业化

无论印象管理还是传播策略,主持人只有在节目内容方面具有一定的专业知识,才能引起受众的注意,也才能赢得受众的尊敬和信任,取得良好的传播效果。这既是传播规律,也是受众的认知心理规律。正像著名主持人赵忠祥所说:"无论你主持哪一类栏目,必须是这类栏目的知识和信息的拥有者,必须在工作的同时努力学习和总结,成为你所承担的这个栏目内容的专家。"③ 由于社会分工不同,以及"术业有专攻"的原因,受众并不会对主持人提出样样精通、成为全能专家的"过分"要求,对主持人某些方面的不专业亦能宽容接受。受众可以宽容,但主持人不能以此作为自己不专业的理由。虽然主持人不可能凡事都是专家,但主持人仍需对自己所主持的内容有一定的熟悉与精通,能够就其主持内容发表专业意见。主持人在学识上的专业化,因符合受众期盼而能够获得受众的喜爱,也是主持人适应自身工作的需要。只有具备一定的专业知识,主持人在面对来自专业领域真正的专家嘉宾时,才有可能取得与嘉宾平等对话的资格,才能使主持传播顺利进行。与普通受众一样,专家既不愿意听一个对所谈内容一无

---

① 蔡骐、蔡雯:《美国传媒与大众文化》,新华出版社 1998 年版,第 75 页。
② 高贵武:《解析主持传播》,北京广播学院出版社 2004 年版,第 227 页。
③ 赵忠祥:《走自己的路——赵忠祥答本刊记者问(下)》,《电视研究》1995 年第 8 期。

所知的主持人说话，更不愿意和这样的人交谈。我国在主持传播新时期所涌现出的大量备受观众喜爱的专业主持人，如撒贝宁、刘建宏、王刚等都在一定程度上为主持传播专业化的发展给出了有力的证明。

## 二、主持人技能的专业化

随着主持传播的成熟，受众对主持人的期望和要求越来越高，从事主持传播的主持人除了要在传播的内容方面具有一定的专业知识，达到学识的专业化，在专业技能上也将表现出越来越专业的特点，这是主持传播专业化发展的必然趋势，也是主持人作为一种社会职业角色的必然要求，"传播技术的现代化，管理的产业化，运作的市场化决定了播音员、主持人的职业化"[①]。这也意味着"半路出家"将不能再成为主持人获得受众宽容和原谅的理由。因此，如果说今天的受众对于主持人一上场便两腿打颤、语无伦次、错字连篇、神情僵硬，以及主持人的胡穿衣、乱打扮等一系列常见毛病还能采取宽容态度，认为那是主持人不成熟或缺乏经验的话，今后的主持人如果再出现类似的毛病，受众会认为那是主持人不具备专业素质的表现，是不能容忍的，如同人们不能容忍不具备建筑师职业素质的人来建造大楼一样。作为新闻传播者的一员，主持人也必须在技能上向着专业化的方向发展，必须经过严格的训练、磨砺，才能取得一定的资格。

## 三、主持人组织的专业化

主持人作为一个职业群体，目前已经拥有相当庞大的数量。在如此庞大的主持人队伍中，既有属于大众传播机构正式人员的"单位人"，也有许多被传播机构临时借用和"挖"过来、虽不属正式员工但尚属其他单位的"单位人"，更有许多游离在各传播机构之间且与任何传播单位都无正式隶属关系的自由人，亦称"社会人"。虽然有几种主持人的存在，但目前我国主持人在组织和管理上还存在着许多非专业化的特点，对主持人的正常使用和管理存在诸多不利。为了解决主持人在组织和管理上的非专业化问题，更好地发挥主持人的作用和潜力，目前已有不少人开始考虑是否可以在主持人的使用与管理上走出一条市场化的路子，如原中国广播电视学会主持人研究会理事长白谦诚就曾提出主持人"跳槽"和"转会"的设想，认为主持人像球星一样实行"转会"乃是大势所趋。[②] 为了实践自己的设想，白谦诚先生甚至有意把主持人研究会变成一个帮助主持人实现转

---

① 姚喜双：《播音主持艺术走向》，《中国广播影视》2000 年第 1 期。
② 白谦诚：《节目主持人社会化的前瞻思考》，《中国广播电视学刊》1998 年第 5 期。

会和流动的专业性中介组织。在我国目前的条件下,这种想法难免有超前之嫌,但这种大胆的想法也不乏专业意识,也让人们看到了未来主持人发展的一种思路,因此这种想法一经提出就立即得到了一些学者的赞同,甚至有专业人士专门撰文为白谦诚的大胆设想叫好。①

即使像中央电视台这样大型的"体制内"单位,近些年来也开始格外重视主持人的专业化管理,积极探索科学有效的主持人管理机制,如对主持人的管理由中心制向频道制转化、已形成制度的年度十大优秀播音员主持人评选、启动中央电视台屏幕形象设计工作室、探索岗位首席制度、建设岗位培训与素质培训体系等,都日益凸显主持传播在组织管理方面的专业化特征。

可以预见的是,主持人在组织和管理上的专业化,应该是未来主持传播的发展方向之一。

**四、主持传播栏目的专业化**

如果将主持传播的专业化问题看作是主持人人才的专业化,主持传播的专业化还应该包括主持传播本身的专业化,即主持传播栏目的专业化,因该问题与大众传播,尤其是大众传播内容的专业化同属一个问题,这里不再赘述。广播电视媒体的频道专业化、栏目专业化及大众传播的分众化已充分证明了主持传播的这种趋势。

随着网络媒体和自媒体等新兴媒体的兴起和发展,特别是自媒体"每一个信息消费者也是信息生产者"的传播特点,大众传播专业化似乎也受到了一定程度的冲击,如美国媒体研究专家莱文森在定义新新媒介时就提出"你无法冒充非专业人士"是新新媒介的界定性原理之一。② 从新媒介或新新媒介的草根性来看,非专业化算是未来新媒体发展的一种趋势和特征,但这种趋势和特征更多反映的是新媒体和新新媒体作为社交媒体的特征和属性。从信息的专业化传播角度来看,这种非专业性并不能形成对专业化发展方向的否定,不管是从传播者的权威建构、传播者舆论领袖地位的建立,还是从受众的心理期待来看,专业化都将是包括主持传播在内的所有传播活动的必经之路,也是主持传播在新媒体环境中得以立足的基本保证,在新媒体时代受到广泛欢迎的栏目,如《罗辑思维》《晓说》《冬吴相对论》的成功也说明了这一点。

---

① 叶昌前:《"转会制":主持人管理机制的一项改革》,《中国广播电视学刊》2002年第4期。
② 〔美〕保罗·莱文森:《新新媒介》,何道宽译,复旦大学出版社2011年版,第1页。

## 第二节　主持传播的人文化发展

美国著名媒介研究学者保罗·利文森指出:"所有媒介终将变得越来越人性化,也就是说,它们处理信息的方式愈发像人一样'自然'且优于已有的任何媒介,从而使得通信的便利性日益增加。"①主持传播作为大众媒介中常见的传播方式,也无法超越媒体总的发展趋势,主持传播的本质已然昭示,主持传播本身正是媒介人性化和便利性的体现及产物。中国传媒大学播音与主持艺术学院的吴郁教授在参加完中央电视台2001年"荣士达"杯主持人大赛后曾经撰文,对未来主持人的发展提出了四点预测和展望,其中之一就是:精神的人文化。人文化,是精神上的一种人文主义倾向,所谓人文主义,"从原意上讲,指的是文艺复兴时期借助于古典,主要是希腊哲学与艺术,来反驳经院哲学与神学,提倡人的个性发展与思想解放的思潮,是一种与以神为本的神本主义相对立,反对野蛮、愚昧与迷信的世界观。但现在,人文主义已经泛化为一种强调人的价值、地位与作用的世界观或意识形态"②。根据这种解释,再来理解主持传播的人文化发展方向就容易多了,凡是主持传播中所包含的尊重人(包括受众、嘉宾等)、接近人、服务人的倾向和做法体现的都是主持传播的人文化特色。

### 一、传播内容的贴近性

主持传播的人文化首先体现在传播内容与受众的贴近性上,要"想受众之所想,急受众之所急",深切地关注百姓生活,热情地为百姓服务。随着我国社会民主化进程的不断深入,随着传播者对受众接受心理规律的了解,大众传播机构"受众为本"的服务意识不断增强,人们已看到了主持传播的这种人文化倾向,自说自话的栏目已越来越少了,而事关百姓生活、为百姓排忧解难的民生服务栏目越来越多。媒介的这种转变,使老百姓在生活、工作上遇到什么困难,首先想到的往往是向媒介求助,将媒介当成真正能帮助他们的自己人。虽然这里有百姓认识上的偏差,媒介也未必真起到"司法"作用,但足以说明栏目与受众之间有了更强的贴近性。

主持传播内容的贴近性还体现在栏目切入点的百姓视角上。随着中央电视台《生活空间》中的一句"讲述老百姓自己的故事",媒介和栏目仿佛一夜之间明

---

① 〔美〕保罗·利文森:《软边缘:信息革命的历史与未来》,熊澄宇等译,清华大学出版社2002年版。
② 高亮华:《人文主义视野中的技术》,中国社会科学出版社1996年版,第2页。

白了传播人文化的意味。当然,当今媒介和栏目中依然存在着某些贵族化的倾向,如将传播的视角主要集中在"上面"、集中在大都市而很少顾及农村、对大众消费的盲目引导等,这与主持传播的人文化显然是背道而驰的。

### 二、主持人定位的平民化

主持传播人文化的方向或趋势也体现在主持人的平民化定位上。关于主持人的平民化定位在传播学和社会心理学领域均存在充分的理论依据。主持人定位的平民化不仅符合受众的接受规律,其本身体现的更是对人的尊重。原《实话实说》的策划人之一杨东平在谈到《实话实说》的栏目定位时即明确表示:"《实话实说》不仅提供了一个人们说话的场所,更重要的在于它体现了另一种新的思维方式,体现了一种人文关怀。"[1]主持人以平民化的身份出现,采取与普通百姓平视的传播角度,一改以往大众传播高高在上的说教意味,体现的是对受众与传播者平等的人的价值、地位及作用的尊重。

### 三、栏目内外对人的充分尊重

主持传播或大众传播的人文化发展还体现在主持传播和主持人在栏目内外对人的尊重之上。由于传播者的自我保护意识和受众意识普遍增强,传播者在节目中或镜头前基本上都能实现对人,包括对嘉宾、受众及工作人员的充分尊重。如王小丫在节目中特别注意对来参加节目的嘉宾与受众表现出应有的尊重,注意给选手留有面子,即使在他们答错题时也不讥讽和挤兑,而是给予热情鼓励。在节目之内也并非没有问题,有的主持人碰到王小丫这样的情况时就全然不同,当嘉宾或选手答错题时,不但不去安慰,反而还会取笑他们。更有的主持人在节目中俨然把嘉宾当成戏耍的对象,想尽一切办法让嘉宾当众出丑,有人愤怒地将这种情景称为"耍猴"。

如果说主持传播在栏目内多少还能表现出某些人文化色彩的话,一旦出了栏目,则又是另一番情景。著名主持人崔永元在其著作《不过如此》中就曾讲过他还没有正式成为主持人之前在电视台兼做策划时的一些遭遇。据崔永元讲,往往在合作时他尚能受到栏目组的尊重,而一旦合作结束甚至尚未结束就已遭"遗弃",眼看着自己的劳动成果被他人窃取,并在情感和人格上受到莫大伤害。[2] 有些主持人在节目之内出于维护自己的形象的考虑尚能对受众及相关人

---

[1] 时间、乔艳琳主编:《实话实说的实话》,上海文化出版社1999年版,第21页。
[2] 参见崔永元:《不过如此》,华艺出版社2001年版,第294页。

员表现出应有的尊重,而一旦转身下了节目,马上又与受众形同陌路,或对受众嗤之以鼻。这些对受众,乃至对人的不尊重在未来的主持传播中注定会遭到厌弃。

人文化既是主持传播的本质特征,也是未来主持传播的重要发展方向,主持传播的人文化,即强调人的价值、地位及作用的发展趋势将体现在传播中的每一个环节,也将通过传播中的每个点滴得以实现。

## 第三节 主持传播的个性化发展

我国著名国画大师张大千曾对试图模仿他的青年画家说过四个字,"学我者亡",这当然不是张大千小气,怕年轻人学了他的画风后会对他造成威胁或超过他,而是他看到了艺术发展的规律和真谛,看到了个性化在艺术发展道路上的重要意义。主持传播也是如此,如果主持人一味模仿他人,主持风格过于平淡和缺少个性,同样无法成功。正如一位美国未来学家所说:"向未来挺进,就必然要脱离标准化,脱离产品的划一化,脱离千人一面的艺术。"[1]具体而言,未来的主持传播将朝着主持风格、主持内容的个性化道路发展。

### 一、传播风格的个性化

当白岩松以其冷峻、犀利的主持风格被受众接受并赢得受众喜爱时,国内许多主持人纷纷对白岩松的风格进行克隆,竞相仿效他说话的语气和神态,仿佛电视评论要的就是这种皱着眉头说话的风格。对于这种盲目跟进的做法,曾有人评论说:主持人的个性魅力是节目说服力和收视率的重要支撑,而风格趋同无异于主动放弃了这一武器。事实证明,中国只有一个白岩松,任何想模仿白岩松的主持人都不可能成为白岩松,也没能像白岩松一样获得大家的好感。模仿而无个性对主持人及其传播不利,还会使受众对主持人传播的真实性产生怀疑,因为它难以激发受众的注意力。心理学研究表明,刺激的新异性是引发无意注意的最重要条件之一。新异性在某种意义上就是与众不同,就是个性。有许多主持人,若单从他们的个人素质和个性心理等方面来看,都具备主持人的条件,但他们未能在现有基础上跨入主持传播的更高殿堂,原因之一就是缺乏鲜明的个性。吉妮·格拉汉姆·斯科特在分析美国谈话节目超级明星拉里·金等人成功的原因时说:"最关键的因素还是主持人的个性","他们每一个人都很有魅力,独一无

---

[1] 〔美〕阿尔文·托夫勒:《未来的冲击》,孟广均等译,新华出版社1996年版,第237页。

二的品质使他们的节目得以流行"。① 北京师范大学做的一项调查亦显示,在选择节目主持人"不受欢迎的理由"时,有43%的人认为是"千篇一律,呆板",更有73%的人认为是"主持风格做作"。富有个性的主持传播风格,不仅是主持传播的生存之道、制胜之道,更是未来发展的方向。

## 二、传播角度的个性化

主持传播的个性化表现在主持风格的个性化上,也表现在传播的内容和形式方面,具体而言就是主持传播的内容必须既有独家信息,又有独家视角和独家观点。经验和事实告诉人们,在未来的主持传播中,任何缺少个性或个性不足的传播内容或主持人都不仅得不到受众和社会的认可,而且会在激烈的竞争中因缺少竞争优势而遭淘汰。就像主持人白岩松说的那样,有十家单位各自领回一袋白面,如果八家蒸馒头,而一家烙饼一家做面条,毫无疑问,后两者将成为市场上的赢家。

个性只有在得到充分尊重的条件下才能够形成。主持人的个性化发展需要一定的社会空间,尤其是主持人所在媒体能够根据主持人的个人情况,为其个性的形成和发展提供一定的保障。早在1997年,从台北中华电视台到凤凰卫视工作不久的吴小莉在她的书中写道:"我想是凤凰卫视给了我'自由'——一个没有呈现方式框架、信任我言论尺度的表演空间。"② 从某种意义上来说,吴小莉个性的保持和发展得益于凤凰卫视这种尊重主持人个性风格的理念和氛围。

真正的个性也是与责任分不开的。在鼓励主持人突显个性、不跟在别人后面或只满足于平淡的主持风格、设法表现出与众不同的风格时,也需明确:主持人的个性或主持人的唯一性并非随心所欲,天马行空,而是要和媒介的地位属性、栏目定位、主持人的个性心理特征以及受众的接受心理和欣赏习惯紧密结合。置这些因素和条件于不顾,一味地为了个性而个性,则个性非但无助于主持人及主持传播的成功,还会成为制约主持人及主持传播成功的因素。"因此,主持人是否有魅力,是跟一定历史时期、一定社会条件下的审美趣味相关的,主持人不可不注重个性形象的塑造;个人魅力的展现,也不可漠视受众的眼光与水准。过分地强调发挥个性,不恰当地展现与张扬自我,只能在受众中失去魅力。"③ 即使不是从主持传播的环境考虑,只单纯从受众的认知心理规律来看,主

---

① 〔美〕吉妮·格拉汉姆·斯科特:《脱口秀》,苗棣译,新华出版社1999年版,第59页。
② 《解密凤凰卫视二十载》,《香港凤凰周刊》2016年3月29日。
③ 俞虹:《节目主持人通论》,杭州大学出版社1996年版,第101页。

持人的个性如果过于独特也未见得是好事,刺激的新异性固然有利于引起认知者的注意和识记,但过度新异的刺激同样会因与认知者之间缺少认知的基础而失去意义。

## 第四节　主持传播的创新化发展

在进入繁荣发展的新阶段后,主持传播的发展也出现了许多崭新的特点,如主持人来源日益多元、个性化主持人独领风骚、专业化主持人渐成气候、体制外主持人崭露头角等。在主持传播新特点不断涌现的同时,新媒体环境下的主持传播也出现了创新化的发展特征。

由于网络媒体为大众传播所带来的革命性变化,网络的出现又被称为人类传播史上继文字印刷和电子传播之后的又一次革命,网络本身亦被称为第四媒体。网络为传统大众传播媒介所带来的革命性变化无所不在,它改变了原有的传播方式,重新安排了传播结构中传受双方的位置和作用,用《数字化生存》一书作者尼葛洛庞帝的话说就是:"数字化会改变大众传播媒介的本质,'推'送比特给人们的过程将变为允许大家(或他们的电脑)'拉'出想要的比特的过程。"[1]这本身也更符合人类接受信息的情理状态,如迪恩·巴恩比特所说"必须强调的是,信息的意义是'发现''授予''给予'的而非'接收'的"[2]。作为大众传播的一种,主持传播也受到了来自网络的影响和冲击。网络对主持传播的影响除了网络对大众传播的一般性影响之外,还体现为网络虚拟主持人的出现。在有些人眼里,网络虚拟主持人的出现,似乎已对真正的主持人构成了威胁。

虚拟主持人,顾名思义,主持人是虚拟的,而非现实存在的,它是由电脑技术人员根据若干人的资料,通过电脑三维模拟合成的人物图像。世界上第一位虚拟主持人名叫安娜诺娃(Ananova),由英国报业联合会新媒体公司在硅谷的支持下,历经9个月研制完成。2000年4月19日,当安娜诺娃第一次在自己的网站上播报新闻时,的确引起了不小的轰动。安娜诺娃虽然只是一个三维动画形象,但她的出现赢得了众多网友的热烈赞美,也让一些人不无忧虑地发问:"真正的主持人是否要下岗了?"

国外网站出现虚拟主持人不久,我国网站51GO.COM上也出现了自己的

---

[1] 〔美〕尼葛洛庞帝:《数字化生存》,胡泳、范海燕译,海南出版社1996年版,第103页。
[2] 〔美〕塞弗林、坦卡德:《传播学的起源、研究与应用》,陈韵昭译,福建人民出版社1985年版,第130页。

虚拟主持人 Gogirl。Gogirl 是一个平面卡通形象,她通过 Gogirl 栏目,介绍自己的个人信息,通过 Gogirl 酷闻栏目,介绍网上最新的一些产品,通过绿色 Gogirl 栏目,介绍环保信息等。

图 11-1　虚拟主持人安娜诺娃、小龙和丽丽(从左至右)

在网站相继推出虚拟主持人之后,我国电视界也兴起了虚拟主持人的热潮。其中被称为我国第一个电视虚拟主持人的是天津电视台《科技新闻》栏目中与一位女主持人共同主持节目的光头主持人"言东方"。继"言东方"之后,其他电视台的虚拟主持人也开始纷纷亮相,如 2001 年 3 月 29 日出现在江苏电视台《现在娱乐》节目中的 QQ 小姐,以及中央电视台电影频道 2004 年 11 月 20 日在《光影周刊》中推出的小龙等。2015 年,人工智能机器人"小冰"开始被东方卫视早新闻《看东方》用来播报天气,2016 年 8 月,"小冰"再次晋升为东方卫视奥运新闻主播。这些虚拟主持人和人工智能(AI)主持人不仅能像真正的主持人一样开口说话,还会像真正的人那样做出某些表情,更有甚者,还可以根据具体的情况来发问和与受众互动,在某种程度上确实起到了主持人的某些传播作用,因而其受人欢迎也在情理之中,如有的人便把虚拟主持人的受欢迎归结为"是新闻本体论的复归","是顺应发展,争夺更大传播空间的创新之举","是对真实主持人主持方式的反叛"。[①] 从某种意义上来说,这些对虚拟主持人的评价也并非言过其实,虚拟主持人的出现的确让人们更加看清了真正主持人的不足和缺陷,但即使这样,虚拟主持人也不可能完全取代真正的主持人,这是因为:

第一,虚拟(AI)主持人毕竟是人的产物。

无论科学技术多么发达,无论虚拟(AI)主持人的传播状态与真正的主持人多么相像,多么惟妙惟肖,虚拟(AI)主持人终归无法改变"由人创造"的事实。可以说,离开了人,或者离开了真正的主持人,虚拟(AI)主持人就失去了存在的

---

① 王眉:《电视虚拟主持人刍议》,《中国广播电视学刊》2002 年第 1 期。

依托和基础。拿"安娜诺娃""言东方"和小龙来说,它们虽然可以在屏幕前像真正的主持人那样声情并茂,神采飞扬,但它们背后是一套由真人控制和操作的高速运转的电脑系统。虚拟主持人所有的声情和神采无不按照人所发出的指令行事。"安娜诺娃"背后的电脑系统全日不断地更新新闻信息,把文字迅速转变为声音。与女主持人一起坐在演播室录制节目的实际上是为"言东方"配音的男士,"言东方"的影像则是后期合成的。小龙的生产过程则是:"首先,配音演员要按照写好的台词完成小龙的声音部分,技术人员再将其因场景不同剪辑成单个镜头备用。随后根据镜头的需要,再通过一套从美国、澳大利亚等国引进的高科技设备,从真人的动作中捕捉出无数个动态的点,并将它们连接成线,至此,小龙的轮廓基本成型。与此同时,另一组人员需要使用电脑声音软件对照配音寻找口形匹配的画面,声音和画面在这里被合二为一。最后一步就是从服装文件库中为小龙挑选合适的衣服,配上灯光、音乐和特效,小龙的举手投足间才终于有了栩栩如生的效果。"①因此,虚拟主持人最终还是人的产物,其声音、表情、外貌不过是多个主持人的混合体而已,没有真正的主持人,仅凭独立的虚拟(AI)主持人所建构的主持传播其实并不成立,更无法实现正常有效的传播。

第二,虚拟(AI)主持人实际上是对主持传播本性的背离。

主持传播,是一种大众传播与人际传播杂交后的产物,是一种人际化的大众传播或大众化的人际传播。人际性是主持传播生存的基础和本质属性,任何对传播中人际性的削弱实际上都是对主持传播本质的背离,任何"去人际性"的传播方式对主持传播而言都属避长就短的行为。虚拟(AI)主持人的情形恰恰是对大众传播中人际性的消减,因而是对主持传播的背离。如前所述,虚拟(AI)主持人虽然有声音、表情,但这些声音、表情实际上都是机器对人的声音和表情的机械复制。在由虚拟(AI)主持人实施的传播中,表面上看来与受众发生直接联系的仍是主持人,但这种主持人是无生命的机器。因为是机器,虚拟(AI)主持人不可能像真正的主持人那样具有强烈的人际性,也不可能与受众发生真正的人际互动和情感交换。如果说真正的主持传播是试图增强大众传播的人际性,或是使大众传播向人际传播方向迈出了一步的话,虚拟(AI)主持人则试图消减主持传播的人际性,使已具有人际性特点的大众传播重又回到传统制度化的大众传播上去,是逆历史潮流而动,并非"顺应发展"。因为逆历史潮流,这种传播方式从诞生起就注定无法取代顺应历史潮流的真正的主持传播。

---

① 城祥明:《央视首位虚拟主持人耗费百万不出彩 难取代真人》,《北京晨报》2004年12月6日。

第三，虚拟（AI）主持人无法真正发挥主持传播的功能和作用。

主持人在一档栏目和一次传播中的作用绝不只停留在信息播报上，而是会根据不同的传播情境具有信息整合、采访提问、现场应变、人际互动、驾驭控制等作用（详见本书第五章第三节）。除了传播信息功能之外，主持人的角色功能还包括情感功能、审美功能、娱乐功能等，只有同时具备这些作用和功能中的全部或大部分时，主持人才算是完整意义上的主持人（详见本书第五章第一节），主持传播也才能真正发挥作用。如果将主持人及主持传播的这些功能与作用和虚拟主持人——加以比较，很容易发现，虚拟（AI）主持人除了可以起到某些信息播报的作用外，并不具备或很少具备其他真实主持人具有的功能和作用。即使虚拟（AI）主持人具有某些与受众的互动也是根据常见情境设计好的，一旦超出了程序设计的范围，虚拟（AI）主持人便不可能与受众进行即时互动，因而虚拟（AI）主持人的传播与主持传播其实还有很大距离，这种传播严格来说并不算真正的主持传播。新事物要实现对旧事物的替代，除本身具有比旧事物更显著的优势，还在于其对于旧事物是否具有包容性，是否掌握起来比旧事物更简单、方便。新事物如果无法做到这些，要想实现对旧事物的替代只能是一厢情愿式的妄想。

第四，虚拟（AI）主持人所适用的范围非常有限。

随着广播电视栏目化趋势的加剧，广播电视媒介中直播、谈话类节目逐渐增多，主持人的适用范围已越来越广。越来越多的主持人不但出现在演播室里，而且进入了新闻事件发生的现场，也走入了受众中间，这要求主持人能坐在演播室的镜头（或话筒）前从事信息播报，能主动控制传播局面，与嘉宾、受众或其他人员进行即时的交流与互动，形成有利于传播的谈话场等。对于这些类型的节目或场合，虚拟（AI）主持人显然是难以胜任的。虚拟（AI）主持人的所有传播活动都在后期合成，不可能与现场同步，无论是其说的话，还是其做出的表情，都是后期通过技术手段复制合成的，虚拟（AI）主持人不可能适用于现场报道或是需要与真正的人进行及时沟通和交流的节目，更难以单独对传播情境进行控制。虚拟（AI）主持人所谓的主持传播充其量相当于广播电视播音员的新闻播报，而且只能是录播而非直播，甚至有时连录播的水平也达不到。这决定了虚拟（AI）主持人的适用范围最多是一些可以提前录制的新闻类、科技类等播报或专题节目，如果是现场直播的新闻类栏目，或者需要现场交流的谈话类栏目，虚拟（AI）主持人便毫无用武之地。

由于虚拟（AI）主持人自身存在的诸多先天不足及其与主持传播本质的背离，虚拟主持人的传播实际上不构成对主持人的威胁，也不可能成为真正的主持传播,虚拟(AI)主持人在真正的主持传播中并无多少用武之地,更不能实现对传统主持人的完全替代,毕竟"现在的节目越来越凸现互动和交流。主持人最注重的是人性化、个性化以及亲和力,这是虚拟不了的"。"像崔永元、李咏这样有个性魅力的主持人是不会被虚拟人打败的"[①]。事实证明,在一阵喧嚣之后,虚拟(AI)主持人不但没法替代主持人,自己反倒成了过眼烟云。尽管如此,也应看到,虚拟(AI)主持人的不足和缺陷以及不能替代主持人,让人们更加看清楚了主持传播的不足和有待改进的地方,看清了主持传播的魅力所在及其发展方向,那就是将人际传播与大众传播有机地结合起来,保持和发扬主持传播的人际性优势,使主持传播继续沿着良性的人际化方向,在不断创新中前行。而所谓的主持人被边缘化或"去主持人化"亦不过是特定情境之下的个例,并不能代表主持传播的发展方向。

## 思考题

1. 为什么说专业化会成为主持传播未来发展的趋势之一?
2. 主持传播中的人文化是何含义,其对主持传播未来发展的意义如何?
3. 虚拟主持人为何不能取代真正的主持人?
4. 试从主持传播的本质来分析"去主持人化"现象。

---

① 张建群:《首位三维虚拟主持人百万身价 本周末挑战孙小梅》,《新闻晚报》2004年11月18日。

# 后记

　　一本书的作者或许只是一个人,但一本书的背后却凝聚着无数人的心血,系着无数人的关爱。

　　这里要特别感谢中国传媒大学播音和主持艺术学院的吴郁老师。我跟吴老师的相识始于我硕士毕业前夕,而本来我跟她的接触还可以更早。

　　二十几年前,当我还是中国人民大学新闻学院广播电视专业的一名本科生时,就听说吴老师在中国人民大学给高年级的师兄师姐们讲授一门"播音与形体"的课,因觉得这样的课对我没有什么用处,于是一直偷懒,从未去蹭听吴老师的课。现在自己成了一名教师,在研究和讲授播音主持方面的课程后,才意识到自己当年无知,错过了早聆听吴老师教诲的机会。

　　好在后来又有了当面聆听教导的机会,因为要请吴老师评阅硕士论文,我怀揣忐忑之情叩开了吴老师的家门。甫一见面,吴老师爽朗、热情的笑声立刻打消了我的羞怯与不安。再后来,由于研究和教学工作的需要,我跟吴老师见面渐渐多了起来。不仅有机会坐在课堂上听她精彩的授课,更能跟随她从事专业方面的研究,在她的指导下参与、完成了国家社科基金项目"电视节目主持人综合素质研究"。每次见面,除了请教科研教学方面的问题,我跟吴老师也成了无话不谈的师生、朋友。这一切都是因为吴老师对后辈学子的耐心、亲切,否则像我这样不善交际的人很难在师长面前谈笑风生,更不可能在电话里和自己尊敬的长者无所拘束地长谈。

　　尽管之前的研究方向一直是主持人传播,也曾在这方面写过一些粗陋的东西,并一直努力准备写这方面的教材,但等到动笔之时,我才深切地感到成书的过程是多么艰难。多少次,由于工作、生活的压力心绪难宁、驻足不前,又有多少次,由于笔不生花而心生退意,但想到吴老师的殷切期望,想到众多师友的热情鼓励,最终还是咬牙坚持了下来。现在,这本教材将要面世,除了重担卸去后的稍许轻松,更多的则是内心的不安,为书中尚存的诸多不完善甚至谬误而惶恐,更期待着读者的批评、指正。

　　感谢所有从事过或正在从事主持传播研究的前辈及同人,是他们在此研究领域做出的巨大努力和取得的卓越成就,使我可以从中汲取营养,让我可以站在巨人的肩膀上分享成果。

感谢对我授业多年的母院——中国人民大学新闻学院及其所有的老师,特别是我的博士生导师郑兴东先生和硕士生导师涂光晋女士。作为一个学于斯、教于斯的人大新闻人,我的每一点成长和进步都离不开他们的呵护与支持,是他们的教导和关爱才使我有了今天。

感谢我所有的学生,是他们对知识的渴求给了我攻克难题的巨大动力,是他们的敏思好问为我的研究开阔了视野,更是他们的鼓励让我尝到了身为教师的幸福。

还要感谢本书的责任编辑董媛婷小姐,没有她的耐心鼓励和"严格"要求,这本书的出版也许又是另一番光景。

最后还要感谢我亲爱的家人,他们不仅给了我智慧和品格,来自他们的亲情更是多年来一直激励我勇敢前行的不竭源泉。

高贵武

2007 年 4 月 10 日

于北京世纪城时雨园

# 第二版后记

时光如梭,仿佛只在一瞬间,《主持传播学概论》出版已整十载。

十年前,当我将《主持传播学概论》书稿从复旦收回交由中国传媒大学出版社时,我内心感受更多的是"还债"之后的"解脱",甚至认为此书的前途命运从此与我无关,也不奢望有再版的机会。令我既惊又喜的是,十年后,当年我斗胆起用并一直让我惶惶不安的"主持传播"一词逐渐得到了大家的认可,一些学者的文章、书籍或学术论坛的名字中开始出现了"主持传播"的字样,《主持传播学概论》也得到了不少专家学者和播音主持教学一线人员的肯定,并为同类教材,特别是从传播学角度研究播音主持的教材奠定了基本的范式。自出版以来,这本教材也被国内多所播音主持艺术院校作为指定教材和必读书目,还被一些高校的播音主持专业定为考研参考书,其"渐行渐远"已大大出乎我的意料。

承蒙抬爱,北京大学出版社有意再次出版拙作,让我有机会对过去书中的谬误和不足进行弥补和修正。

此次修订,首先是更正了上一版中存在的不少文字错误。仔细读后才发现,在上一版的书中竟有那么多错误,实在令人汗颜,在此特向读者表达最真诚的歉意,也感谢大家对这些错误的包容。

除更正既存谬误,我也试着在体例和体系方面对本书做了一些小的调整,对书中不够科学、精当的表述做了些许调整,增补了一些过去有所疏漏的内容。

另外,因为媒体发展迅速,上一版中所提及的很多节目和主持人今天已消失在了广电媒体之外,对于这些主持人和节目,能用今天大家熟悉的节目及主持人替换的,我尽量用新的、在当下有影响力和说服力的实例做了替换,而对那些堪称经典、具有阶段性历史意义的节目及主持人实例则仍然保留,目的是保留和记录这种阶段性历史的特点,也算是一种历史见证吧。

对于当下主持传播界所发生的新变化,以及引起人们普遍关注的主持传播新现象,如"去主持人化""主持人边缘化"以及网络等新媒体中新涌现的主持人及主持现象,乃至方兴未艾的人工智能(AI)主持人,我也借此次修订做了一些简单的梳理,补充了一些新的观察和思考,期望得到大家的批评指正。

如果说十年前我对主持传播的问世尚诚惶诚恐、有丑媳妇怕见公婆的羞怯,十年后的今天,我则希望大家带着更多质疑和挑剔来审视和批评它,使它真正能经得起理论和实践发展的考验。

感谢各位专家、业界精英、老师、同学对于本书的厚爱与包容,特别是兄弟院校青年教师对本书的赞赏与偏爱曾给了我莫大的鼓励,我也期待更多青年才俊加入主持传播的研究行列,共同促进主持传播研究和实践的繁荣。

感谢北京大学出版社对本书再版给予的大力支持,感谢周丽锦女士、胡利国先生及出版社同人对本书出版的付出。

2018 年 9 月 10 日于北京寓所

# 参考文献

〔美〕J.L.弗里德曼等:《社会心理学》,高地、高佳等译,黑龙江人民出版社1984年版。
〔美〕J.赫伯特·阿特休尔:《权力的媒介》,黄煜、裘志康译,华夏出版社1989年版。
〔美〕阿尔文·托夫勒:《未来的冲击》,孟广均等译,新华出版社1996年版。
〔美〕芭芭拉·马图索:《美国电视明星》,杨照明、叶莲、倪垚译,中国广播电视出版社1987年版。
白岩松:《痛并快乐着》,华艺出版社2000年版。
〔法〕贝尔纳·瓦耶纳:《当代新闻学》,丁雪英、连燕堂译,新华出版社1986年版。
〔苏〕彼得罗夫斯基等:《心理学辞典》,赵璧如等译,东方出版社1997年版。
蔡尚伟:《影视传播与大众文化》,四川大学出版社2005年版。
〔日〕长谷川庆太郎:《信息力》,沈边译,中国轻工业出版社1999年版。
《辞海》,1989年缩印本,上海辞书出版社1989年版。
崔永元:《不过如此》,华艺出版社2001年版。
〔美〕戴尔·卡耐基:《人性的弱点》,童龄译,新疆人民出版社1999年版。
〔美〕丹尼尔·杰·切特罗姆:《传播媒介与美国人的思想》,曹静生、黄艾禾译,中国广播电视出版社1991年版。
〔美〕德弗勒、鲍尔-洛基奇:《大众传播学诸论》,杜力平译,新华出版社1990年版。
甘惜分:《新闻学大辞典》,河南人民出版社1993年版。
高贵武:《解析主持传播》,北京广播学院出版社2004年版。
高贵武:《主持人评价与管理:路径·思维·方法》,中国传媒大学出版社2014年版。
高玉祥、王仁欣、刘玉玲:《人际交往心理学》,中国社会科学出版社1990年版。
龚文庠:《说服学——攻心的学问》,东方出版社1994年版。
郭庆光:《传播学教程》,中国人民大学出版社1999年版。
郭镇之:《中外广播电视史》,复旦大学出版社2005年版。
〔美〕赫根汉:《人格心理学导论》,何瑾、冯增俊译,海南人民出版社1986年版。
黄鸣奋:《说服君主——中国古代的讽谏传播》,文化艺术出版社2001年版。
〔美〕吉妮·格拉汉姆·斯科特:《脱口秀》,苗棣译,新华出版社1999年版。
〔美〕杰克·富勒:《信息时代的新闻价值观》,展江译,新华出版社1999年版。
敬一丹:《话筒前》,北京广播学院出版社1999年版。
敬一丹:《一丹话题》,北京广播学院出版社1995年版。

李杰群：《非言语交际概论》，北京大学出版社2002年版。
李立：《尴尬与超越》，北京广播学院出版社2000年版。
刘京林：《大众传播心理学》，北京广播学院出版社1997年版。
刘晓红、卜卫：《大众传播心理研究》，中国广播电视出版社2001年版。
卢彬、晓澄：《感悟与升华——节目主持人素质修养论纲》，上海教育出版社2000年版。
陆扬、王毅：《大众文化与传媒》，上海三联书店2000年版。
〔澳〕马尔科姆·沃特斯：《现代社会学理论》，杨善华等译，华夏出版社2000年版。
〔美〕马尔库塞：《单向度的人》，刘继译，上海译文出版社1989年版。
〔美〕马克·波斯特：《第二媒介时代》，范静哗译，南京大学出版社2001年版。
〔美〕马克·波斯特：《信息方式》，范静哗译，商务印书馆2000年版。
〔美〕迈克尔·埃德里、埃德温·埃德里：《美国新闻史》，展江等译，新华出版社2001年版。
〔英〕麦奎尔、温德尔：《大众传播模式论》，祝建华、武伟译，上海译文出版社1997年版。
苗东升：《系统科学精要》，中国人民大学出版社1998年版。
〔美〕尼尔·波兹曼：《娱乐至死》，章艳译，广西师范大学出版社2004年版。
〔美〕尼葛洛庞帝：《数字化生存》，胡泳、范海燕译，海南出版社1996年版。
〔美〕欧文·戈夫曼：《日常生活中的自我表演》，徐江敏译，云南人民出版社1988年版。
秦启文、周永康：《形象学导论》，社会科学文献出版社2004年版。
冉永平编：《语用学：现象与分析》，北京大学出版社2006年版。
〔美〕塞弗林、坦卡德：《传播学的起源、研究与应用》，陈韵昭译，福建人民出版社1985年版。
沙莲香：《社会心理学》，中国人民大学出版社1987年版。
沙莲香主编：《传播学——以人为主体的图像之谜》，中国人民大学出版社1990年版。
余丽琳编：《人际交往心理学》，光明日报出版社1989年版。
时间、乔艳琳：《实话实说的实话》，上海文化出版社1999年版。
水均益：《前沿故事》，南海出版公司1998年版。
孙旭培主编：《华夏传播论》，人民出版社1997年版。
孙玉胜：《十年——从改变电视的语态开始》，生活·读书·新知三联书店2003年版。
王举忠、王治：《传统文化与中国人》，辽宁大学出版社1988年版。
王甦、汪安圣：《认知心理学》，北京大学出版社1992年版。
王怡红：《人与人的相遇——人际传播论》，人民出版社2003年版。
王宇红：《幽默与节目主持人的语言艺术》，中国经济出版社2003年版。
王政挺：《中外劝服艺术博观》，东方出版社1995年版。
〔美〕威尔伯·施拉姆、威廉·波特：《传播学概论》，陈亮、周立方、李启译，新华出版社1984年版。
〔美〕沃尔特·李普曼：《舆论学》，林珊译，华夏出版社1989年版。

吴郁：《当代广播电视播音主持》，复旦大学出版社 2005 年版。
吴郁、侯寄南：《广播电视新闻语言与形体传播教程》，中国人民大学出版社 2001 年版。
吴郁：《节目主持艺术探》，北京广播学院出版社 1997 年版。
吴郁：《提问：主持人必备之功》，中国广播电视出版社 2008 年版。
吴郁：《主持人的语言艺术》，北京广播学院出版社 1999 年版。
〔苏〕肖·阿·纳奇拉什维里：《宣传心理学》，金初高译，新华出版社 1984 年版。
徐德仁、施天权：《时代的明星》，复旦大学出版社 1990 年版。
杨斌：《把脉嘉宾——电视节目嘉宾现象透视》，中国国际广播出版社 2000 年版。
杨伟光：《话说节目主持人》，文化艺术出版社 1989 年版。
杨伟光：《中国电视论纲》，中国广播电视出版社 1998 年版。
应天常：《节目主持艺术论》，北京广播学院出版社 1999 年版。
应天常：《节目主持语用学》，北京广播学院出版社 2001 年版。
俞虹：《节目主持人通论》，杭州大学出版社 1996 年版。
元元等：《元元说话》，光明日报出版社 1999 年版。
原默：《起始与超载——电视节目主持》，河南大学出版社 1997 年版。
〔美〕约翰·奈斯比特：《大趋势——改变我们生活的十个新方向》，梅艳译，中国社会科学出版社 1984 年版。
张岱年：《中国文化概论》，北京师范大学出版社 1994 年版。
张锦力：《解密中国电视》，中国城市出版社 1999 年版。
张颂：《语言传播文论》，北京广播学院出版社 1999 年版。
张同道：《电视看客——调查中国电视受众》，安徽教育出版社 2003 年版。
张之华：《中国新闻事业史文选》，中国人民大学出版社 1999 年版。
赵淑萍：《电视新闻主持艺术》，北京广播学院出版社 1997 年版。
郑兴东：《受众心理与传媒引导》，新华出版社 1999 年版。
周靖编：《语言交际的艺术》，华文出版社 1995 年版。
周晓虹：《现代社会心理学》，南京大学出版社 1997 年版。
朱光烈：《火凤凰》，现代出版社 1999 年版。
朱羽君：《中国电视应用学》，北京师范大学出版社 1993 年版。
庄驹：《人的素质通论（修订版）》，山东大学出版社 2000 年版。

**主要参考期刊：**

《新闻与传播研究》《国际新闻界》《现代传播》《中国广播电视学刊》《电视研究》《广播电视研究》《新闻记者》《新闻大学》《中国广播》《岭南视听研究》《声屏世界》《中国广播影视》《南方电视学刊》《中国记者》《新闻战线》《视听纵横》《中国电视》《新闻与写作》《中国电视报》《中华新闻报》等。